JN093340

住まいの生命力

清水組住宅の一〇〇年

編……住総研 清水組『住宅建築図集』現存住宅調査研究委員会
著……波多野純・内田青蔵・小沢朝江・小黒利昭・中嶋節子・中山利恵・畑田尚子・水沼淑子・矢ヶ崎善太郎・安野彰

柏書房

はじめに

清水組(現清水建設株式会社)は、江戸時代後期(一八〇四年)の創業以来、住宅建築を業務の大きな柱の一つとしてきた。その実績を紹介する出版物として『設計図集　住宅ノ巻　自一九〇七至一九二三』・『設計図集室内並家具電灯ノ巻　自一九〇九年至一九一三』をはじめ多くの書籍が刊行されている。同書には、清水組の設計・施工になる邸宅の彩色された平面図・立面図・展開図・家具図などが収録されている。明治から大正の邸宅の様相が手に取るように浮かぶとともに、邸宅が都市文化を構成する重要な要素であったことが想像できる。さらに、同書を基とした研究書、『明治・大正の邸宅　清水組作成彩色図の世界』(柏書房、二〇〇九年)も、住総研の六〇周年記念事業として刊行された(注:現在は販売していない)。同書は、住総研の「住宅史料委員会」の中の「清水建設邸宅資料研究会」(二〇〇四~二〇〇九年)による共同研究の成果であるが、つぎは『住宅建築図集』(第一輯・昭和一〇(一九三五)年刊、第二輯・昭和一四年刊)の調査・研究を進めるべきであることが示唆されている。

『住宅建築図集』には、明治三九(一九〇六)年から昭和一三年に清水組が施工した三六七件の住宅が収録されている。住総研の事前調査により、そのうち五八件の現存が確認された。およそ一〇〇年の年月を経ても、これだけの住宅が残っていることは驚きであった。しかもその大半が木造である。

そこで二〇一七年四月に「清水組『住宅建築図集』現存住宅調査研究委員会」を組織し、現存する住宅を訪問し話を伺うとともに、建築の調査をさせていただくことから始めた。委員長は波多野純(日本工業大学名誉教授)、委員は内田青蔵(神奈川大学教授)、小沢朝江(東海大学教授)、中嶋節子(京都大学大学院教授)、水沼淑子(関東学院大学教授、(現)名誉教授)、矢ヶ崎善太郎(京都工芸繊維大学准教授、(現)大阪電気通信大学教授)、安野彰(日本工業大学教授)、小黒利昭(元住総研)、畑田尚子(清水建設株式会社)である。目的は、現状を正確に記録するとともに、その歴史的・文化的価値を評価することである。もちろん現存住宅を調査するのであるから、〝なぜ残ったか、いかに残したか〟が、そのプロセスを含め、最も知りたいところであることは言うまでもない。

日本の住宅は、ヨーロッパなどの石造文化圏に比べると、短期間に建て替えられることが多い。しかし、環境問題などを踏まえ、持続型社会を目指すには、歴史的な建築や町並みを大切にし、次世代へよりよい状態で受け継ぐことが重要である。

残念ながら、経済効率や土地の高密度利用を優先する社会的風潮、周辺環境や家族構成の変化、大規模邸宅とその敷地の相続を難しくさせる税制、建築や設備の老朽化、庭を含めた維持管理経費の高騰、伝統的技術を持った職人の不足など、住宅の継承を困難にする要因は枚挙に遑がない。

その困難を乗り越え、いまに伝えられた住宅を実際に訪問してみると、その質の高さに驚かされる。その質とは、設計、施工、維持管理などのすべてが発する、〝生命力〟とも言える特別な力である。設計者の想い、施工者の熱意と職人技、住み継いできたご家族や、継承し管理をしてきた人々の愛着、その幸せな関係が、建物を持続的に維持し、いまに伝わっている。

書名を『住まいの生命力——清水組住宅の一〇〇年』としたのも、大切に受け継がれた住宅のもつ生命力を肌で感じたからである。質の高い住宅をいかに次世代へ受け継ぐか。その答えは、住宅ごとに異なる。持続型社会のために、何がヒントになるか。多様な事例の中に、その答えがあると思う。

本書の刊行は、住総研の七〇周年記念事業のひとつである。

一般財団法人　住総研

二〇二〇年四月

清水組『住宅建築図集』の現存住宅リスト

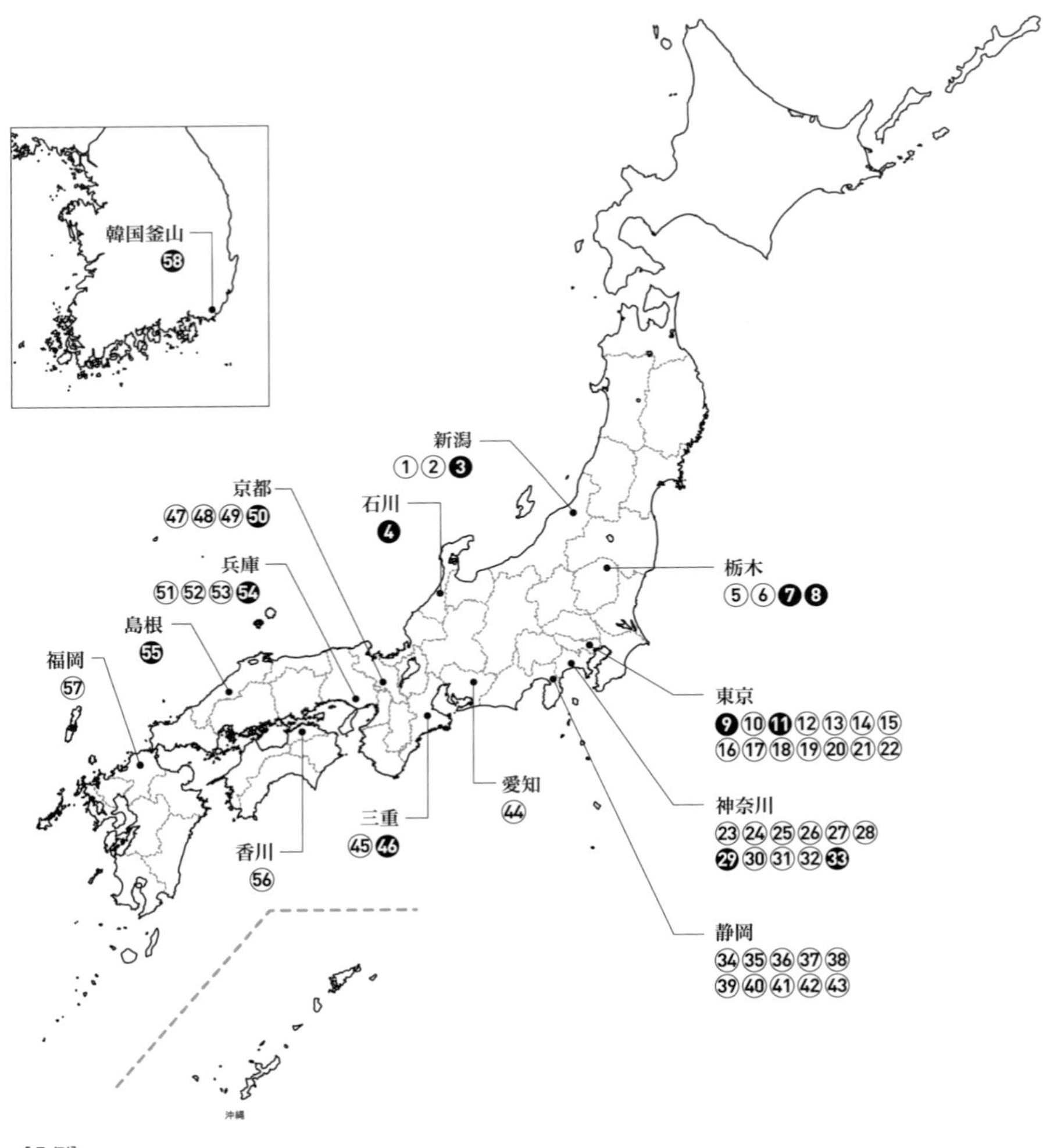

[凡例]

①：調査した現存住宅（45 件）

❶：調査していない現存住宅（13 件）

※現存住宅は調査開始時（平成 29 年）に現存しているものをプロット

なお、㉕Y 別邸、㉜三井守之助別邸、㊺川喜田久太夫邸については、平成 29 年以前に解体されているが、当委員会で調査をしたため掲載する。

⑯杉村米次郎邸 p.88
東京都世田谷区
昭和 12（1937）年
清水組

⓫ F 邸
東京都新宿区
昭和 11（1936）年
清水組　※平成 29 年解体

⑥田澤哲三郎別荘 p.78
栃木県那須町
昭和 11（1936）年
清水組

① N 邸
新潟県新潟市
昭和 13（1938）年
清水組

⑰清水揚之助別邸 p.132
東京都世田谷区
昭和 12（1937）年など
清水組

⑫ H 邸アトリエ
東京都文京区
昭和 10（1935）年
清水組

❼ M 別荘
栃木県那須町
昭和 11（1936）年
清水組

② N 料亭
新潟県新潟市
昭和 7（1932）年など
清水組

⑱古賀政男邸 p.126
東京都渋谷区
昭和 13（1938）年
清水組

⑬金澤末吉邸 p.194
東京都文京区
昭和 5（1930）年
金澤庸治

❽ K 別荘
栃木県那須町
昭和 11（1936）年
清水組

❸ T 邸
新潟県妙高市
昭和 9（1934）年
清水組

⑲石坂泰三邸 p.176
東京都渋谷区
昭和 9（1934）年など
清水組・渡辺仁

⑭渋沢栄一・篤二・敬三邸
※令和 4 年東京都江東区 p.154
に移築復元予定
明治 11（1878）年など
清水喜助など

❾ H 邸
東京都港区
昭和 3（1928）年
清水組

❹ M 邸
石川県金沢市
昭和 6（1931）年
清水組

⑳ Y 邸
東京都中野区
昭和 3（1928）年
清水組

⑮ H 邸
東京都品川区
昭和 8（1933）年
H 家建築部

⑩内藤多仲邸 p.168
東京都新宿区
大正 15（1926）年
内藤多仲・木子七郎

⑤斉藤茂一郎別荘 p.78
栃木県那須町
昭和 11（1936）年
井上雅男

㉑ライシャワー邸 p.138
東京都杉並区
昭和 15（1940）年
レーモンド建築設計事務所

㉒江森復邸 p.84
東京都三鷹市
昭和 7（1932）年
清水組

㉓エリスマン邸 p.44
神奈川県横浜市
大正 15（1926）年
レーモンド建築設計事務所

㉔O 邸
神奈川県横浜市
昭和 12（1937）年
清水組

㉕Y 別邸
神奈川県横浜市
大正 14（1925）年
平松浅一　※現存しない

㉖斉藤恒一別邸 p.106
神奈川県葉山町
昭和 3（1928）年
清水組

㉗藤瀬秀子別邸 p.36
神奈川県逗子市
昭和 9（1934）年
清水組

㉘M 別邸
神奈川県鎌倉市
昭和 9（1934）年
清水組

㉙M 邸
神奈川県鎌倉市
昭和 12（1937）年
箕浦實一
※平成 30 年解体

㉚國分勘兵衛鵠沼別荘
神奈川県藤沢市 p.142
昭和 6（1931）年
清水組

㉛安田善次郎別荘 p.148
神奈川県大磯町
昭和 3（1928）年
清水組

㉜三井守之助別邸 p.68
神奈川県大磯町
昭和 2（1927）年
木子幸三郎
※平成 16 年解体、部材保存

㉝M 別邸
神奈川県大磯町
昭和 8（1933）年
清水組

㉞石井健吾別邸本館 p.92
静岡県熱海市
昭和 8（1933）年
清水組

㉟石井健吾別邸離れ 東山荘三窓庵 同上
静岡県熱海市
昭和 10（1935）年
清水組

㊱根津嘉一郎別邸（浴室等）
静岡県熱海市 p.52
昭和 4（1929）年
清水組

㊲根津嘉一郎別邸（洋館）
静岡県熱海市 p. 同上
昭和 7（1932）年
清水組

㊳日向利兵衛別邸 p.72
静岡県熱海市
昭和 10（1935）年
渡辺仁

㊴高橋保別荘 p.100
静岡県熱海市
昭和 12（1937）年
清水組

㊵Y 別荘
静岡県熱海市
昭和 11（1936）年
清水組

㊶T 別荘
静岡県熱海市
昭和 11（1936）年
清水組

㊷新津恒吉別邸 p.110
静岡県伊豆の国市
昭和 12（1937）年
清水組

㊸馬越幸次郎別邸 p.164
静岡県伊東市
昭和 3（1928）年
清水組

㊹豊田喜一郎別邸 p.122
愛知県豊田市
昭和 8（1933）年
鈴木禎次

㊺川喜田久太夫邸 p.60
三重県津市
大正 5（1916）年など
大江新太郎、田辺淳吉など
※昭和 60 年解体、部材保存

㊻D 邸
三重県尾鷲市
昭和 6（1931）年
清水組

㊼S 邸
京都府京都市
昭和 7（1932）年
ヴォーリズ建築事務所

㊽山口玄洞邸 p.182
京都府京都市
大正 13（1924）年
武田五一

㊾田中博別邸 p.186
京都府京都市
昭和 11（1936）年
清水組

㊿K 別邸
京都府京都市
大正 14（1925）年
清水組

(51)I 別邸
兵庫県神戸市
大正 12（1923）年
木子七郎

(52)I 別邸
兵庫県神戸市
昭和 6（1931）年
清水組

(53)I 邸
兵庫県芦屋市
昭和 11（1936）年
清水組

(54)N 邸
兵庫県西宮市
昭和 12（1937）年
清水組

(55)S 邸
島根県出雲市
昭和 10（1935）年
清水組　※平成 29 年頃解体

(56)M 別邸
香川県高松市
大正 6（1917）年
清水組

(57)石橋徳次郎邸 p.116
福岡県久留米市
昭和 8（1933）年
松田軍平

(58)T 邸
韓国 釜山広域市
昭和 6（1931）年
清水組

図集掲載竣工写真

図集掲載邸宅名称
（本書掲載案件は実名で記載）
所在地※ 1
竣工年※ 2
設計者

※ 1
移築されたものは、移築後の現所在地を記載。解体されたものは竣工時の所在地を記載。

※ 2
清水組が建設に関係している最も古い年代を記載。

目次

第3章　住み継ぐ知恵

第4章　記念碑となった住まい——心の拠りどころとして

第5章　設計力・施工力・材料力に支えられた住まい

第6章　文化財制度等について

第1章

清水組『住宅建築図集』について

1-1 清水組『住宅建築図集』と調査・研究の概要

波多野 純

『住宅建築図集』とは

本書の基本資料である『住宅建築図集』は、以下の二冊からなる（図1）。

・合資会社清水組『住宅建築図集』第一輯、土木建築資料新聞社、昭和一〇（一九三五）年

・株式会社清水組『住宅建築図集』第二輯、株式会社清水組、昭和一四年

いずれも清水組（現清水建設株式会社）が設計・施工あるいは施工した住宅を、一～二頁の写真入りで紹介し、所在地、規模や構造、設計者などの概要が記されている。平面図が掲載されている例も多い。第一輯の「序」に「完全なる住宅建築の發達を期し、設計並に施工上好個の資料に供せんとするもの」とあり、専門家向けの実例集を意図した。

また、「住宅建築は今が過渡期であります。歐米の建築を其儘模倣して滿足出來ず、從來の和風建築の儘にても亦滿足の出來ない立場であります。（中略）現代は和洋折衷式が、最も一般社會から取扱はれて居ります」と現状認識を示し、さらに「住宅は其時代の眞實を語つて居るものでありまして、

第一輯（昭和10年発行）

第二輯（昭和14年発行）

第二輯（昭和14年発行）

図1　清水組『住宅建築図集』

一國の文化國民教養の程度は住宅に據つて察知する事を得るものであります」とあり、住宅が国民の生活文化の担い手であることを認識し、その水準を向上させようとする並々ならぬ志が感じられる。さらに、「住宅は家族の安息と休養とを與ふる處であり、家庭和樂團欒の處であり、更に進んで家族の生長力の補給される場所であると同時に、子孫教養の道場であります」とあるように、精神的な意味を含めて「住宅は家族の器である」という立場を貫き、「雨露を凌げば足りるものではない」としている。

しかし、掲載された住宅は、一部の別荘やアトリエを除けば、当時の水準からみて大規模な邸宅が多い。邸宅は、施主の社会的地位にふさわしい接客空間を必要とし、配置や意匠においてもそこに重点が置かれた。家族の生活を重視することを謳ったのは、時代の先取りと理解すべきであろう。

住宅の建設年代と構造別・様式別分布

『住宅建築図集』第一輯には、明治三九（一九〇六）年から昭和九（一九三四）年に竣工した、二〇三件の住宅が掲載されている（うち七件は付録として掲載されている旅館・ホテル・料亭）。第二輯には、昭和九年から同一三年の一六四件が掲載され、合計三六七件となる。もちろん清水組が施工した多数の住宅の一部である。

竣工年次別の件数を表1に示す。明治・大正が少ないのは、大正一二（一九二三）年の関東大震災により、蓄積された資料の多くを失ったためであり、施工実数の反映ではない。

あわせて構造種別による分布状況を、表1に示す。木造が八三パーセントと高い割合を示し、その割合は第一輯・第二輯を通じて変わらない。さまざまな建築が鉄筋コンクリート造で建てられる時代が到来しても、邸宅は木造でなければならないというのが、当時の社会的理解であった。

いっぽう、それぞれの住宅の外観様式については、各住宅の掲載頁に示されているが、用語が統一されておらず、傾向を正確につかむことは困難である。「序」にもあるように、洋風と和風が混在し、和風建築に洋間を組み込む、洋風建築に和室を組み込むなど、和洋折衷が多かった。この中にあって、純粋の和風建築が一定の割合で建てられたことは、格式表現としての和風建物の重要性を示している。

規模分布と施主

掲載案件三六七件の規模（延床面積）の分布を、図2に示す。五〇坪以上、一〇〇坪未満が一四五件、四〇%、一〇〇坪以上、一五〇坪未満が八九件、二四%であり、このあたりに集中している。この規模は、当時の住宅規模の常識からして明らかに大きい。邸宅と呼ぶにふさわしい例が多いためである。特に規模の大きい三〇〇坪以上の住宅が、第一輯に一六件、第二輯に三件掲載されている。

表1『住宅建築図集』掲載案件　竣工年次・構造種別件数

竣工年	件数	構造				
		煉瓦造	木造	木・一部RC	RC・一部木	RC造
第一輯						
明治39年（1906）	1件	1				
明治42年（1909）	1件		1			
明治45年（1912）	1件		1			
大正 5年（1916）	2件		2			
大正 9年（1920）	1件		1			
大正10年（1921）	3件		3			
大正12年（1923）	3件		3			
大正13年（1924）	7件		6			1
大正14年（1925）	13件		12			1
大正15年（1926）	14件		10			4
昭和 1年（1926）	1件		1			
昭和 2年（1927）	6件		2	1	1	2
昭和 3年（1928）	17件		13		1	3
昭和 4年（1929）	18件		15	2		1
昭和 5年（1930）	17件		16			1
昭和 6年（1931）	20件		17	1◆		2
昭和 7年（1932）	24件	1※	21			1
昭和 8年（1933）	38件	1＋1★	32	1	1	1
昭和 9年（1934）	16件		13	2	1	1＋1☆
小計	203件	4	169	7	4	19
第二輯						
昭和 9年（1934）	19件	1	17			1
昭和10年（1935）	37件	1	31	3	2◇	
昭和11年（1936）	43件	1	34	4	1	3
昭和12年（1937）	57件		48	5	2	2
昭和13年（1938）	8件		6	1	1	
小計	164件	3	136	13	6	6
総計	367件	7	305	20	11	25

（備考）◆：木造＋煉瓦・※：煉瓦 RC 木骨造混用・★：煉瓦 RC 造混用・☆：SRC・◇：RC＋煉瓦

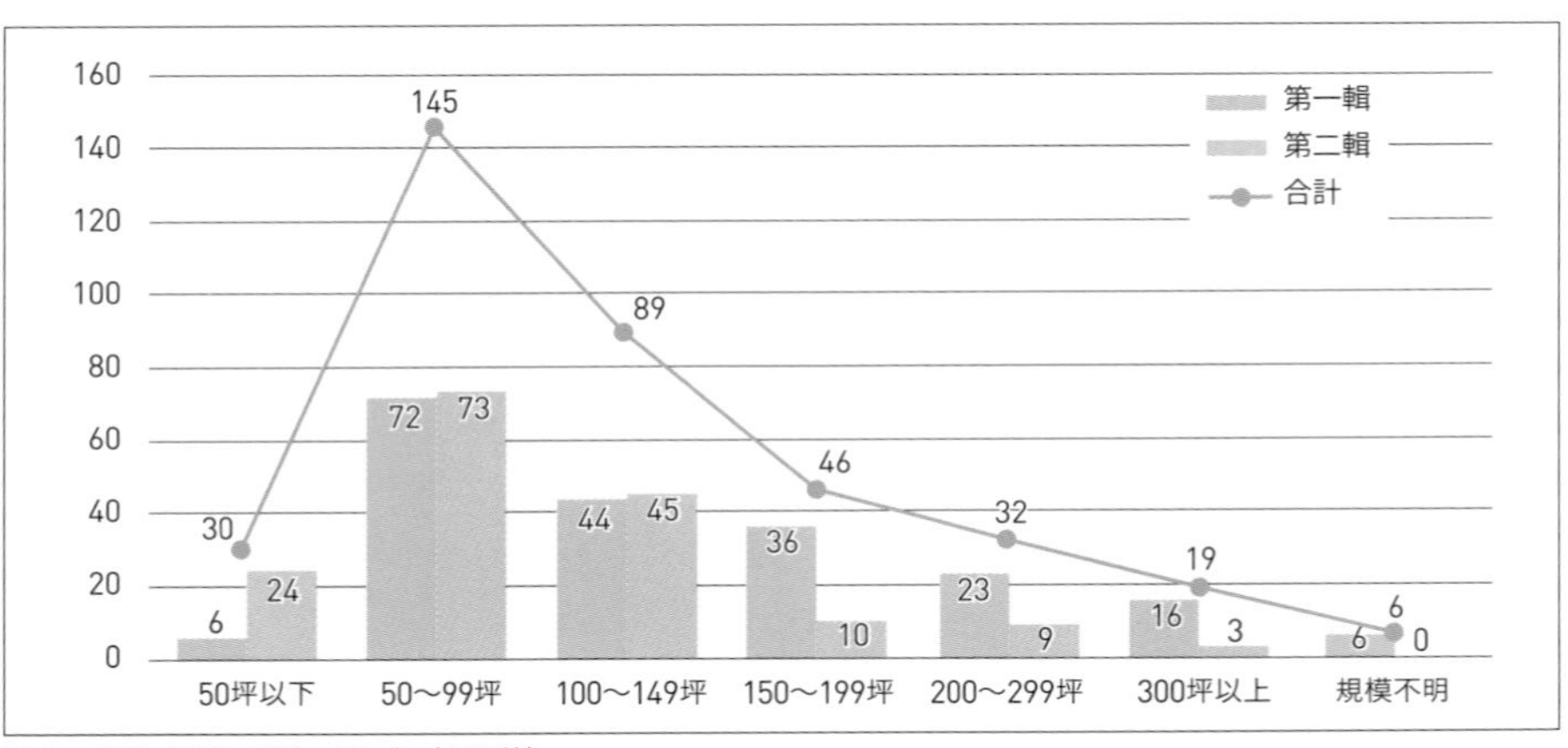

図2　規模（延床面積）の分布（367件）

施主には、爵位を持つ人物をはじめ、当時の政財界で活躍している人物や学者が多い。このため前述のように家族の生活空間だけでなく、身分や仕事にふさわしい接客空間を必要とし、住宅としては大規模であった。

特に大規模な邸宅としては、国の重要文化財に指定されている披雲閣（五八〇坪）がある。旧高松藩主松平頼壽が、高松の迎賓館として建てた建物で、藩政時代の御殿のイメージを踏襲するとともに、大スパンの洋小屋を採用するなど新しい時代の息吹も感じられる。松平頼壽は東京の本邸も大規模で、三五〇坪ある。

渋沢栄一と清水組は、本書でもたびたび触れられているが、かたい絆で結ばれていた。渋沢家の多くの邸宅も清水組の設計・施工である。渋沢家の邸宅のひとつが、青森県六戸町に移築保存されていたが、再び東京に戻り保存される（一五四頁）。三〇〇坪を超える大邸宅である。三井物産会社長を務めた三井元之助の邸宅は、洋館六三九坪、和館三三四坪、合計九七三坪と格段に大きい。関西の財界で活躍した稲畑二郎の本邸（芦屋）も三一三坪と大規模である。

このほか、東武鉄道の初代社長である根津嘉一郎の別邸（熱海、五二頁）、安田財閥の生みの親である安田善次郎の別荘（大磯、一四八頁）、江戸時代創業の総合食品商社国分の國分勘兵衛の鵠沼別荘（藤沢、一四二頁）、トヨタ自動車創業者豊田喜一郎の別邸（豊田、一二二頁）などは、会社関係の建物を清水組が施工しており、そこでの信頼関係から住宅や別荘も発注したと思われる。

現存住宅の建設地分布

現存住宅の地理的分布を口絵（四頁）に示してある。政財界で活躍する人物や学者の邸宅が、東京圏（東京・横浜）および関西圏（京都・神戸周辺）に集中するのは当然であろう。また、神奈川県（逗子・葉山・鎌倉・大磯）から静岡県（熱海・伊東）の相模湾沿いの一帯は、東京に近い別荘地として、接客などにも用いられた。栃木県（那須）は名門ゴルフ倶楽部に隣接する別荘である。清水組の副社長を務めた清水揚之助が名門ゴルフ倶楽部の創設メンバーのひとりであり、知人友人が集った。

地方の邸宅もそれぞれに由緒がある。石油王と呼ばれた新津恒吉の本邸は、創業の地・新潟にある。高松の披雲閣は、前述のように旧藩主の邸宅として城内に建設された。福岡県（久留米）の石橋徳次郎邸（一一六頁）は、ブリヂストンの創業者である石橋正二郎の兄徳次郎の邸宅である。

社内設計と建築家

図集所収三六七件の住宅の施工はすべて清水組であるが、設計は清水組社内が第一輯一三七件（六七％）、第二輯一二三件（七五％）、合計二六〇件（七一％）、外部の建築家が第一輯六六件（三三％）、第二輯四一件（二五％）、合計一〇七件（二九％）である。

社内の設計とそれを担った組織および人物については、「第1章-3　戦前期多くの住宅を手掛けた清水組」で詳細に検討している。

外部の設計については、六一人の建築家の名前があがっており、当時の建築界を担った建築家の多くが名を連ねている。なかでも件数が多いのは、渡辺仁一三件、西村好時八件、石本喜久治七件（うち一件は片岡石本建築事務所）、和田順顕四件（うち一件は濱口家建築部に引継ぎ）、レーモンド建築設計事務所三件、木子幸三郎三件などである。

渡辺仁と清水組のつきあいは、大正一四（一九二五）年の東陽ビルディング（名古屋）に始まり、ホテルニューグランド（横浜）、銀座和光（東京）など多くの作品にともに取り組んだ。住宅も日向利兵衛別邸（熱海、七二頁）、石坂泰三邸増築（現駐日ブルガリア共和国大使公邸、東京、一七六頁）、原邦造邸（現原美術館、東京）など多数ある。渡辺仁は、様式的な洋風建築から帝冠様式さらにモダニズムまで、自由闊達に展開できる設計力のある建築家であった。日向利兵衛別邸の地下部分はブルーノ・タウトの設計で国の重要文化財に指定されているが、タウトも渡辺仁の設計を高く評価していたという。

西村好時は清水組で設計に携わった後、第一銀行へ移り、数多くの銀行建築を手掛けた。彼の住宅作品をみると、洋間のインテリアが格調高くまとめられている（渋沢栄一・篤二・敬三邸、一五四頁）。

分離派建築会のメンバーとして知られる石本喜久治の住宅作品は、和風、洋風さまざまであるが、象徴的な丸窓など、分離派としてのデザイン意欲が感じられる。

アントニン・レーモンドは、帝国ホテル建設のためフランク・ロイド・ライトに伴って来日し、戦後まで日本で設計活動を展開した。ライシャワー邸（東京、一三八頁）、エリスマン邸（横浜、四四頁）など、外国人用の住宅を数多く設計した。端正な作風は、日本人の多くの建築家に影響を与えた。

三井守之助別邸（部材保存、六八頁）の設計者である木子幸三郎は、父木子清敬から日本建築、片山東熊から西洋建築を学んだ建築家とされ、宮内省内匠寮技師を務めたことから、竹田宮邸洋館など皇族の邸宅が多い。

関西で活躍した建築家武田五一の山口玄洞邸（京都、一八二頁）は、キリスト教関係施設と用途を変えながらも、設計の力強さが感じられる作品である。

構造学者・内藤多仲の自邸（東京、一六八頁）は、壁式鉄筋コンクリート造という新たな構造形式を採用した記念碑的建築である。インテリアの質の高さは、木子七郎の力によるものである。

金澤末吉邸（東京、一九四頁）は、末吉の息子金澤庸治が設計した。方位を意識した変形平面が面白い。庸治は東京美術学校建築科の最初の卒業生のひとりで、仲間の芸術家が欄間彫刻や襖の引き手、ふすま絵などさまざまな作品を提供している。

なぜ残ったか？　いかに残したか？

図集所収三六七件の住宅のうち五八件が残っていた。戦災、バブル期の建て替えラッシュを越えてこれだけの住宅が残っていたとは、まさに驚きである。そのひとつひとつに物語があるに違いない。

そこで、本書の第2章から第5章は、〝なぜ残ったか？いかに残したか？〟をテーマに章立てをしている。

「第2章　想いをつなぐ住まい」では、市や町など地方自治体に引き継がれた住宅をとりあげた。とは言え、存続が困難になった住宅を、地方自治体が簡単に引き継いでくれるわけではない。近隣住民や建築研究者などの努力が行政を動かし、多くの人々と想いを共有できたからである。また、解体されながらも部材は丁寧に保存され、甦る日を待っている住宅もある。

「第3章　住み継ぐ知恵」では、増改築や用途変更を経ながらも、健全に受け継がれてきた住まいをとりあげた。家族構成の変化や相続・売買、別荘から料亭への用途変更にあわせた増改築が、建物の生命力を育んできた。その背景には設計者の企画力や質の高い職人技の確かさが感じられる。また、ここでとりあげた事例に別荘が多いのは、風光明媚な土地が持つ力であろう。

「第4章　記念碑となった住まい——心の拠りどころとして」では、老舗企業や大学の創業（立）者、著名な音楽家などの住まいにかける想いを、後に続く人々が受け継いだ事例をとりあげた。創業時、苦しかった時代の思い出や、建物にかけた情熱を、次世代の糧としたく、大切に保存されている。継続的な住まいとは異なるが、〝伝えたい何か〟がストレートに伝わってくる。

「第5章　設計力・施工力・材料力に支えられた住まい」では、建築家による先駆的な設計作品を紹介するとともに、優れた施工技術や材料の質の高さが長寿命をもたらした事例をとりあげている。年月を経るごとに輝きを増す住まい、そこには時代を切り拓く発想や設計力、質のよい素材を丁寧に使う技術力が見いだされる。

残された住宅には、それぞれに物語がある。部材が保存され、再建が期待される住宅もある。事前調査では、存在を確認しながら、すでに取り壊された住宅もある。近年まで継承しながら取り壊さざるを得なかった住宅には、大切な思い出がある。

町は歴史の蓄積の上に成立するものである。〝記憶の風景〟を次世代へ引き継ぐことの大切さを、残された住宅は伝えている。

1-2 大正から昭和初期の日本の住宅界の動き

内田 青蔵

上流層の住宅形式・和洋館並列型住宅の誕生

明治期は、明治政府の掲げた殖産興業・富国強兵というスローガンのもとに、その実現に向け、西洋文化をいち早く取り入れながら新しい国家建設をめざした。特に上流層の住宅では、住宅も洋風化がめざされた。こうした中で、明治期早々に伝統的な和館の横に洋館を並存させるという和洋館並列型住宅という新しい住宅形式が生まれている。こうした性急な住宅における洋館導入の背景には、当時の様々な制度の導入の影響があった。例えば、明治五（一八七二）年、明治政府は西洋式の官服制を導入し、洋服着用を定めた。これにより政府高官たちは洋服を着用し、さまざまな儀礼はもちろんのこと、日常的にも通勤時から勤務中の服装は洋服となった。こうした動きを牽引したのが明治天皇で、明治五年には天皇も洋服を着用し、翌年には断髪も行なったのである。

洋装化の動きの中で、執務空間である役所などに象徴される公的建築は、畳敷きのユカ座からフローリングのイス座の空間に変化していった。そして、住宅もまた変化していくことになった。その変化こそ、先の和洋館並列型住宅の誕生だったのである。すなわち、この頃から、外出時は洋服、住宅内では和服という和洋の使い分けが始まった。ただ、下級の役職の場合は衣服の使い分けだけで済まされたが、それなりの役職の場合は、客や部下などが自宅に訪ねてくることもあり、住まいの中で洋服着用の客の対応のための空間が必要だった。日常生活は伝統的な和館で行ないつつも、洋服客の応対のために洋館を使用するという建物そのものの使い分けが始まったのである。

さて、和洋館並列型住宅の事例の最初期のものとして知られているのが、明治六年竣工の毛利公爵邸、同七年竣工の黒田侯爵邸である。それぞれ和洋館並列型住宅として和館の脇に洋館を建設している**（図1）**。とりわけ、この毛利邸・黒田邸は、それぞれ、明治六年、明治八年に天皇の行幸があり、まさに洋装姿の天皇を迎える場として洋館が用意されたようにも解釈できる**［注1］**。こうした権威ある天皇との密接な関係を暗示させる洋館は、単に珍しい住宅形式という側面だけ

図1　黒田邸

図2　旧岩崎久弥邸

ではなく、ひとつの得難いステータスシンボルとしての意味も持つことになったと考えられるのである。

現在、この住宅形式の東京に現存する最古の事例として国の重要文化財に指定されているのが、明治二九年竣工といわれる旧岩崎久弥邸である（図2）。その岩崎家における使い方を見ると、家族の日常生活はあくまでも和館で行ない、洋館は接客の場として使用されている。ただ、久弥はアメリカ留学の経験があったこともあり、洋館にある書斎は接客用だけではなく自らの読書や調べ物の時などにもしばしば使う機会があったという【注2】。この久弥のように日常的な場として洋館の使用頻度が徐々に高まり始めると、中には洋館に生活の場を移すといった人々の動きも現れる。そして、和洋館並列型住宅の形式が中流層へ影響を与え始めると、単なる和洋の使い分けの時代から和洋の融合化の時代へと移行し、再び住宅はその姿を変えていくことになるのである。

大正期の洋風化の広がり
——和洋館並列型住宅から和洋折衷住宅へ

明治末期から大正初期になると、洋風生活は徐々に中流層へと浸透し、上流層の住宅だけではなく中流層の中小規模の住宅にも洋風化の動きが見られるようになる。

特に、明治四一（一九〇八）年、アメリカのシアトル市で生活経験のある橋口信助が帰国し、翌明治四二年に住宅専門会社「あめりか屋」を開設している。橋口はアメリカの合理的な生活と住宅の導入をめざし、アメリカ住宅の輸入販売を行なったのである。大正期になると、この「あめりか屋」の存在も徐々に知られ、中小規模のイス座の住宅の普及に積極的に乗り出していくことになる。

さらに、橋口は大正五（一九一六）年には女子教育家で常盤松女学校校長の三角錫子と一緒に「住宅改良会」を組織し、機関誌『住宅』（図3）を通して主に中流層の主婦に向けて住宅の洋風化の啓蒙活動を展開した。三角は、動作経済という考え方をもとに主婦たちに家事労働の軽減化や台所改良の問題を投げ掛けたのである。この動きは、文部省や農商務省の注目するものとなり、大正九年には文部省の外郭団体として生活改善同盟会が組織され、国家的な観点からも生活全般を合理化するための展覧会や機関誌『生活改善』の発行などを通じて洋風化の啓蒙活動が行なわれたのであった（図4）。

こうした動きの中で、中小規模の住宅の洋風化が進められた。その洋風化された住宅は、一つの住宅の中に和と洋の要素を備えた和洋折衷住宅と総称されるものであるが、その洋風化の過程からそれらは二つの住宅形式に大別することができる。ひとつは中小規模の和風住宅の玄関脇に一～二室の洋室を持つもので、洋館付き住宅とも称されているように伝統的な和館に洋館の要素を取り込んだ、「和風系折衷住宅」と呼ばれるものである。もうひとつは、欧米の小規模洋館にユカ座用の畳などわが国の伝統的な要素を導入したもので、「洋風系折衷住宅」と称すことができる。この二つの住宅形式は、どちらもユカ座とイス座の混在した新しい生活をめざした住宅であるが、外観は前者が和風であるのに対し、後者は洋風という違いが見られることになる。

これらの二つの住宅形式は、大正から昭和初期へと移行していく中で、例えば、和風系折衷住宅では、大きな一つの部屋を分割したような伝統的な続き間からなる平面から、平面中央に移動用の動線を確保するための専用廊下を取り入れた中廊下型へと変化していくことになる。こうした中廊下型は、伝統的な和館に洋館に見られる中廊下を取り入れたものであり、和風系折衷住宅の典型のひとつといえる。

また、洋風系折衷住宅の基本とする欧米の小規模洋館の様式は、大正初期から中期にかけてはベランダや大きな玄関ポーチを特徴とするバンガロー様式、関東大震災後は新たにアメリカからもたらされたスパニッシュ様式が多く用いられていた。また、大正後期には帝国ホテルの設計者として来日したF・L・ライトの影響を受けたライト式、そして、昭和期になるとアール・デコ様式、さらには、新興住宅と称されるモダニズム系のデザインなども見られることになる。ただ、こうした時代とともに流行した多様なデザインが基本となるものの、内部には伝統的な座敷飾りを備えた和室があったり、また、外壁は大壁ながらも開口部は引違い窓や掃き出し形式となり、開口部の上には庇が付くといった日本の伝統建築の形式が取り入れられる現象――和風化（日本化）――が見られ、外観における両者の違いが徐々に消えていく傾向

図3 『住宅』表紙

図4 『生活改善』表紙

表1 『洋風化』からみた近代日本住宅の系譜

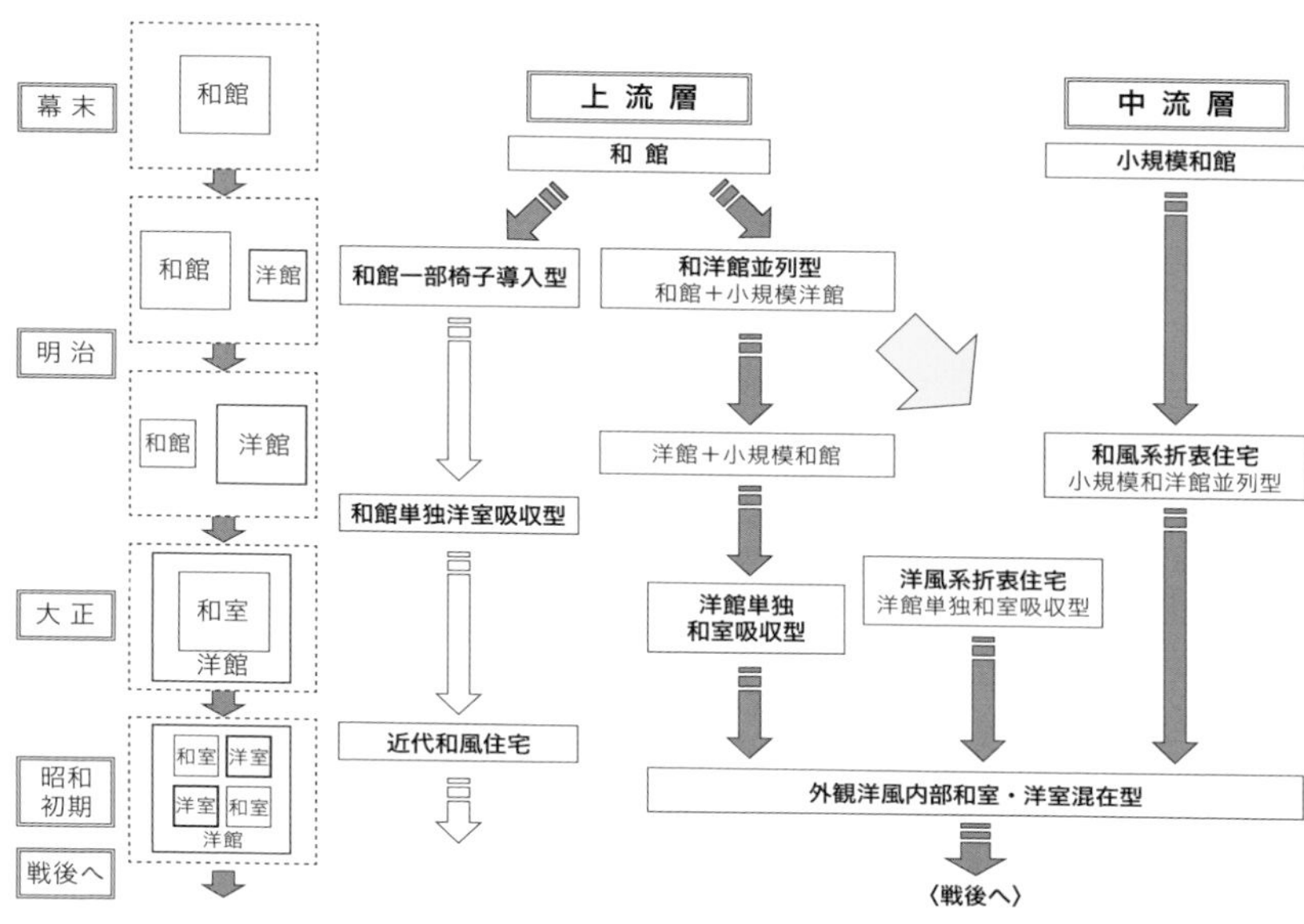

図5 洋風系折衷住宅の事例 石坂泰三邸 (p.176)

がある(図5)。いずれにせよ、こうした住宅の洋風化の過程は、表1のように示すことができる。

鉄筋コンクリート構造の導入

多様な様式を基調とする洋風系折衷住宅が時代の動きと連動して出現し、デザイン的な観点からも日本の近代住宅は多種多彩な様相を見せることになる。一方、関東大震災後には、鉄筋コンクリート構造の導入という構造形式の変化も見られるようになる。すなわち、それまでの大邸宅では和館は木造、洋館は煉瓦造あるいは煉瓦造の石張仕上げの本格的な歴史主義建築として計画されていたが、関東大震災で被害の大きかった組積造による煉瓦造系に代わって、耐震・耐火性能の高い鉄筋コンクリート構造を採用した住宅建築が出現することになるのである。

ちなみに、この鉄筋コンクリート構造は、明治後期から橋梁や蔵に採用され始め、徐々に人間の生活空間へとその応用の幅を広げ続けていたが、それを徹底的に展開させたのが関東大震災であった。本書に収録されている震災直後の大正一五（一九二六）年に竣工した内藤多仲邸は、地震の被害を食い止めるための新構法として、住宅用に壁構造を取り入れ、その有効性を試みた実験住宅であった（一六八頁）。それは、まさにわが国独自の住宅近代化の中で生まれた記念碑的存在ともいえる。また、内藤邸と同時期の大正一五年から昭和二（一九二七）年の間に竣工したレーモンド設計のライシャワー邸も、方形の屋根部分は木造だが、二階部分までは鉄筋コンクリート構造の建物である。これら以外に今回収録した中には、主屋は木造で、蔵部分だけを鉄筋コンクリート構造とした事例（江森復邸、八四頁）、あるいは、一階だけ鉄筋コンクリート構造で二階は木造とする混構造の住宅（杉村米次郎邸、八八頁）も見られる。鉄筋コンクリート構造による住宅の普及は、戦後を待たなければならないが、こうした戦前期の様々な試みがあって初めて戦後に開花したのであり、これらの事例はわが国の住宅の鉄筋コンクリート構造化の過程を具体的に示している。

数寄屋風から民家風・民芸風の流行へ

昭和初期になると、コルビュジエやグロピウスなどによる国際様式としてのモダニズム建築の姿が提示され、その建築イメージが普及する中で、日本でもモダニズム調の住宅が試行される。こうした動きの一方で、別荘建築などを中心に伝統的な日本独自の建築様式としての数寄屋風、さらには、民家調あるいは民芸調のデザインを取り入れた住宅も散見されることになる。伝統回帰のようにも思える現象だが、モダニズムの装飾性を排除した真実性の表現ともいえるようにも思われる。

和風系折衷住宅は、昭和期に入っても衰えることなく、多数つくられた。その多くは、座敷・次の間といった接客の場を持ち、独立した茶室を設ける場合もある。座敷の意匠に注目すれば、書院造よりももう少しくだけたものが多く見られ、材料も竹や面皮材などを用い、数寄屋風の意匠を駆使したものだった。こうした傾向は、今回収録した作品にも多く確認できる。例えば、熱海に現存する石井健吾別邸の離れは、その典型といえよう（九二頁）。この離れは、昭和一〇（一九三五）年、主屋の前庭に増築されたもので、杉皮葺の入母屋屋根の平屋の小建築である。ワンルームの室内正面には「霞棚」と称される棚がデザインされている。この棚は、その名が示すように日本三大棚のひとつとして知られる修学院離宮の霞棚をモデルとしたもので、ある種、〝写し〟の行為を行なったものといえる。しかも、室内には小屋の太い梁材が露出するなど民家的な手法もみられ、数寄屋に民家風を加味したユニークなデザインといえるのである。

また、建築としては取り壊されてしまったが、大正一四（一九二五）年に清水組の設計施工によって竣工した結城別邸では、客室・食堂・広間（応接室）に、根太天井や掛込天井など古材を利用した民家風の意匠が取り入れられていた。この結城別邸は、古材を利用するという伝統的手法を取り入れているのである（**図6**）。

図6　結城別邸内部

図7　山崎種二別邸内観（竣工写真）土間部分：左側

一方、『住宅建築図集』に収録されている昭和一一年竣工の山崎種二別邸では、茅葺の表門を構え、離れの茶室が設けられている。主屋で興味深いのは、一階の西端の土間である。ここは、瓦敷の床に地炉を設け、部材は面皮丸太を用いている。こうした床まで土間とし、炉を設けるといった室内意匠は、伝統的な民家風を超え、当時流行しつつあった民芸風のデザインのようにも感じられる（**図7**）。このように昭和初期の別邸などの建築には、同じ生活の場であっても本邸とは明らかに異なり、より自由で、周辺の豊かな自然と調和したデザインとして、数寄屋、さらには民家風・民芸風といった意匠が積極的に採用されていたように考えられ、興味深い。

［注1］「洋館建設と行幸について――和洋館並列型住宅の誕生の背景」『旧島津侯公爵邸竣工一〇〇年記念 本館と島津山』清泉女子大学、二〇一七年、四三～五一頁。
［注2］藤森照信『日本の近代建築 上』岩波書店、一九九三年。

図版出典
表1　内田青蔵作成
図1　「建築雑誌」明治三二年
図2　内田青蔵撮影
図3　『住宅』創刊号（第一巻第一号）、住宅改良会、一九一六年八月
図4　『生活改善』創刊号（第一号）、生活改善同盟会、一九二一年四月
図5　清水組『工事年鑑』昭和一四年版
図6　『住宅建築図集』第一輯
図7　清水建設株式会社所蔵

1-3 戦前期多くの住宅を手掛けた清水組

小黒 利昭
畑田 尚子

今日、大手建設会社が手掛ける住宅と言えば集合住宅のことで、一部の重要得意先を除き、個人住宅を建築するのはまれである。清水建設に残されている戦前期の施工実績データを見ると、明治・大正・昭和期を通じて多くの個人住宅を手掛けていたことがわかる。清水組（現清水建設株式会社）の記録に残る最も古い住宅の施工事例は、安政六（一八五九）年竣工の「野毛坂陣屋前役宅」である。明治期では、明治三（一八七〇）年竣工の「横浜居留地商館十四番館以下六館」があり、事務所と住居を兼ねた洋館である。個人住宅の最初の事例は、二代清水喜助により深川福住町に建てられた「子爵渋沢栄一邸（明治一一年・和館）」がある。この建物は明治四一年に芝区三田綱町に移築され『住宅建築図集』にも掲載されている（同書第一輯一頁および一〇〇頁）。

渋沢栄一と清水組との関係は、二代喜助が文久三（一八六三）年に越後屋（後の三井財閥）の守護神とされる三圍稲荷の内社殿を手掛け、その時の支配人であった三野村利左衛門の知遇を得て渋沢栄一を紹介されたことに始まる。そのことが、明治五年「第一国立銀行（建設時：三井組ハウス）」に繋がる。

明治一四年に二代喜助の後を継いだ三代店主清水満之助も、喜助同様、渋沢の指導を仰ぐようになっていった。明治二〇年、満之助急逝の後、渋沢栄一を相談役に迎え、満之助が手掛けていた個人経営から組織経営への改革路線を引き継ぎ、渋沢自らが範とした「論語と算盤」の教えを経営指針とした。また、渋沢が関連する会社等への営業をとおし、危機を乗り切り近代請負の基礎を作った。これ以降、清水組は渋沢が関係した会社や三井財閥関連の建築を多く手掛け、これらの重役等の住宅も手掛けるようになる。

図1は明治期・大正期・昭和期（昭和一五（一九三六）年迄）に清水組が手掛けた施工実績の内、主要な用途を各期別に示している。「住宅」は個人住宅の他一部社宅・集合住宅を含み、「居住施設」にはさらに工場等の寄宿舎、兵舎等を含む件数を載せている。明治期はさらに多くの施工実績があったと推定されるが、関東大震災を含め四回の火災【注1】に遭い、古い資料の大半を焼失したとされ、残る資料は限られている。

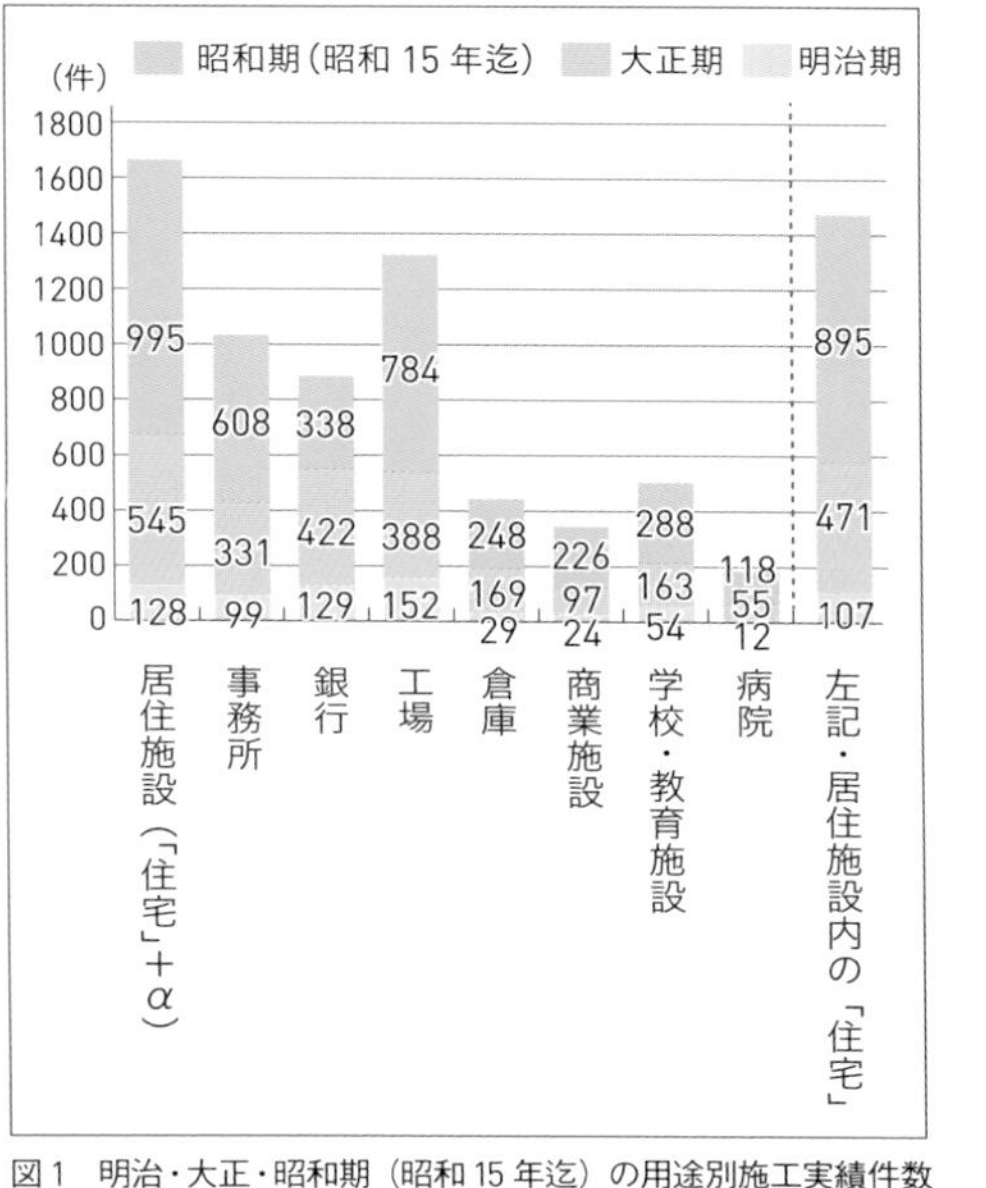

図1　明治・大正・昭和期（昭和 15 年迄）の用途別施工実績件数

明治期から昭和期（昭和一五年迄）の用途の明らかな施工実績（六四〇二件）に占める「住宅」の割合は、明治期で一七・一％（一〇七件）、大正期二一・七％（四七一件）、昭和期二四・八％（八九五件）、全体では二三％（一四七三件）となり、施工金額はともかく件数において「住宅」の占める割合が大きい。清水組が戦前期において多数の住宅を施工し、主要な用途分野であると位置づけていたことがわかる。

明治期の用途別順位を見ると、日本の近代化を支える工場一五二件が一番で、近代化の一環として金融制度を支える銀行が一二九件と二番目に多い。次いで実業家、銀行家、政治家等の住宅一〇七件、事務所九九件となる。

また、清水組が明治期に発行した作品集『清水方建築家屋撮影』（明治二二年から同三三年まで計六巻発行）に掲載されている各用途別件数の順位を見ると、作品集の全一五〇件の内訳は、工場三一件、住宅二六件、事務所二〇件、銀行一〇件、学校一〇件、其他（官公庁・病院・寄宿舎・劇場・博覧会・倶楽部・駅舎・記念碑・土木工事等）五三件の順になり、明治期に住宅建築の施工が多い。

その主な発注者は、第一国立銀行をはじめ五百余の会社設立に関わり、日本の資本主義を作ったと言われる渋沢栄一の邸宅（洋館・和館）をはじめ、「穂積陳重邸（洋館）」（渋沢娘婿の法学士で東京大学法科大学教授・貴族院議員・枢密顧問官）、「陸奥宗光邸（洋館・和館）」、「樺山資紀邸（洋館）」（警視総監・海軍大臣・台湾総督）、「浅野総一郎邸（洋館）」（日本セメントの創設者）、「山縣有朋邸（洋館）」など当時の政財界で活躍した人々の住宅が多い（**図2**）。

大正期では、住宅が四七一件と最も多く、次いで銀行四二二件、工場三八八件、事務所三三一件、倉庫一六九件となっている。

この時期、日本経済は第一次大戦によって好景気となり、大正三（一九一四）年からの五年間で国民総生産が三倍にも膨らんだ。その結果多くの会社が興され、建築需要も増大し、

澁澤君居館

建設位置 日本橋區兜町貳番地
建家 百四坪
建築費 金貳万四千八百八拾三圓三拾五錢四厘
仝上壹坪ノ價 金貳百三拾九圓貳拾六錢三厘
起工 明治十九年十二月六日
竣功 明治廿一年四月十五日
工事日數 三百四十八日（外百五十日ハ風雨其他事故ニ因テ休業）
設計 工學博士辰野金吾君
摘要 周圍煉化石厚貳枚積土中煉化石積深拾尺杭地形中仕切總テ煉化石壹枚半間内床カ壚石唐木ノ寄木、擬木、擔張、壁漆喰、純子、七々子、鐵砂等ヲ用ヒ天井ハ漆喰模様形擬材及階段、擬彫刻付煖爐ノ飾リハ壚石也

清水氏ノ依頼ニ應シテ江崎禮二撮影

「渋沢君居館」（明治 21 年・東京）

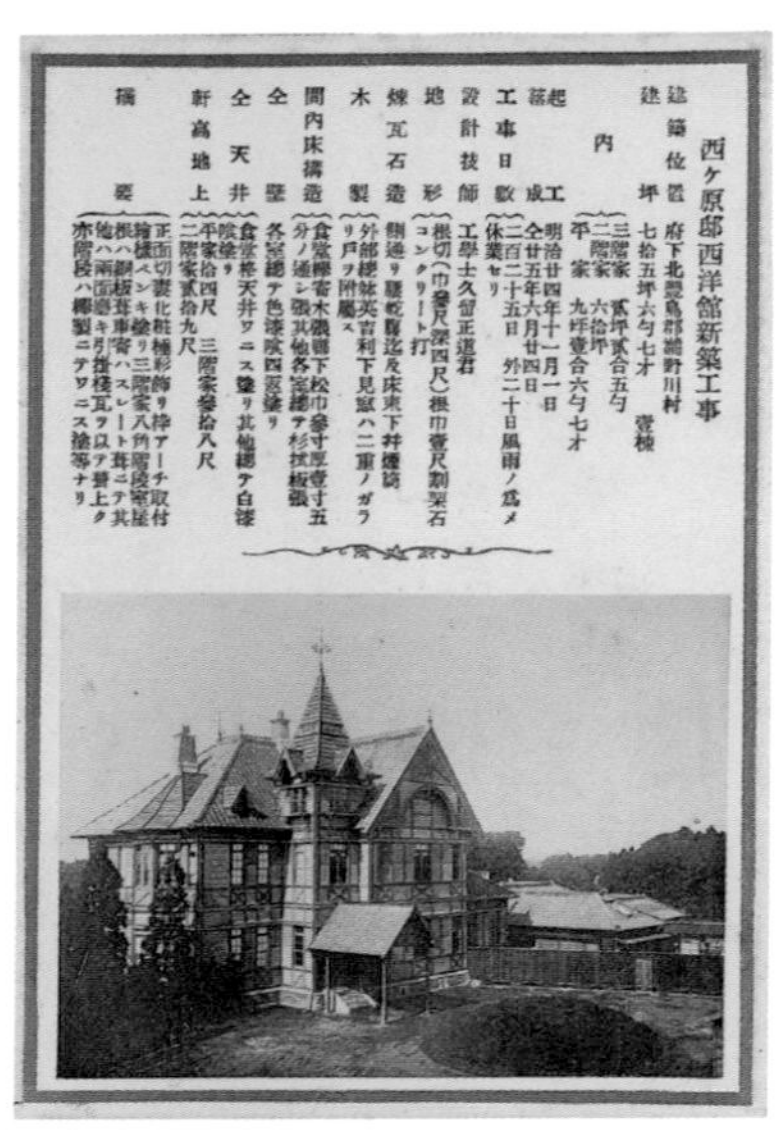

西ヶ原邸西洋館新築工事

建築位置 府下北豊島郡瀧野川村
建坪 七拾五坪六勺七才 壹棟
内 三階家 貳坪貳合五勺
二階家 六拾坪
平家 九坪壹合六勺七才
起工 明治廿四年十一月一日
落成 仝廿五年六月廿四日
工事日數 二百二十五日 外二十日風雨ノ為メ休業セリ
設計技師 工學士久留正道君
地形 根切（巾參尺深四尺）根巾壹尺割栗石コンクリート打
煉瓦石造 側通リ壁腰迄及床束下井壁脇
木製 外部總體英吉利下見窓ハ二重ノガラリ戸ヲ附屬ス
間内床構造 食堂欅寄木張其下松巾參寸厚壹寸五分ノ通シ張其他各室總テ杉拭板張
仝壁 各室總テ色漆喰四返塗リ
仝天井 食堂格天井ワニス塗リ其他總テ白漆喰塗リ
軒高地上 平家拾四尺 二階家貳拾九尺 三階家參拾八尺
摘要 正面切妻化粧柱彫飾リ持アーチ取付輪構ペンキ塗リ三階家八角階段室屋根ハ銅板葺事寄ハスレート葺ニテ其他ハ雨面總キ引瓦ヲ以テ葺上ク赤階段ハ欅製ニテワニス塗等ナリ

「西ヶ原邸西洋館」（陸奥宗光邸・明治 25 年・東京）

日本橋區北新堀邸新築工事摘要書

建設位置 東京市日本橋區北新堀町拾八番地
建坪 五拾四坪參合
内 二階家 參拾五坪參合
三階家 拾九坪
起工 明治廿二年十一月廿二日
竣功 明治廿三年六月十一日
工事日數 貳百貳日
設計技師 工學士河合浩藏君
地形 側通リ根切幅四尺深參尺「割栗石貳尺」「コンクリート厚八寸」
木製 西洋造ノ下地木製漆喰塗リ
間内重ナル部分ノ床カ構造 書齋、客間、廣間寄木張
仝壁 客間、緞布張、外部總躰藻田石色塗リ
仝天井 書齋、客間、檜製格天井ワニシ塗リ
軒高サ地上 二階家 參拾參尺
三階家 四拾貳尺
別段上等ノ工事ニ為シタル部分及品物 客間書齋ストーフ前飾樂水石

「日本橋区北新堀邸」
（浅野総一郎邸・明治 23 年・東京）

山縣邸新築工事

建築位置 京都市南禅寺町
建坪 二十二坪三合七勺五才
内 煉瓦造二階建 十七坪五合
木造同 四坪八合七勺五才
建築費 金五千貳百五拾六圓六拾七錢參厘
平均壹坪直段 金貳百參拾四圓九拾參錢餘
起工 明治三十年五月二十一日
落成 同 三十一年五月三十一日
工事日數 三百七十七日
設計技師 工學士 新家孝正君
構造 煉瓦石造 階下二枚半 階上二枚
木造 外部化粧柱形付ペンキ塗
地形 コンクリート
軒高 煉瓦造地面ヨリ軒迄二十六尺 木造同二十二尺二寸
床 煉瓦造二階寄木張同階下及木製分檜板張リ
壁 外部煉瓦木造共石色漆喰塗腰廻リ擬造花崗石模内部煉瓦造二階腰羽目付張付壁他ハ白漆喰塗
天井 煉瓦造階上張付格天井格縁ワニス及漆塗他ハ木製ペンキ塗
摘要 煉瓦造玄入口共鐵製非常戸取付階下入口ハ日本風觀音開階上天井及壁張付ハ主人秘藏ノ古錦ニシテ足利時代ノ逸品ナリ

「山縣邸」（明治 31 年・京都）

図 2 『清水方建築 いへの写真・一帙・二帙』および『清水方建築家屋撮影・計 6 巻』

それに伴い実業家の住宅も増加している。

また、大正期には、首都圏・関西圏で電気鉄道による郊外路線の開業ブームが起こった。これは郊外型住宅の開発を伴い旺盛な住宅需要が起こったことも背景にある。明治期の住宅地は、明治一七年に制定された東京市一五区のうち、麴町区、芝区、赤坂区、神田区、小石川区、日本橋区に集中していたが、市外の下落合、渋谷、千駄ヶ谷、大森、中野、田園調布など新しく宅地開発された地域に広がりを見せている。また、大正一二年の関東大震災後の住宅復興需要も見逃せない。

昭和期の建設実績は、八九五件の住宅が一番で、工場七八四件、事務所六〇八件、銀行三三八件、学校・教育施設二八八件と続く。

昭和期に入ると、実業家の住宅が増加する一方で、大正期から始まった農村から都市への人口集中（都市化）がより進展し、住宅発注者の階層・職種の幅も広がり、画家、音楽家、能楽師、弁護士、個人商店主、会社員など大正期ではみられない発注者の住宅も手掛けるようになっている。さらに、葉山、大磯などの湘南海岸や熱海、箱根など上流階級の別荘地は中流階層にまで広がりを見せている。また、地域的にも京都、大阪、兵庫、名古屋から、北海道、新潟、富山、石川、島根、大分等の地方に広がり、さらに朝鮮（釜山・京城）、満州（新京）、台湾（台南・台北・高尾）など海外における住宅建築の実績も増えている。

清水組の住宅建築を担った設計・施工体制

図集に掲載されている住宅が竣工した年代である大正初期から昭和一三（一九三八）年までの社会・経済状況は、第一次大戦による好景気と終戦後の不況、途中に関東大震災を挟みながら昭和四年の「世界大恐慌」、その後の高橋是清の経済政策による立ち直りと、経済の好不況が目まぐるしく変わる時代で、昭和一〇年頃に戦前経済の頂点を迎えた日本が、その後戦時色を強めていく時代であった。また、明治以来の日本の産業全体が近代化を果たした時代とも重なる。

清水組では清水釘吉（店長・社長）のもと、個人経営組織であった「清水満之助店」から、大正四（一九一五）年に「合資会社清水組」に改組し、幾度かの機構改革を通じて組織的な建設請負会社への転換を図り、昭和一二年株式会社に改組し近代化を確立した時期でもある。

清水組に正式に設計部門が設置されたのは、三代清水満之助が明治一九（一八八六）年に辰野金吾の推薦を受け初代技師長・坂本復経**[注2]**を迎え製図場を設けたことに始まる。

設計部門の中でも、住宅設計は、早い時期から専門組織化を図り、大正末期から大友弘技師および安藤喜八郎技師が率いる設計チームで行なわれるようになる。さらに、昭和九年後期の組織改正により「住宅設計係」が設けられ、以後特別な場合を除き住宅の設計はこれらの部署が担当している。昭和七年の「設計部の配員表」を見ると、大友技師を長として鈴木技師以下一〇名の係員、安藤喜八郎技師を長として一〇名の係員が設計チームを構成し、同一期間に複数件の設計・工事監理の遂行を可能にしている。さらに、「構造係」や給排水衛生設備・電機設備を担当する「附帯設備係」、「家具装飾係」のサポートによる組織的設計体制が確立していった。

他方、施工部門でも、大正五年に営業規則【注3】の改正に伴う「工事長制度」【注4】の導入により専門グループ化を指向した。当初四名の工事長の下に、二一名の工事主任、その下に現場主任がいる体制とし、さらに住宅建築・工場建築・事務所建築など厳密ではないが、当初より用途の専門化を図り施工の効率化を目指した。

何度かの機構改革を経て昭和八年の改正では、「住宅部」および一〜三部の四部制で建築部門を構成し、部長の下に工事長を設ける組織体制とした。それまで、多数の住宅建築を手掛けていた森田正太郎が初代の住宅部長に就任した。

設計と施工部門が協働する用途別専門チームが早い段階から設けられ、特に住宅建築においては、施主の多様な要望にきめ細かく対応しながら、効率化と住宅の質を保つ設計・施工体制が築かれた。

住宅設計を専門に担う設計チーム

『住宅建築図集』掲載住宅三六七件の内、外部建築家（六一名）による設計案件は一〇七件（二九％）、清水組の設計案件は二六〇件（七一％、外部建築家との共同設計一件を含む）を数える。

清水建設に残されている「工事竣工報告書」（大正一二（一九二三）年〜昭和二〇（一九四五）年・全三三二六件中図集該当案件二一〇件）で設計者と施工部門・施工担当者がわかる。社内の設計者については、個人名は記載されていないが、残されている設計図書の印座欄と「設計部の配員表」から設計主任および担当者を特定することができた。

表1（図集掲載案件担当内訳）を見ると、清水組設計部では関東大震災以降、特定の係（チーム）が住宅設計を担当し、その多くは大友弘と安藤喜八郎【図3】のもと遂行されている。二六〇件のうち、大友弘が設計主任で設計した案件は七三件（和館一五件、和・洋館二四件、洋館三四件）、安藤喜八郎が設計主任を務めた案件が八二件（和館二四件、和・洋館二〇件、洋館三八件）で、二人のチームで図集に掲載されている清水組設計案件の約六割を設計し、第一輯では大友弘の件数が多く、第二輯では安藤喜八郎の案件が多くなっている。

その他、京都・大阪支店での担当が一八件、清水喜助（二代）、矢田茂（昭和八年　設計部長）、小笹徳蔵（昭和二五年副社長）、吉田謙二（昭和一六年　名古屋支店長）、藤森松太

郎（技師）、桜井博（昭和二一年　設計部長）、八木憲一（昭和一五年　満州清水組・後に常務取締役 技師長）などによる設計案件四一件、他設計者不明二一件がある。

表1　清水組設計の図集掲載案件担当内訳

	第一輯	第二輯	計
大友弘	50	23	73
安藤喜八郎	32*	50	82
京都大阪支店	3	15	18
その他の設計者	23	18	41
施工部門	12	13	25
清水組（不明）	17	4	21
計	137	123	260

＊外部建築家との共同設計１件を含む

図３　大友弘（左）と安藤喜八郎（右）

図４　清水組本店 第１・第２製図室
（着座左から２番目が田辺淳吉）

図５　清水組本店 第３製図室

また、施工部門で設計した案件が二五件（和館九件、和・洋館八件、洋館八件）あり、住宅設計技能を身につけた技術者が施工部門にもいたことがわかる。これらの案件は、設計図等が残されていないので詳細は不明であるが、住宅建築は古くから現場での設計施工で造られていた伝統があること、また材料の選定や施工中の設計変更など発注者からの要望にきめ細かく応える等の理由から現場で造られたと推定する。

銀行・商業施設から住宅設計にたどり着いた「大友弘」

図集掲載案件の七三件を担当した大友弘は、明治三七（一九〇四）年、清水満之助店に一五歳で入店し、主任を経て、大正一四（一九二五）年に三七歳で技師となった。その後、住宅設計係長、設計課長（五五歳）と累進し、昭和二三（一九四八）年、六〇歳で退職するまで設計一筋に務める。入店後は夜学に通い明治四〇年に築地の工手学校（現工学院大学）建築学科を卒業し、明治・大正期は、銀行（「四十一銀行東京支店：明治四二年」・「川崎銀行佐原支店：大正三年、現佐原三菱館」）・倉庫・事務所等を中心に多くの設計を手掛け実務を通して幅広いデザインと技能を磨き、その後住宅設計に活躍の場を移した。

設計主任として初めて担当した案件に「男爵住友家住吉別邸（大正六年、神戸）」、「田辺貞吉邸（大正六年、神戸、当時 住友銀行本店支配人）」がある。大正一三年（三六歳）

頃から住宅設計を主に担当するようになり、昭和九年一一月（四六歳）の組織改正で「設計部住宅係長」、同一八年「設計課長」として多くの住宅設計を手掛けている。

図集掲載案件の発注者を見れば、根津嘉一郎（根津財閥の創始者）、近衛文麿公爵（第三四・三八・三九代内閣総理大臣）、松平頼壽伯爵（旧高松藩主松平家一二代当主）、堀越角次郎（四代、代々呉服太物を営む豪商）等当時を代表する大物実業家や政治家らの邸宅が目を引き、大友の卓越した設計力を確認することができる。また、現存する作品も多く、「根津嘉一郎別邸（昭和四年、ガーデンハウスおよび浴室、同七年、洋館、熱海）」（五二頁）、「國分勘兵衛鵠沼別荘（同六年、藤沢）」（一四二頁）、「南初三郎邸（同六年、金沢）」、「新津恒吉別邸（同一二年、伊豆の国）」（一一〇頁）、「新津恒吉邸（同一三年、新潟、現新津記念館）」等一四件ある。

住宅設計一筋に歩んだ「安藤喜八郎」

図集掲載案件の八二件（第一輯三二件、第二輯五〇件）を担当した安藤喜八郎は、大友弘と同年齢で、大正三（一九一四）

堀越角次郎邸（大正 13 年・東京）

近衛文麿邸（昭和 4 年・東京）

松平頼壽邸洋館（昭和 4 年・東京）

図 6　大友弘設計の住宅

年（二六歳）東京美術学校図案科（現東京藝術大学）を卒業し、同六年清水組に入店【注5】、同七年技師（三〇歳）、昭和九（一九三四）年住宅設計係長（四六歳）、同一九年設計課長（五六歳）と累進し、同二一年退社（五八歳）まで、設計部に所属し多数の住宅を手掛け、大友弘とともに住宅設計の専門家として清水組に貢献し現存する住宅も多い。

図集掲載案件で安藤が初めて主任として設計した住宅は「高輪國分勘兵衛邸（大正一五年、東京）」で、その後チームを率い、和館・洋館を問わず多くの住宅設計に携わった。

主な発注者として、國分勘兵衛（国分商店社長）、大川平三郎（「日本の製紙王」と呼ばれ、「大川財閥」を築く）、清水揚之助（清水組副社長）、峯島茂兵衛（大地主）、伊達宗彰（旧宇和島藩主伊達家一一代当主）、大橋光吉（共同印刷の創設者）、佐治孝太郎（佐治タイル社長）、安田善次郎（二代安田財閥当主）、山崎種二（山種証券創業者）等がいる。多くの上流階級の住宅を手掛け、現存する住宅も「斉藤恒一別邸（昭和三年、葉山）」（一〇六頁）、「峯島茂兵衛別邸（同八年、大磯）」、「藤瀬秀子別邸（同八年、逗子）」（三六頁）、「畑正

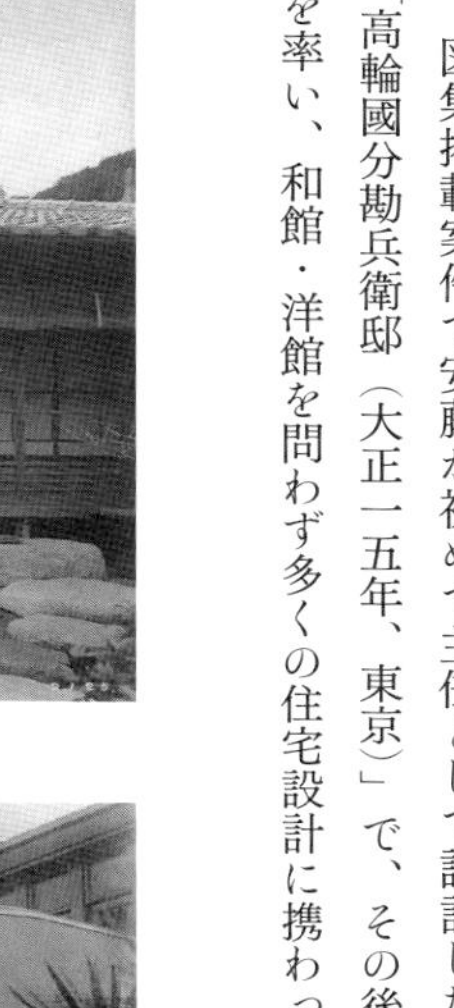

國分勘兵衛邸（大正 15 年・東京）

安田善次郎邸（昭和 10 年・東京）

山崎種二邸（昭和 10 年・東京）

図 7　安藤喜八郎設計の住宅

吉邸アトリエ（同一〇年、東京）」、「山崎種二別荘（同一一年、熱海）」等一二件が確認できる。

住宅建築を専門に手掛ける「住宅部」の創設

施工部門では、昭和二（一九二七）年から同一八年（同一六年欠）まで毎月記録されている「部門の人事履歴（以下「店員配置表」と記す）」や「工事竣工報告書」、『清水建設二百年史』等から清水組施工組織の変遷と工事担当者の現場配置の一端を知ることができる。

「店員配置表」は、施工現場毎の担当工事長（副部長）、工事主任、現場主任、現場係員を記録しており、当時の職員の履歴を知る貴重な手掛かりである。前記資料から、図集掲載住宅三六七件中二八五件で施工技術者の記録を確認でき、多くの住宅建築を担った人物として、「森田正太郎」および「中村朝太郎」を挙げることができる。

住宅建築を担った「森田正太郎」

図集掲載案件の施工の六割近くを統括した森田正太郎は、明治三二（一八九九）年（二二歳）に工手学校を卒業後入店し、大正六（一九一七）年に工事長となり、昭和二（一九二七）年に組織改正で工事部第二部の部長、同五年職制改正で工事部次長、同七年の部署名称改正で建築部部長、同八年の住宅部創設時の初代部長、同一二年三月に定年を迎えたが雇用延

表2　森田正太郎が担当した図集掲載案件

	森田	全件数	（割合）
工事長以前（現場主任）	0件	5件	（—）
工事部・森田工事長時代（T6.8.30～S2.9末）	15件	48件	（31%）
工事部・森田第二部長時代（S2.10～S7.1）	41件	72件	（57%）
建築部・森田部長時代（S7.2～S8.2末）	13件	24件	（54%）
住宅部・森田部長時代（S8.3～S12.2）	103件	153件	（67%）
住宅部：定年後（定年延長）時代（S12.3～） 中村朝太郎係長	39件	65件	（60%）
計	211件	367件	（57%）

長となり、同一五年迄監査役として勤務した。

表2は森田の職歴に対応した図集掲載案件の数を示す。森田が担当した住宅は三六七件中二二一件あり、昭和二年以降は図集掲載案件の六割近くを担当し、清水組における住宅建築の大半の施工を担ったと言っても過言ではない。

設計と施工をこなす住宅建築のエキスパート「中村朝太郎」

中村朝太郎は、昭和二（一九二七）年に工事部第二部副部長に就任し、一貫して住宅の施工に携わり、森田の片腕として多くの案件を手がけた。また、清水組在職中の経験談を退社後執筆した『稿本中村朝太郎匠談　上下二巻』［注6］にまとめ、その中で清水組に入る（明治四〇（一九〇七）年蔵前工業補習学校建築科卒業・二三歳）前に博多で棟梁として腕を磨き、自ら住宅の設計も行なう設計と施工のわかる住宅建築のエキスパートであることを語っている。ちなみに、『中村朝太郎匠談』で語られている図集掲載案件は、「高橋是清別邸（大正一二（一九二三）年、葉山）」、「三井源右衛門邸（同九年、東京）」、「清水釘吉邸（昭和元年、東京）」、「三井元之助邸（同六年、東京）」、「高山長幸別荘（同一〇年、熱海）」の五件である。

中村が施工した現存住宅は、「斉藤恒一別邸（昭和三年、

藤岡浄吉邸（大正 14 年・東京）

法学博士土方寧邸（昭和 2 年・東京）

松本栄五郎邸（昭和 11 年・東京）

図 8　中村朝太郎の設計・施工住宅

葉山）」（一〇六頁）、「藤瀬秀子別邸（同八年、逗子）」（三六頁）、「日向利兵衛別邸（同一〇年、熱海）」（七二頁）、「石井健吾別邸（同一〇年、熱海）」（九二頁）、「木瀬和吉別荘（同一一年、那須）」、「豊田喜一郎別荘（同一一年、熱海）」、「新津恒吉別邸（同一二年、伊豆の国）」（一一〇頁）、「高橋保別荘（同一二年、熱海）」（一〇〇頁）の八件あり、図集掲載案件の五六件を手掛けている。

また、中村は現場にいながら住宅の設計を行ない、「藤岡浄吉邸（大正一四年、東京）」、「法学博士 土方寧邸（昭和二年、東京）」、「野森廣邸（同五年、逗子）」、「松本栄五郎邸（同一一年、東京）」など一〇件を設計施工で建築している**（図8）**。

[注1] 清水店は明治一三年に神田新石町店類焼、同一四年日本橋本石町居宅類焼、同二五年神田新石町店焼失、大正一二年関東大震災による京橋区南鞘町本店の焼失と四回の火災に遭う。

[注2] 造家学科三期卒業、当時は技師長という呼称はまだない。

[注3] ①支配人制を廃し、業務執行役員が一切を統括する。②工事部を新設し、場所掛（係）を工事長と改称して責任と権限を拡大、より以上に能力を発揮できるようにした。③製図場を設計部と位置づけ、技師長の権限を設計部門内に限定した。④調査係（資材購買・労務・施工資料―工事ごとに不具合・好事例を調査）、工作係（深川工作場の管理）を新設した。⑤勘定方を会計係に改正した。（『清水建設二百年史』経営編九三頁）

[注4] 工事長・工事主任・現場主任・現場係員を置き、任命された工事長に権限と責任を委譲し、利益の源泉である現場の管理・運営を委任する「工事長制度」を採用した。具体的には工事入手までの諸活動および調査―工事の指名―積算見積―入札―契約―材料購入・労務手配―工事完成引き渡しまでが工事長権限の範疇とした、工事長に多大の権限を与えた制度改定である。

[注5] 清水建設OBの松田畔造氏所蔵の「設計部員名簿」では大正六年。なお、清水建設所蔵「店員台帳」では、大正七年入店となっている。

[注6] 『稿本中村朝太郎匠談 上下二巻』（昭和一八年からほぼ十年にわたって記した、中村朝太郎の体験談「中村朝太郎稿」を基に日刊建設工業に昭和二七年初号から一五〇回にわたり連載された「匠談」の抄録で、約半数の七六編をまとめたものである。）「昔語り」の中に、「……新大工町（福岡市）と呼名の通り、いわゆる御殿大工の棟梁の沢山住んでいた町がある。実際に腕の勝れた人が多く、規矩（かねつぼ）の道に長じた人ばかりであった。私は、そういう町で生れ、日清戦争直後の住宅時代に、建築に従事し出した。そして、昼は工人として勤め、夜分は規矩道に励み、先輩たちを師とし、稽古ごとに熱中して暮した。相寄れば討論、疑問がおこれば模型を組んでそれを解き。その繰返しを続けていたといってもよい。……」とあり、東京に出てくる前に、一人前の大工としての修業を積む。

図版出典

表1 「工事竣工報告書」、「設計図書」、「建設部配員表」他
表2 「部門の人事記録（店員配置表）」、「工事竣工報告書」
図1 「資清水工事経歴抄」、「工事経歴原本」他
図2 『清水方建築 いへの写真 一帙・二帙』、『清水方建築家屋撮影』
図3 清水建設所蔵「社史資料」
図4、5 『清水組技術部設計建築作品集』
図6〜8 清水建設所蔵「戦前工事記録写真」

第2章

想いをつなぐ住まい

【凡例】（第2章～第5章共通）

・文章および図のキャプションにおいて〝**図集**〟と表記されているものは、清水組『住宅建築図集』（第一輯、第二輯）を指す。

・「継承の経緯」の**現在年**は、調査時。

・概要表の所在地の次の〇**数字**は口絵（四～七頁）に対応。

・概要表の**敷地面積**は、当該住宅の当初所有者の代における最大の面積を記載。

・概要表の**延床面積**は、特に注記がない場合、図集掲載の面積を記載し、その後の増改築は含まない。

2-1

藤瀬秀子別邸

湘南逗子の高台にたつ和洋融合の別邸

水沼 淑子

図1　北側外観（現状）

▲

図2　北側外観（図集掲載竣工写真）

図3　御居間兼御食堂＋ベランダー（現状）

▲

図4　御居間兼御食堂＋ベランダー（図集掲載竣工写真）

継承の経緯

年	所有者
竣工時 昭和9（1934）	藤瀬秀子
	↓ 戦後：一時接収 相続
昭和27（1952）	藤瀬家
昭和27（1952）	松尾鉱業
昭和34（1959）	脇村義太郎
平成10（1998）	脇村家
平成11（1999）	大蔵省→財務省
平成19（2007）〜平成30（2018）現在	逗子市

所在地	神奈川県逗子市 ㉗
竣工	昭和8（1933）年 ＊「工事竣工報告書」では昭和9（1934）年
設計者	清水組（安藤喜八郎）
構造	木造、2階
主要用途	別邸 → 公開施設
敷地面積	1780坪
延床面積	90坪（297㎡） ＊上記報告書では117坪（386㎡） 当初図面では100坪（330㎡）
文化財指定	国登録有形文化財 逗子市景観重要建造物
公開有無	公開（但し限定日のみ）

湘南の別荘地　逗子

藤瀬秀子別邸は昭和九（一九三四）年、逗子市桜山に建設された。逗子市桜山一帯は、明治期から別荘地化が進行し、近隣には徳川家達、徳富猪一郎、服部金太郎などの別荘が設けられていた。藤瀬秀子別邸は桜山のほぼ西端、相模湾を見下ろす小高い丘の中腹に位置し、南西方向に視界を開き、江ノ島、富士山を眺望する絶好の立地である。現在、藤瀬秀子別邸は「蘆花記念公園」内の施設となっている。徳富蘆花は明治三三（一九〇〇）年この付近で『不如帰』を執筆し逗子を一躍有名にした。それにちなみ命名されたのが「蘆花記念公園」である。

藤瀬秀子は、三井物産に勤務していた藤瀬政次郎の夫人で、別邸は政次郎亡き後、秀子を施主として建設された。別邸は南西に位置する相模湾を正面に建てられており、真南から西にわずかに振れて配置されている。東西に長い御居間兼御食堂などの主体部（以下御居間棟とする）を核とし、東側南に御茶之間などのある棟（以下御茶之間棟とする）、東側北に台所や女中室のある棟（以下台所棟とする）を置く（図7）。

御居間棟は、一階に「御居間兼御食堂」（室名は清水建設所蔵の当初図面による。以下同）「ベランダー」「御居間八畳」、二階に「御客間」などを配し、二階建て、桟瓦葺、寄棟造で、三つの棟の中で最も規模が大きい。玄関も御居間棟にあり、玄関広間から畳廊下を介し、秀子の日常生活の空間だった御居間八畳が置かれる。

御居間兼御食堂は、南側全面を開口とした開放的な居室で、三方をガラス戸とした「ベランダー」を隣接させる。床を板敷とし、壁は大壁、ベランダー境欄間には乳白色ステンドグラスの丸窓を三ヶ所設け（図3、4）、天井は皮付丸太の棹縁天井、南側三尺は掛込天井とし変化をつけ、袖壁柱や垂れ壁下端にも椿や桜などの皮付丸太を多用する。北面にはタイル貼りの暖炉を置き、暖炉上部左手はステンドグラス、右手には飾り棚を配す（図5）。食堂の配膳室側に設けられた棚もまたユニークで、前面に垂れ壁を設け、右側棚は市松に扉を設ける（図6）。椅子座の洋室に和風の装飾的要素を巧みに導入し、凝ったインテリアとするが過剰にはならず、和洋を見事

図5　御居間兼御食堂暖炉、左側がベランダー（現状）

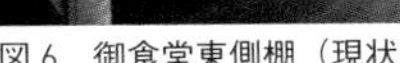

図6　御食堂東側棚（現状）

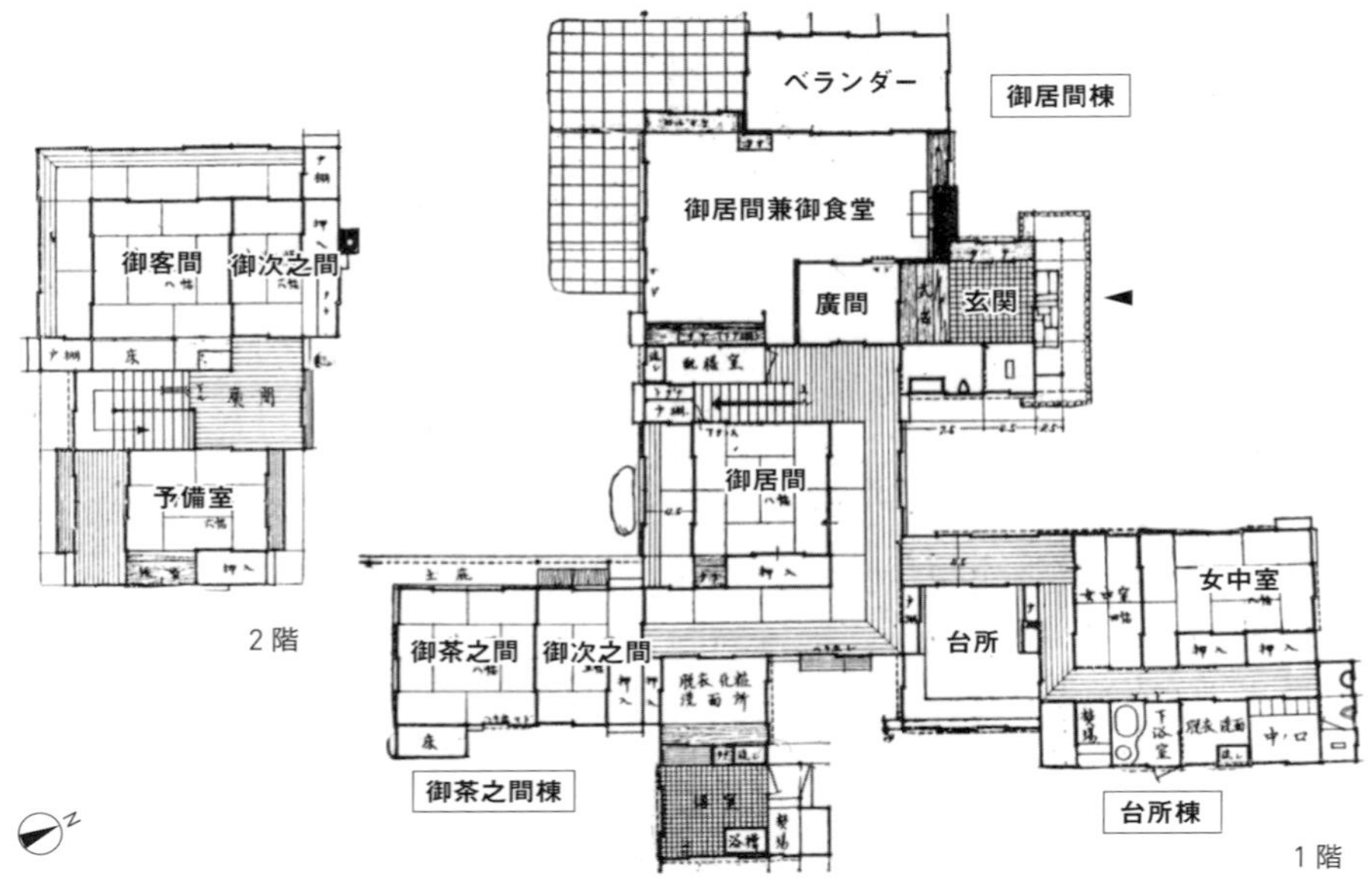

図 7　藤瀬別邸平面図（図集掲載竣工時）ただし室名および棟名を追記

図 10　2 階予備室（現状）

図 8　2 階御客間（手前）から御次之間を望む（現状）

図 11　御茶之間（現状）

図 9　2 階御客間入側縁（現状）

に融合した均整の取れた品のよい空間である。

二階御客間と御次之間には入側縁を廻し、部屋境には桐板の櫛形欄間、床柱も桐（図8）。二方を大きく開放し、周囲の景色を一望する（図9）。二階東側の予備室は広縁付きで、丸窓（吉野窓）の書院を備え、広縁境には下地窓を設ける（図10）。

御茶之間棟は、平家建て、桟瓦葺、寄棟造で当初は銅板葺の土庇付だった。八畳床付きの座敷「御茶之間」と五畳押入付きの「御次之間」からなり、「御茶之間」は、炉が切られていることから、茶の湯のための空間であることが明白である。天井は船底天井とし蒲筵張で、白竹の化粧垂木を用いるなど、数寄屋風の意匠が展開する（図11）。

台所棟は、平屋建て、桟瓦葺、寄棟造で、台所は八畳大の広さとし、ふんだんに収納をとり天窓を設ける。女中室は八畳と四畳の二室あり、専用出入口や浴室・洗面・便所を設けるなど極めて充実した空間とする。

外観は和風を基本としながら、居間棟から西に突き出るベランダー部分は妻面に丸窓を二ヶ所穿ち、腰の竪羽目板張りと相まって洋風の趣を見せる（図12）。玄関のある北立面では漆喰塗の暖炉煙突を押縁下見板張の外壁から突出させ、さらに二階屋根を突き抜けて高く立ち上げ、煙突上部に切妻瓦葺屋根を載せるなど、くせのある独特の意匠である（図1、13）。

内部外部ともに、和風洋風といった単純なレッテルを貼ることがためらわれる、和洋が混在し融合した住宅である。

図12　西側外観（現状）

図13　北側外観（現状）

歌人藤瀬秀子

三方に棟を付き出す配置は、不整形な敷地形状を巧みに活かした結果である。藤瀬秀子は佐佐木信綱門下の歌人だった。秀子の歌集の中に「むら消の雪のこる庭に絵図ひろげ技師等と語る家の向など」（昭和八年歌集『槻之下蔭』）との歌があり、秀子が清水組の技師たちとともに、建物の配置を検討していることがわかる。

秀子の夫、政次郎は一橋大学を卒業後三井物産に入社、香港、上海、ロンドンなど外国勤務を経て、三井物産会社常務取締役を務め、その後東洋綿花の社長を務めた人物だが、昭和二年、還暦を目前に逝去した。

秀子は茶人でもあった。秀子が残した歌集や旅日記［注1］

からは、三井のいわゆる数寄者たちとの交流も見られ、政次郎の駐在に伴い海外での居住経験をもち、かつ、日本の伝統文化への理解もあったことが、椅子座の居室に和風意匠を導入する新しい試みを可能にした。その結果、海浜の別荘らしい開放的でありながら落ち着いた和洋融合の空間が創出された。

担当した設計者の腕も見逃せない。清水組本社設計部の安藤喜八郎である。安藤は東京芸術大学を卒業後清水組に入社しており、多くの住宅作品を手がけている。軽妙な数寄屋意匠は安藤が得意とするところだった。

脇村義太郎が惚れ込んだ住まい

藤瀬邸は戦後一時米軍によって接収された。秀子は高齢となったこともありこの別邸を維持することが難しいと判断し、昭和二七（一九五二）年松尾鉱業株式会社に売却、同三四年に藤瀬秀子と旧知の仲で近隣に居住する脇村義太郎が購入した。

脇村義太郎は東京大学教授、第二〇代学士院院長などを歴任するなど著名な経済学者だった。助教授時代にロンドンに留学、戦中は大学から離れたが、戦後東京大学に復帰した。脇村義太郎といえば、骨太な経済学者の印象が強いが、その著書の一つに『趣味の価値』（岩波新書、一九六七年）と題する随筆集がある。特殊な商品の希少価値について論じた経済学者ならではの論考だが、「葡萄酒の経済学」「美の商人たち」などのテーマで論じており、脇村自身が幅広い趣味人だったことをうかがわせる。自身も多くの美術品を収集し、逝去後は殆どの所蔵品が田辺市立美術館に寄託されている。その脇村の眼鏡にかなない脇村が取得したのが藤瀬邸だった。

脇村は取得後、蔵書用の鉄筋コンクリート造の書庫を御茶之間棟の東側に増築した以外はほぼ藤瀬家時代のまま、九六歳で逝去するまでここで暮らした。平成九（一九九七）年、脇村の逝去後、藤瀬秀子別邸は相続税として大蔵省に物納され、その後の行方に暗雲が垂れ込める。

逗子市民の熱い想い

平成九（一九九七）年度から行なわれた神奈川県近代和風建築調査に際して、藤瀬秀子別邸は逗子に残る貴重な近代和風建築として存在が知られるところとなった**[注2]**。物納後も別邸の存続を求める市民の声が高まり、平成一九年三月、市議会への陳情が全会一致で採択された。藤瀬別邸を是非残そうと声を上げた市民たちのなかには、当時逗子で進められていた市民参画による「まちづくり基本計画」策定に関わっていた市民も多く、彼らは藤瀬別邸が逗子のまちづくりに欠かせない存在であることを訴えた。

その結果、逗子市は藤瀬別邸を取得し、景観重要建造物として指定し、蘆花記念公園内の施設として整備した。市は所有後、道路付けの関係から門の位置を変更し、新たに門を設置したほかさまざまな補修を行ない現在に至る。

一方で、閑静な住宅地にあることなどから、一般公開は長く見送られ、平成二九年以降、年間一日限定の公開を行なうのみで、今後の活用方針は未定である。ただ、市民ボランティアが週一回風通しおよび清掃をしており、庭園・邸宅ともによく維持管理されている。ボランティアの方々は、高齢化という課題を抱えながら、自分自身の楽しみとして、また、失われてしまったかつての逗子の原風景を次世代に伝えることを生き甲斐として、藤瀬別邸を守り続けている。

和洋が見事に融合したこの住まいを、住文化を学ぶ場としても積極的に活用したいものだ。

図14　逗子市取得後に新たに設けられた門（現状）

図15　ボランティアによる清掃活動（現状）

［注1］旅行記に『雲のゆくへ』（大正七年）、句集に『山窓』（昭和一七年）、『槻之下蔭』（昭和八年）がある。藤瀬秀子御遺族所蔵。

［注2］『神奈川県の近代和風建築』神奈川県教育委員会生涯学習部文化財課編、二〇〇〇年。

参考文献

(1)『逗子市史別編2』逗子市、一九九五年。

図版出典

図1、3、5、6、8〜15　水沼撮影

図2、4、7　『住宅建築図集』第二輯

Column

官民連携の明日を拓く

歴史ある建物を継承するため、個人所有の住宅を行政が取得するケースは多々ある。多くの場合建物は寄贈され、土地は行政が買い取るか、買い取ることが難しければ建物を移築して他所に再建して保存する形をとる。藤瀬秀子別邸の場合、相続に伴い国に土地建物が一旦物納され、その後逗子市が購入した。行政が購入する際には、価値をどのように共有できるかが焦点となり、価値の中にはその後の建物がどのように地域に貢献できるかも含まれるだろう。使われないことが最も悲劇である。

藤瀬別邸は市が所有してからすでに一二年経ち、この間建物の維持管理は公園の担当部局である緑政課が担っている。活用方法については未だ検討中であることから、建物の維持管理は応急的対処的な対応になる。また、どのような修理をするかは、予算との兼ね合いが大きく、御茶之間棟土庇は当初銅板葺だったが、現在は波板鋼板で代替されている。藤瀬別邸は住み続けられてきたため状態は比較的良好であり、応急処置をしながらも、適切な活用に向けて一歩大きく踏み出すことが重要だろう。

ところで、湘南一帯でしばしばみられるのは行政への土地建物の寄贈である。鎌倉ではそうした事例が多く、前田家別邸（現鎌倉市近代文学館）、川喜多邸（現鎌倉市川喜多映画記念館）、村上梅子邸、扇湖山荘、吉屋信子邸などが挙げられる。地域を愛した先人たちが想いを込めて残した住宅を、いかに上手に活用し継承していくかが問われることになる。しかし一方で、建造物の保存には多額の経費がかかる。全国でも行政が所有する文化財的価値のある元個人住宅は増え続けており、そうした建造物を「誰が」「どのように」管理し活用するかは重要な課題である。

鎌倉市二階堂に所在する村上邸は村上梅子氏が平成二八（二〇一六）年に市に寄贈した延四二〇平米の邸宅である（図1、2）。能舞台や茶室をもつ邸宅で、第一種低層住居専用地域にあるため、自ずとその利活用には制限が加わる。鎌倉市は平成三〇年、国のSDGs未来都市およびSDGsモデル事業に選定され、その枠組の中で、持続可能な都市の証左として村上邸の保存活用をモデルプロジェクトに位置づけた。

市が国からの補助金で耐震補強などを行ない、活用方法については公募型プロポーザル方式で事業者を選定した。

事業者は保存活用に必要な最低限の改修を行ない、企業研修の場として貸し出しを行ない、また、コミュニティ拠点としても活用されている。特殊な事例でもあり、未だ緒に就いたばかりで成否は今後に委ねられるが、鎌倉という「場所」のもつ力をうまく活かした官民連携による新たな試みとして注目される。

平成三一年に施行された文化財保護法改正は、歴史ある建造物の利活用をより一層後押しする改正とされている。使える仕組みを賢く使い、官民が連携しながら地域の歴史文化を物語る建物を上手く活用していきたい。地域への愛着をもつ市民が存在するか否かは、都市が生き残るために不可欠な条件である。

（水沼 淑子）

図版出典
図1、2　水沼淑子撮影

図1　村上邸外観

図2　村上邸能舞台

2-2

エリスマン邸

公園の中に復元されたレーモンド作品

水沼 淑子

図1　南西外観（現状）

▲

図2　正面外観（図集掲載竣工写真）

図3　居間兼食堂（現状）

▲

図4　居間兼食堂（図集掲載竣工写真）

継承の経緯

時期	所有者・経緯
竣工時 大正15（1926）	F・エリスマン
昭和10（1935）	メアリー・ラフィン・クック
昭和57（1982）	氷川商事
昭和57（1982）	横浜市
	解体
平成2（1990）	元町公園内に復元

所在地	神奈川県横浜市 ㉓
竣工	大正15（1926）年
設計者	レーモンド建築設計事務所 （アントニン・レーモンド）
構造	木造、2階
主要用途	住宅 → 公園内公開施設
敷地面積	1500坪
延床面積	140坪（462㎡） （ただし和館を含む）
文化財指定	横浜市認定歴史的建造物
公開有無	公開

エリスマンとレーモンド

横浜山手本通りのほぼ中心、元町公園の中にエリスマン邸は建つ。今ではすっかり馴染みある風景となっているが、かつてここは緑のうっそうとした公園の敷地だった。

エリスマン邸は大正一五（一九二六）年、元町公園から一キロほど離れた山手一二七番にF・エリスマンの自邸として建設された。エリスマンは、スイスに生まれ、明治二一（一八八八）年来日し、その後横浜の大手貿易商社シーベル・ヘグナー商会に勤務。大正六年には支配人格となり、昭和一五（一九四〇）年横浜で逝去し、横浜山手外国人墓地に眠る。

エリスマンは関東大震災前から山手一二七番で暮らしていた。山手は関東大震災で甚大な被害を受け、ほとんどの住宅が倒壊し焼失した。エリスマンが震災後の新居の設計を依頼したのはアントニン・レーモンドだった。レーモンドはよく知られるように大正八年フランク・ロイド・ライトとともに来日、同一〇年にライトから独立しL・W・スラックと「米国建築株式会社」を設立する。

『私と日本建築』（A・レーモンド、一九六七年）所載のレーモンド建築作品目録によれば、レーモンドは横浜で多くの作品を手がけている。住宅ではメッサー邸（大正一一年）、ギーリー邸（同）、オースティン邸（大正一三年）、ニプカー邸（同）、ステプルトン邸（昭和三年『住宅建築図集』掲載作品）などの個人住宅、ライジングサン石油社宅（昭和二年～四年）などである。大正一三年にはシーベル・ヘグナーの本社社屋［注1］、翌年には同社の倉庫も手がけており、エリスマンの自邸をレーモンドが設計するのはいわば当然のなりゆきだった。エリスマンは昭和一〇年までここで暮らしたが、その年、シーベル・ヘグナー社を辞し自ら会社を興し、この館を去ったという。

エリスマン夫妻の後にここに住んだのは、山手の住人T・M・ラフィンの妻石井ミヨで、夫亡き後長女メアリー・ラフィン・クックとともにここに暮らした［注2］。ミヨは昭和三四年に没しその後メアリーも昭和五三年に逝去。旧エリスマン邸を継承する遺族がいなかったため、空き家となった。結局、昭和五七年不動産業者に土地建物が売却され、さまざまな経緯を経て、建物は横浜市が解体保存し、その後、平成二（一九九〇）年、元町公園内に復元された。

レーモンド作品としてのエリスマン邸

エリスマン邸の設計はレーモンドの手になるが、レーモンド設計事務所には関連する資料は確認できず、建設当初の様相を知ることのできる資料は、『住宅建築図集』掲載の写真と清水組所蔵の「工事竣工報告書」のみである。竣工報告書で興味深いのは、内部壁仕上げで「間内壁漆喰上葛布張芭蕉布張」とあり、洋館内部の仕上げにも和風の要素が取り入れられていた可能性がある。

創建時のエリスマン邸は洋館と和館からなり、洋館は寄棟造、二階建て一部地下室、和館は寄棟造、平家建て。和館は洋館解体前にすでに取り壊されており様相を知る手がかりに乏しいが、洋館解体時に残されていた建物基礎部分や『住宅建築図集』所載の写真および竣工写真（図5）から、和館は洋館の東北側に連続して位置し、規模は約三〇坪、内部に床棚付きの和室が設けられていたこと、玄関も別途置かれていたことなどがわかる（図6）。エリスマン夫人は日本人女性石川シマであったことから、彼女のための住まいとして造られたものだった。和洋館を併置する住宅は近代以降しばしば見られたものだが、外国人住宅の場合、異なる意味を持つ点は興味深い。

洋館の当初平面を見ると、一階は玄関ホールに連続し八尺

図5　洋館と和館（竣工写真）

図6　創建時和室（竣工写真）

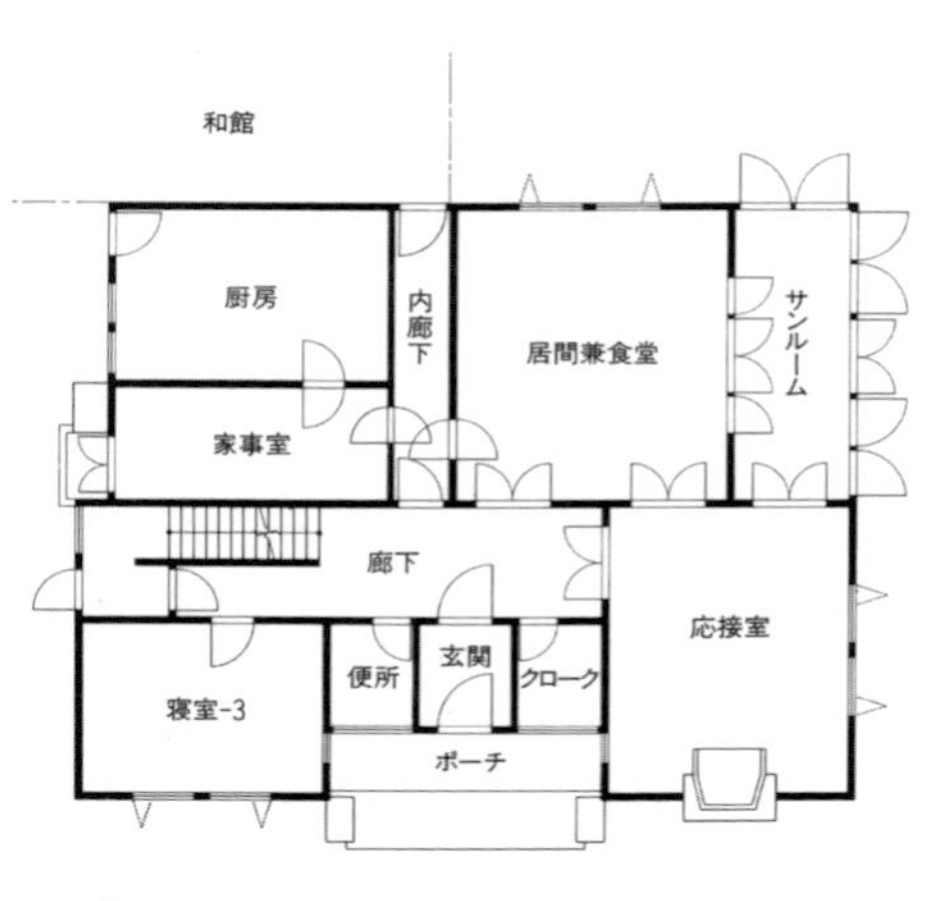

1階

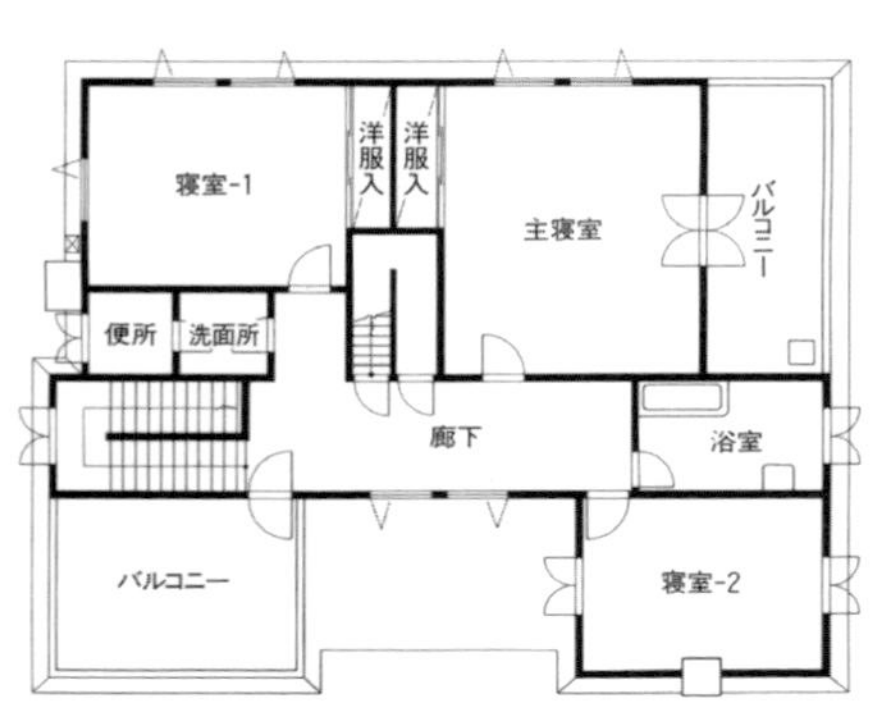

2階

図7　「解体時実測図」『エリスマン邸移築復元事業報告書』より

巾の廊下が南北に走り、南西に応接室、東に居間兼食堂・サンルームを置く（図3、4、7）。二階も同じく南北に走る廊下を中心に三つの居室と浴室が置かれ、コンパクトで合理的な平面である。地階にはボイラー室と酒庫をおく。

図8　暖炉（現状）両サイドの照明器具周辺のデザインはチェコキュビズムの影響

図9　階段室（現状）水平線を強調したライト風のデザインが特徴

図10　解体工事の様子

外観は下見板張り塗装仕上げとするが、一階部分は縦羽目押縁、二階はドイツ下見板張りとし、一階と二階の階境やベランダ手摺上部に水平材を廻らせ、水平線を強調したデザインが特徴である。屋根は当初はスレート葺寄棟で、屋根窓や煙突もあるものの、他の山手の洋館に比べて簡素である。内部で注目されるのは暖炉廻りと階段だろう。暖炉は幾何学的な装飾にチェコキュビズムの影響（図8）、階段廻りのデザインはフランク・ロイド・ライトの影響（図9）と、ライトの影響下から自身の表現を見いだす過程のレーモンド作品として興味深い。開口部の上下窓は、幅広のプロポーションで窓面を小割にせず一枚ガラスとし、モダンである（図3、4）。

エリスマン邸取り壊しの一報

エリスマン邸は山手本通りから奥まった場所に位置し、さらに前面道路からも隔たり鬱蒼とした緑の中に立地していたことから、存在そのものが知られておらず『日本近代建築総覧』（日本建築学会、一九八〇年）にも掲載されていなかった。

昭和五七（一九八二）年七月初旬、近隣住民から、マンション開発に伴い取り壊されそうだとの情報が、当時横浜開港資料館研究員だった堀勇良氏に寄せられた。昭和五七年といえば、横浜市の「歴史を生かしたまちづくり要綱」が制定される前であり、山手の総合的な調査も行なわれていなかった［注3］。『日本近代建築総覧』にも掲載されていないとなると位置づけは難しく、ましてや、エリスマン邸は見るからに「洋館」という外観とは異なり、装飾が少なくモダンであり、さらに、発見されたときには空き家の期間が長く損傷が大きかったという。

横浜市として保存を決するためには、まず、山手地区の洋館の中で位置づけることが必要で、即座に市の担当職員が山手や山手に隣接する本牧地区などの洋館を現地踏査し、その結果、エリスマン邸は屈指の洋館であることが判明した。また、設計者がレーモンドであることも明らかとなり、保存へと舵が切られた。通報からわずか一ヶ月の出来事である。

マンション開発はすでに進行中であり、和館はすでに取り壊され、工事着工の期日も迫っていた。土地所有者との話し合いの結果、横浜市が部材を保存する方針が確認され、約二ヶ月間の部材保存のための解体調査工事が行なわれた**(図10)**。

八年後の平成二（一九九〇）年、エリスマン邸は山手本通り沿いの元町公園内に復元された。公園内施設として郷土資料館と位置づけられ、復元に際しては原形に忠実に復元するのではなく、玄関は入館者用出入り口として広くし、二階東側の二居室の間仕切りを取り払い展示室に、地下室を増築しホールを設けるなど活用に配慮した改修が行なわれた。

エリスマン邸は「歴史を生かしたまちづくり」の先進的な試みで知られる横浜市にあっても最初期の保存事例であり、連携プレーの巧みさと速度感が際立つ。レーモンドの作品としての側面のみでなく、歴史的建造物をいかに継承するかを考える上でも重要な建築である。

［注1］シーベル・ヘグナー社の横浜本社社屋は昭和一〇年、J・H・モーガンの設計により新築されている。
［注2］メアリーの弟J・E・ラフィンは、J・H・モーガン設計の山手一一一番館の主である。
［注3］その後昭和五九年度～六〇年度にかけて、山手に残る洋館群とこれと一体をなす環境に関する調査および保存対策などを目的とした調査が行なわれた。（『横浜山手——横浜山手洋館群保存対策調査報告書』横浜市教育委員会、一九八七年）

参考文献
(1)『エリスマン邸移築復元事業報告書』横浜市、一九九一年。
(2) A・レーモンド『私と日本建築』SD選書17、鹿島出版会、一九六七年。
(3) 中西道子「エリスマン邸に住んでいた人々」『わたしの横浜』（横浜学連絡会議十周年記念誌編集委員会編、二〇〇一年）所載。

図版出典
図1、3　公益財団法人横浜市緑の協会提供
図2、4　『住宅建築図集』第一輯
図5、6　清水建設株式会社所蔵
図7、10　参考文献(1)より
図8、9　水沼撮影

横浜市における「歴史を生かしたまちづくり要綱」と歴史的建造物の保存

エリスマン邸は「横浜市認定歴史的建造物」である。横浜市は歴史を生かしたまちづくりを標榜する都市であり、歴史的建造物の保存活用に早くから取り組んできた。

横浜市における歴史を生かしたまちづくりは、昭和五二（一九七七）年頃から開始される。まず、五二年～五四年に横浜市の都市形成の歴史が調査され、五六年には『港町横浜の都市形成史』としてまとめられた。また、五八年～五九年には、日本建築学会に委託し歴史的資産の調査を行ない、その結果をもとに「横浜市歴史的環境保全整備構想」がまとめられた。その間、昭和五四年旧英国領事館・現横浜開港資料館、五六年大倉精神文化研究所を相次いで取得し、五七年に山手エリスマン邸部材保存が実現した。

一方、都市部の開発は進行し、昭和六一年には日本火災横浜ビルの解体計画が発表された。明治三三（一九〇〇）年創建の国重要文化財神奈川県立博物館（旧横浜正金銀行本店）に隣接する旧川崎銀行横浜支店の建物であり、馬車道の歴史的な景観を形成する重要な建物である。当然のことながら反対運動が起こり、横浜市はこれを契機に昭和六三年新たな制度を制定した。それが、「歴史を生かしたまちづくり要綱」である。同年には横浜市文化財保護条例も制定され両輪として動いていくことが可能となった。

「歴史を生かしたまちづくり要綱」

横浜市では、まず、景観上価値があると認める歴史的建造物を所有者の同意のもと、横浜市登録歴史的建造物として台帳に登録する。登録された建造物について、必要があれば保全契約を結び経費の一部を助成する。さらに、登録された建造物の中から特に重要な景観的な価値を有するものを「認定歴史的建造物」に認定する。認定の際には事前に保全活用計画を作成する必要があり、保全すべき部位や敷地利用についても明確にする。

この制度の特色は、手厚い助成金の存在である（**表1**）。また、

損保ジャパン日本興亜横浜馬車道ビル（旧川崎銀行横浜支店）

表1　横浜市歴史を生かしたまちづくり要綱における助成概要

	登録歴史的建造物		認定歴史的建造物	
	助成率	限度額	助成率	限度額
調査設計	1/3	100万円	2/3	200万円
外観保全	1/3	木造　500万円 非木造 3000万円	2/3	木造 1000万円 非木造 6000万円
耐震改修	1/3	木造　200万円 非木造 1000万円	2/3	木造　300万円 非木造 2000万円
外構保全	1/3	200万円	2/3	300万円
防災施設	1/3	200万円	2/3	300万円
維持管理	―	15万円（年間）	―	30万円（年間）
夜景演出維持管理	―	5万円（年間）	―	30万円（年間）

歴史的建造物リノベーション中間支援助成	助成率 1/2 限度額　500万円（年額）

表2　横浜市歴史を生かしたまちづくり要綱登録認定件数（令和元年6月現在）

種別	登録	認定
社寺	23	0
古民家	28	14
近代建築（除西洋館）	54	32
西洋館	38	22
近代和風建築	7	2
土木産業遺構	56	26
近現代建築物	1	0
合計	207	96

この要綱による事業の最大の特徴は文化財指定と異なり、町並み景観としての評価を重視する点にある。その結果、レプリカでの保存であったり、景観上重要な一スパンのみの保存となってしまう事例が見られ、意義が問われることもあった。しかしながら、横浜に多く存在する近代の建造物の保存は文化財的な手法のみでは限界があることも事実であり、認定の制度はその点でも大きな役割を担っている。近年では活用を目的とする内部の改修などに対する助成として「歴史的建造物リノベーション中間支援助成」も新設された。令和元（二〇一九）年六月時点での登録認定件数は表2の通りである。

認定された西洋館のうち、個人所有のものも複数存在する。平成一八（二〇〇六）年度に認定された山手八九-八番館は、関東大震災後に横浜市が建設した市営外国人住宅の数少ない遺構だった。所有者は、その歴史を大切にしながら活用方法を模索した結果、認定の助成を利用し、外観はほぼ当初の姿に復原

山手89-8番館　復原前（上）と復原後（下）

しつつ、賃貸住宅として再生した。今後の課題の一つに相続への対応があり、例えば、横浜市の登録および認定歴史的建造物は国の登録有形文化財と同等、と認められれば、この点でもメリットが生じる可能性がある。

ヨコハマヘリテイジによる相談システム

横浜市の歴史を生かしたまちづくりの実働部隊として創設されたのが、横浜歴史資産調査会である。略称ヨコハマヘリテイジは、歴史的建造物の調査や普及啓発など多くの事業を行なっているが、近年、相談事業を開始した。

ヨコハマヘリテイジのホームページによれば、相談の具体的事例として、自宅は古いが歴史的価値があるのかわからないので調べてほしい、建物は残したいが、相続が発生すると家族で持ち続けることが困難なのでよい方法はないか、歴史的建造物の改修を任せられる腕の良い職人を教えてほしい、等である。すなわち、歴史ある建物を守りたい市民に寄り添う事業である。わずかずつだが成果も出ている。横浜市港北区に所在する市原重治郎邸は、所有者がヨコハマヘリテイジに相談したことを契機に神奈川大学内田青蔵研究室による調査が行なわれ、平成三〇（二〇一八）年、認定歴史的建造物に認定された。ヘリテイジは横浜市のみではなく他都市の事例についても対象としており、今後、ますますの充実が望まれるシステムと言える。

鎌倉市景観重要建築物等

横浜と同様に景観系の仕組みで歴史的建造物を保全する仕組みをもつ自治体のひとつに、鎌倉市がある。鎌倉市は古都であるがゆえに、多くの文化財を抱えている。近代の建造物については、文化財的な保護の仕組みでは充分守れないことから、平成二（一九九〇）年に「鎌倉市洋風建築物の保存のための要綱」を定めた。その後、平成八年には「鎌倉市都市景観条例」が施行され、洋風建築物に加え和風建築物や門、塀などの工作物を「景観重要建築物等」として保存活用を図る制度が設けられた。これまで、三四件が指定され、うち二件が取り壊しによって指定解除された。

鎌倉市の場合、保全活用のために必要と認められる修繕や改修等を行なう場合、費用の一部（二分の一、上限三〇〇万円）を助成する。鎌倉市は近年発生した指定物件の取り壊しをうけて、指定後のフォローの必要性を再認識し、所有者との強い絆を取り戻すべく、所有者にどのような支援が必要か検討を始めている。鎌倉市の場合、景観重要建築物等への指定と国登録有形文化財への登録が重複する事例もあるが、いずれにしろ、地価の高い地域における継承は大きな課題である。

（水沼 淑子）

旧市原重治郎邸　外観
所有者がヨコハマヘリテイジに相談したことを契機に認定歴史的建造物に認定された

図版出典
水沼淑子撮影

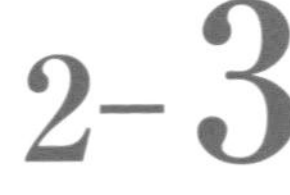

2-3

根津嘉一郎別邸（現 起雲閣）

女性たちが守った熱海の象徴

安野 彰

図1 ②敷地北西の洋館 南側外観（現状）

図2 ②敷地北西の洋館 南側外観（図集掲載竣工写真）

所在地	静岡県熱海市 36・37
設計者	清水組（大友弘）
敷地面積	内田時代：931.5坪 根津時代：2800坪
主要用途	別邸 → 旅館 → 文化施設
文化財指定	熱海市指定有形文化財
公開有無	公開

①ガーデンハウス及び浴室

竣工	昭和4（1929）年3月
構造	木造、平屋
延床面積	延床53坪（175㎡） ＊「工事竣工報告書」では45.833坪（151㎡）

②敷地北西の洋館

竣工	昭和7（1932）年
構造	木造、平屋 （地下1階、小屋裏1階）
延床面積	93坪（307㎡）

（キャプション中の①はガーデンハウス及び浴室を、②は洋館を示す）

継承の経緯

大正8（1919）	内田信也
	↓ 売買
大正14（1925）	根津嘉一郎
昭和4（1929）	①ガーデンハウス及び浴室 竣工
昭和7（1932）	②洋館 竣工
昭和15（1940）	温室 ※現存しない
昭和19（1944）	日本特殊鋼株式会社
昭和22（1947）	株式会社白雲楼［桜井兵五郎］
	↓ 商号変更
昭和22（1947）	日本観光株式会社［起雲閣］
	↓ 売買
平成12（2000）～平成30（2018）現在	熱海市

図3 ②敷地北西の洋館ベランダー部分の軒まわり（現状）

別邸から旅館へ

熱海の中心街の南寄りに、敷地の中央に広い緑の庭を抱く文化施設がある。かつて東武鉄道などを経営した根津嘉一郎が別邸としていた建物で、旅館として転用されていた時代の呼称「起雲閣」として親しまれ、今では多くの観光客を集めている。その豪華な室内と豊かな庭園は、近代リゾートの草分けともいうべき熱海を代表する歴史的遺構である。

しかし、この熱海の名所もバブル崩壊が引き起こした景気変動の煽りで継承が危ぶまれる事態があった。一等地の広い敷地であったため、マンション建設の計画が囁かれていたのである。その危機を救ったのが、地元の女性たちの熱意と行動であったことは、あまり知られていない。

邸宅の歴史は、船舶事業で財をなし、政界でも活躍した内田信也の別邸として、現存する和館二棟を含む一群の建物が大正八（一九一九）年に竣工したことに始まる。これを東武鉄道の初代社長である根津嘉一郎が同一四年に購入し、根津の熱海別邸となる。以後、根津は、和館の増改築、土地の拡張などの整備をした。さらに、洋館二棟が昭和四（一九二九）年三月と同七年に竣工している。これらの棟が、清水組が手掛けた「ガーデンハウス及び浴室」と「敷地北西の洋館」である。設計は共に大友弘が担当した。同一五年には温室も建設されたが、同一九年、根津は別邸を日本特殊鋼に売却する。その後、金沢で白雲楼ホテルを経営していた桜井兵五郎が、同二二年に購入。同年一〇月に、旅館「起雲閣」として開業した。旅館経営は戦後長く続き、太宰治をはじめ数々の著名人に愛されたが、平成一一（一九九九）年に廃業に至り、施設は競売物件となった。

女性たちによる保存運動

売却による建築解体のリスクが知られるようになると、地元の女性たちがすぐさま保存運動を起こした。主導した中島美江氏は平成七（一九九五）年に発足した「あたみ女性21会議」の委員長として活動していた。女性たちは、藤森照信氏出演のTV番組や起雲閣の元仲居らの話を通してその価値を学び、保存を呼びかけ、二万六〇〇〇人の署名を集めるなどして、市に掛け合うことになる。当初、議会は否定的だったものの、彼女たちが講演会を開催しつつ、市長にその価値を訴え続けた結果、遺構は平成一二年に市の所有となり、同一四年には、内田邸時代の和館二棟、根津邸時代の洋館二棟、表門が、市指定文化財とされた。

中島氏ら地元女性のボランティアは、一般公開後の管理・運営にも携わり、平成二一年、市長の勧めもあってＮＰＯ法人「あたみオアシス21」を設立する。同二四年には、指定管理者制度に基づいて、管理運営のすべてを担うことになった。市の施設は営利に走れない。そのため、当初は外部に委託してそれぞれ数百万円以上を費やしていたガイドや夜間の管理もNPOで補うようになったという。自らガイドすることは、建物への愛着を育むという効果もあり、思いを引き継ぐ場ともなっている。また、良好な状態を保つには日頃の小修繕が重要だが、市の予算はフレキシブルではない。そのため、市との話し合いにより修理費捻出の工夫をするなど、実践的な活動が、建物の継承に大いに貢献している。このような取り組みが、市の予算確保にも有利に働き、好循環の原動力となっているとのことであった。

ガーデンハウス及び浴室①

昭和四（一九二九）年竣工の「ガーデンハウス及び浴室」は、木造だが、廊下や洋室の床、暖炉や煙突が鉄筋コンクリート（RC）造とみられる（**図4**）。西面に入口、中廊下の南にベランダーと客室が置かれ、北側に化粧室などの和室が並び、中廊下の奥には浴室があったが（**図5**）、道路拡幅時に中廊下とベランダー、客室のみが残された。浴室は、建具やテラコッタ装飾を再利用しつつ、配置を九〇度廻して復元されているが、多くは新しい材料で、細部までは再現されていない。

現存の洋風二室は、方杖やドアの意匠、擲（なぐ）り仕上げ、木栓、叩き仕上げの金具など、随所にチューダー式を基調とした要素が見られる。擲り仕上げは、一見すると平滑な部材や建具などにも細やかに施されている（**図6**）。

その一方で、客室の暖炉廻りは、上部の垂れ壁が床の間のそれと似て、落掛に当たる部材を寺社に使われる木鼻が支えるなど、和風の要素もみられる。落掛や木鼻などの要所では、トランプの四種の記号を象った螺鈿細工が目をひく（**図8、9**）。

図4　①ガーデンハウス及び浴室　南側外観（図集掲載竣工写真）

図6　①桟の縁に擲りのあるベランダー窓（現状）

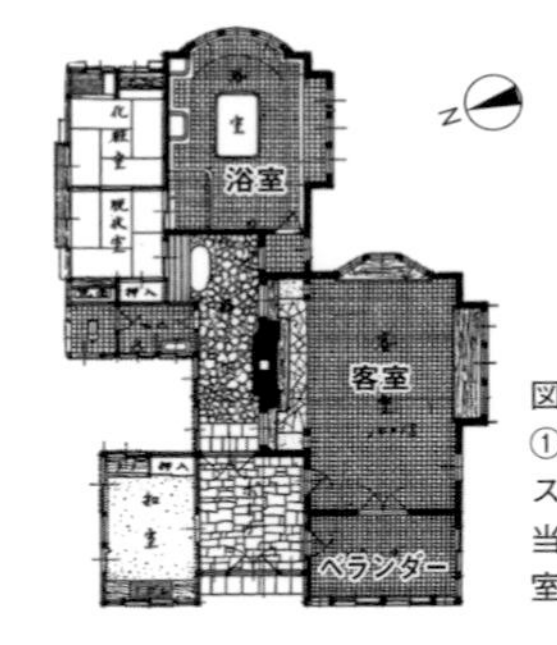

図5　①ガーデンハウス及び浴室　当初平面図に室名を追加

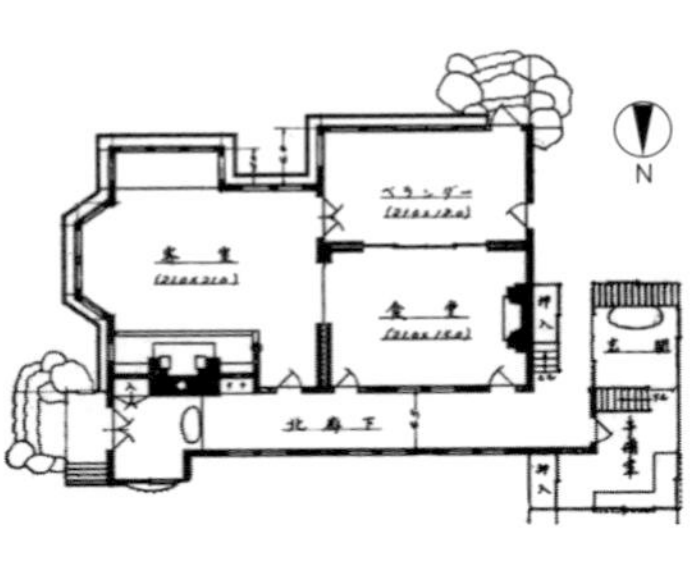

図7　②洋館 当初平面図

図 11　①ベランダー（現状）

図 8　①客室（現状）

図 10　①ベランダー 床タイル（現状）

図 9　①暖炉手前の落掛と木鼻（現状）

また、ベランダーは、船底天井、起りのある網代模様のタイルに数寄屋の繊細さも窺える。

ベランダーは、当初、ほぼ全面を開口部にするとともに、天窓から船底天井に嵌められたステンドグラスを介して陽光を注がせ、明るく開放的な空間としていた（図10、11）。客室も二方向に大きなガラス面の出窓を設けて明るい（図8、12）。ただし、現状では、ベランダーの隅は構造上の問題からか、壁面に変更され、天窓は塞がれている。

なお、構造上大壁の外壁は、付け柱によって真壁に見せている。出隅でも、それぞれの面から付け柱を被せるのみであえて直角に納めず、付け柱であることを隠していない（図13）。

敷地北西の洋館②

昭和七（一九三二）年に竣工した敷地北西の洋館は、客室、食堂、ベランダー、北廊下、内田信也が建築した和館に続く渡り廊下と西側玄関広間から成る。渡り廊下と西側玄関広間は和風の意匠だが、ここも一連の設計図に描かれており、他室と同時に造られたと見られる（図7）。西側玄関は、土間が塞がれ今は機能していないが、渡り廊下はほぼ当初のままである。なお、斜面に建つため、床下には大がかりなＲＣ造の基礎があって、この一部に地階が設けられている。

チューダー式が基調の客室は、東と南の大きな出窓で明るい。北側の暖炉廻りでは、脇に立つ巨大な古材、暖炉上に据えてあるインド仏教に由来すると思われるレリーフが目をひく（図14）。

食堂は、ガスストーブ置場としての暖炉飾りがあり、床は寄木張で洋風だが、折上格天井、蟇股、平三斗、欄間の組子など、日本建築の要素で組み立てられている（図15、16）。細部の文様には、中国風のものも見られ、和洋中折衷の特異な室内が非日常的な雰囲気を醸している。

その南に接するベランダーの極めて明るく開放的な空間は、近代的でもある。南側全面と東側の半間をガラス窓とし、向こうへ下る広い南庭を望む。天井のほぼ全面にはステンドグラスが嵌められ、鉄骨で組まれた天窓からの陽光がここに降り注ぐ（図17）。さらに窓上の欄間も天井と同様のデザインを施したステンドグラスとし、床のモザイク状タイルをそれらと呼応する色調でまとめ、室の一体感を作り出している（図18）。

図12　①客室（手前）＋ベランダー（右）（竣工写真）

図13　①客室外壁の出隅（現状）

また、腰に張られた大理石の目地に貝殻内側の破片を並べ、細部に至るまで華やかさを加えている。なお、この部屋のドアにもチューダー風の意匠が見られる（図19）。

外観でも、付け柱を用いて真壁に見せたり、窓辺の華奢な手摺などに擲り仕上げを施していたり、RC造基礎に石材を無造作に張り付けたりしている点（植物に覆われて見えない）がチューダーの意匠に通じる（図1～3）。また、黄土色の泰山瓦で葺かれた和風屋根の柔和な表情も不思議とこれらに調和する。

交わる様式の意味

二つの洋館で基調とされるチューダー式は、欧米で工業化が進んだ時代、職人の手仕事を重視した中世への回帰を表現するために好まれた様式の一つで、アーツ&クラフツにも通

図14　②洋館 客室（現状）

図15　②洋館 食堂（竣工写真）

図16　②洋館 食堂の暖炉飾り（現状）

図17　②洋館 ベランダー（現状）

図18　②ベランダー床のタイル（現状）

図19　②ベランダードアと腰壁（現状）

じている。施主の根津は、日本を含む東洋の古美術を蒐集したことで知られるが、過去の工匠や絵師らが遺した仕事や美意識への眼差しは、欧米人が抱いた中世への憧憬に重ねられる。そう考えると、チューダーに日本やアジアの古い様式が混じり合う特異な意匠の感性も了解されよう。

　また、小さな平屋に様々な意匠の折衷を濃密に成立させた空間は、当時、清水組が手掛けた住宅の中でも、おおらかさと自由さに特化しており、温暖な避寒地の別邸に相応しい。熱海の古い別荘の中でも華やかさにおいて群を抜くだろう。大きなRC造の基礎、大判のガラスやステンドグラス、鉄骨で支えられた天窓など、近代的な技術が積極的に活用されていることにも注目すべきである。

　二つの洋館を含む根津嘉一郎別邸は、旅館時代にかなり改造されていたが、適切な修復を伴っておおよそ竣工当時の姿を取り戻し、多くの人の鑑賞に供する熱海の象徴として再生した。根津の想像力を確かめながら、このような贅沢な空間を今に味わうことができるのは、建物が滅失の危機に瀕したとき、自己の利害を省みず、直ぐに立ち上がって懸命に活動した女性たちの尽力があってのことである。さらに彼女たちは、今もこの場所と歴史を愛し続けることで熱海の文化を育み続けているのである。

参考文献

(1)『起雲閣予備調査報告書（旧根津家熱海別邸）』清水建設株式会社、二〇〇〇年。

(2) 藤森照信・増田彰久『日本の洋館』第五巻、昭和篇Ⅰ、講談社、二〇〇三年。

(3)『市制施行八〇周年記念 熱海温泉誌』熱海市、二〇一七年。

(4)『建築画報』昭和四年五月号、建築画報社、一九二九年五月。

図版出典

図1、3、6、8〜11、13、14、16〜19　委員会撮影

図2、4、5、7　『住宅建築図集』第一輯

図12、15　清水建設株式会社所蔵

Column

サンルーム

当時の邸宅には、清水組が手掛けたものに限らず、サンルームがよく見られる。和訳すると日光室あるいは日光浴室だが、ほぼ同じ造りのものを、ベランダーと呼んでいる場合もある。幕末から居留地などで建てられ始めたベランダ・コロニアル式の住宅は、後にベランダ部分にガラス障子が入って室内化するからこれに由来するのかも知れない。

根津嘉一郎別邸の二つの洋館には、共に「ベランダー」が設けられているが、これらもサンルームと言ってよい。側面がガラスなのはもちろん、天井からも採光されて、徹底的に明るく開放的な空間である。床は色や模様に凝ったタイルで彩り、天井の採光面や欄間には色ガラスや型板ガラスで彩られたステンドグラスがデザインされていて自然と気分も華やぐ(図1〜3)。

石油王と称された新津恒吉の邸宅は新潟市の本邸と伊豆の国市の別邸（一一〇頁）があり、共に清水組が手掛けているが、ここでも共にサンルームが設けられている。両新津邸も根津別邸同様に大友弘の設計で、やはりステンドグラスが重要なインテリアの要素であった。新津恒吉は、温暖な伊豆別邸で過ごすことが多かったようだが、新潟本邸でもお気に入りの場所は、このサンルームであったという。恒吉は患っていたので、特にその存在や華やかで明るい室内のありがたみを感じていたのかもしれない。

ちなみに昭和七（一九三二）年竣工の根津嘉一郎別邸洋館で使われるVitaガラスは、紫外線を増幅させる特殊なガラスである。今では皮膚等に有害として忌避される紫外線だが、当時は健康を高めるとして注目された。紫外線は皮膚の血管を広げたり、新陳代謝を促したりするとされ、未だ不治の病であった結核の原因・結核菌を殺すことが知ら

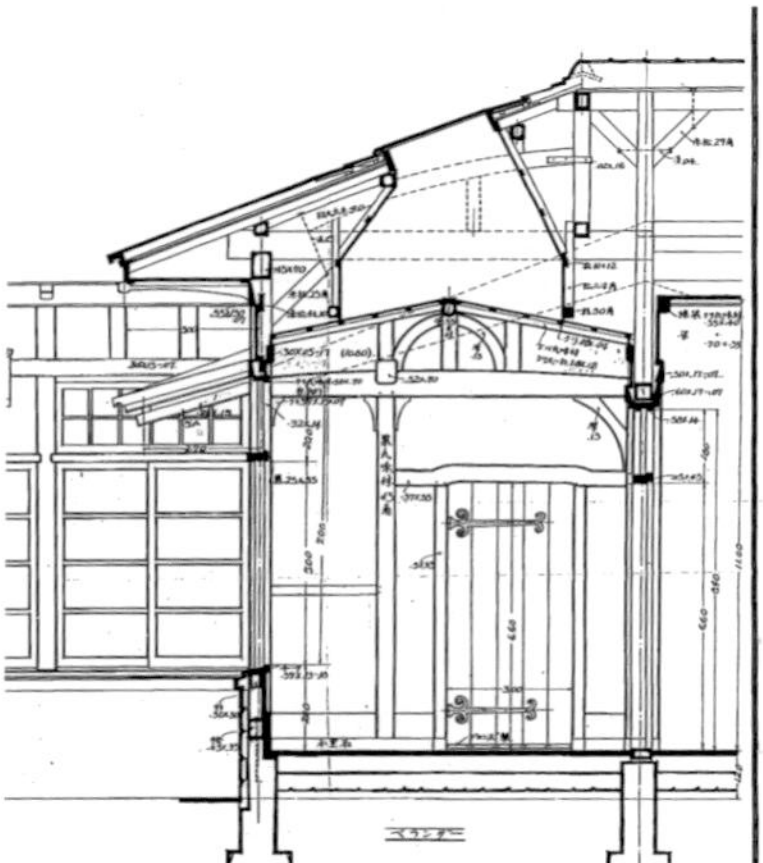

図1　根津嘉一郎別邸 ガーデンハウス及び浴室「ベランダー」（p.55 の図 11）の断面図

れていたのである。
昭和初期ともなれば、照明や暖房の設備は結構整っていたが、気密性が高く、どこでも快適にコントロールできる現代の住宅に比べれば、非力なものだった。室内には暗さや寒さが残されていたから、上中流階級であっても、明るさや暖かさを日光に求める強さは私たちの比でなかったと思われる。健康志向に加え、こうした環境も相俟って、日光を大量に室内に取り込む一室を設けてその欲求を叶え、かつ様々な質のガラスを通して陽光の美しさを高めたのだろう。当時の住宅では、透明ガラスに限らず、型板ガラス、結霜ガラス、色ガラス、艶消しガラス、磨きガラスなど様々なガラスが使われた。

図2　根津嘉一郎別邸 洋館「ベランダー」

文献を繙くと、サンルームは、冬の日光浴、子供の遊び場、簡易な応接室などに使われていた。夏でも夕涼みには最適な場所とされ、生活に彩りを与えていた。
大正時代には、日本家屋の縁側の外側にもガラス障子が入る。縁側の幅を四〜六尺と広めに取って、サンルームのような場所にしたと記される。椅子を置いたり、子供の遊び場にしたりと用途は洋風住宅のサンルームと変わらない。洋風住宅とガラスの普及がもたらした空間は、一般的な日本家屋にも、目立たずに採り入れられていたのである（**図4**）。

（安野 彰）

図版出典
図1　清水建設株式会社所蔵
図2〜3　委員会撮影（二〇一八年八月）
図4　世界救世教提供

図3　根津嘉一郎別邸　洋館を外からみる

図4　石井健吾別邸　1間幅の縁側

2-4

川喜田久太夫邸

記憶をつなぐ住宅――家族の物語から地域の物語へ

中嶋 節子

図1　正面外観（大正8年以前、竣工時と思われる）

図2　東側外観（大正8年以前、竣工時と思われる）

図3　昭和18年の移築直前の客間（当初は食堂）

図4　和館一ノ間（葵の間）
襖絵は三谷有信による

継承の経緯

年	経緯
洋館竣工時 大正5（1916）	川喜田久太夫
大正8（1919）	↓ 改築
大正12（1923）	増築
	↓ 寄贈・移築
昭和18（1943）	鈴鹿海軍工廠
	↓
昭和25（1950）	鈴鹿電子通信学園
	↓ 譲渡　解体･部材保存
昭和60（1985）〜平成31（2019）現在	鈴鹿電子通信学園

※平成20（2008）年、千歳山の土地を川喜田家が津市に寄贈
※部材の一部を「半泥子と千歳山の文化遺産を継承する会」へ無償譲渡

所在地	三重県津市 ㊺
竣工	洋館新築：大正5（1916）年 改築：大正8年 増築：大正12年
設計者	洋館新築：大江新太郎 改築：清水組（田辺淳吉） 増築：清水組（小笹徳蔵）
構造	木造、2階
主要用途	住宅 → 現存しない（部材保存）
敷地面積	20000坪
延床面積	『川喜田久太夫本宅 部材調査報告書』によると延床226.18㎡

半泥子のユートピア

解体されるも奇跡的に部材として残されたことで、地域のアイデンティティとなった住宅がある。三重県津市垂水の千歳山に建てられた川喜田久太夫邸である（図1）。

邸宅の主は、寛永年間（一六二四〜四四）より木綿問屋を営む伊勢商人・川喜田家の一六代川喜田久太夫政令（一八七八〜一九六三）。政令は家業のほか百五銀行頭取を務める実業家であるとともに、陶芸、書画に大きな足跡を残し、「半泥子」の号で知られる（以下、半泥子）。

川喜田家は一七世紀後期以降、本家を津市分部町に構えていたが、明治四〇（一九〇七）年頃、半泥子は新たに伊勢湾に近い垂水の千歳山に別邸の建設を計画する。千歳山はこのあたりでは唯一の小高い山で、海と町場を望むことができる場所であった。半泥子はこの土地の眺望と環境の良さに目をつけたと考えられる。

実際の工事は大正期に入って進められ、大正四（一九一五）年に和館（紅曦閣）が竣工、続いて同五年に洋館が竣工した（図2）。この工事の際に、和館、洋館のほか表門、番小屋、表門から洋館へと向かう道筋の石橋なども整備された。その後、大正一二年には事務室・応接室棟が増築され、昭和初期には、洋館へと接続する新館、所蔵する美術品や書籍を収蔵する千歳文庫（前田健二郎設計、一九三〇年、国登録有形文化財）、祖母・政子を祀る紅梅閣（半泥子設計、一九三二年）などが建設されている。そのほか、千歳山の広大な敷地には、作陶のための建物、テニスコート、ゴルフ場などもつくられた。川喜田家は昭和五（一九三〇）年頃に本家を分部から千歳山へと移しており、この時期以降、川喜田家の住宅を含む施設の充実が図られたと推測される（図5）。

アマチュア映像作家でもあった長男・壮太郎が撮影したと思われる、昭和三〜五年頃の千歳山での川喜田家の記録映像が残されている。それらには、犬と戯れる半泥子と家族、テニスに興ず

図5　昭和18年移築直前の航空写真

る半泥子と友人たち、結婚式の余興を楽しむ人々、ブランコで遊ぶ子供たち、それらを楽しげに見守る女性たちなどが写されており、千歳山を舞台に繰り広げられた家族の幸せな暮らしぶりを垣間見ることができる。

また、半泥子が作陶にのめり込むきっかけは、千歳山から採取できた良質な陶土にあるとされ、半泥子が陶芸家としての道を究める場としても千歳山は重要な意味をもった。陶芸を介した友人である荒川豊蔵、金重陶陽などとの交流のほか、親しい芸術家を交えて書画や茶道など様々な創作活動が千歳山では行なわれた。加えて、旧家の当主および実業家として、政財界人の接客もまた千歳山の邸宅の役割であった。

半泥子がつくりあげた千歳山の建物と施設は、半泥子の家族と創作、仕事の場としての住まいの理想を実現したユートピアであったといえよう。

大江新太郎と田辺淳吉

千歳山の邸宅には、近代建築史上重要な建築家が二人関わっている。最初に建てられた洋館と和館は、明治神宮をはじめ伝統建築に多くの実績を残した大江新太郎（一八七六～一九三五）によって当初計画が作成された。その手掛かりは、明治四〇（一九〇七）年開催の東京勧業博覧会に出品された大江の図面である（図6）。「紳士住宅」「伊勢国千歳山ニ新築セラルベキモノ」との記載とともに、様式は「イングリッシュ、コッテージ式」とある。正面に石積のスロープとトンネルを設けた大規模な二階建ての洋館で、柱梁ほかの架構を壁面に露出するチューダー様式の外観をもつ。洋館の背後には和館も設計されている。出品された計画図からは規模が縮小するものの、外観は実際に建てられた洋館に引き継がれており、大江が当初の設計を手掛けたことは間違いない。日本におけるチューダー様式の住宅としては

図6　明治40年の東京勧業博覧会に出品された大江新太郎の「紳士住宅」の図面「伊勢国千歳山」に建築予定で、立面図の背景は実景を描いたとある。実際の地形とも重なり、川喜田邸の洋館の計画図であることは間違いない

早い時期の作品である。和館については史料がなく不明な点が多いものの、大江の設計である可能性が指摘されている。大江は半泥子の日記にたびたび登場し、半泥子とは無二の親友として終生交流したという。

二人目は、誠之堂（一九一六年、国指定重要文化財、以下、重文）や青淵文庫（一九二五年、重文）ほかを世に送り出した大正期を代表する建築家、田辺淳吉（一八七九〜一九二六）である。理由は定かではないが洋館については、竣工後まもなくの大正七年から一階広間・正面外壁・東面ベランダほかの改修が行なわれ、大正八年に竣工している（図7、8）。この時の設計を担当したのが、当時、清水組技師長の職にあった田辺であった（図9）。大正五年建設時の施工が清水組であったことから、二年後の改修も清水組があたったと考えられる。

佐藤功一は『田邊淳吉氏作品集』の作品紹介のなかで、「川喜田別邸の原作者は別人であるが、此廣間だけは大正八年主人の嘱望で、田邊君の意匠に依り模様替えされたものである。（中略）暖爐周圍の原形を一變して得意の技を示した上に、氏の考案に成つた家具を配したから、室の面目は全然一新した」とする。原設計の部材を再構成した改修であったようだが、写真（図10）から確認できる暖炉廻りの意匠は、暖炉に貼られたタイルの扱いや調和した家具の選択などが、田辺の同時期の作品である晩香盧（一九一七年、重文）に類似する。当時、建築と工芸との提携を模索していた田辺と、陶芸家としての歩を進めていた半泥子との間に響きあうものがあったと想像することもできよう。

清水組の昭和一〇（一九三五）年の『住宅建築図集』第一輯には、川喜田久太夫邸の設計者として大江と田辺の名前が並記

図7　大正7・8年改修後の正面外観
右手の外壁が白漆喰塗から化粧煉瓦貼、玄関前階段と庇の変更、左手1階に出窓の設置などの変更が確認される

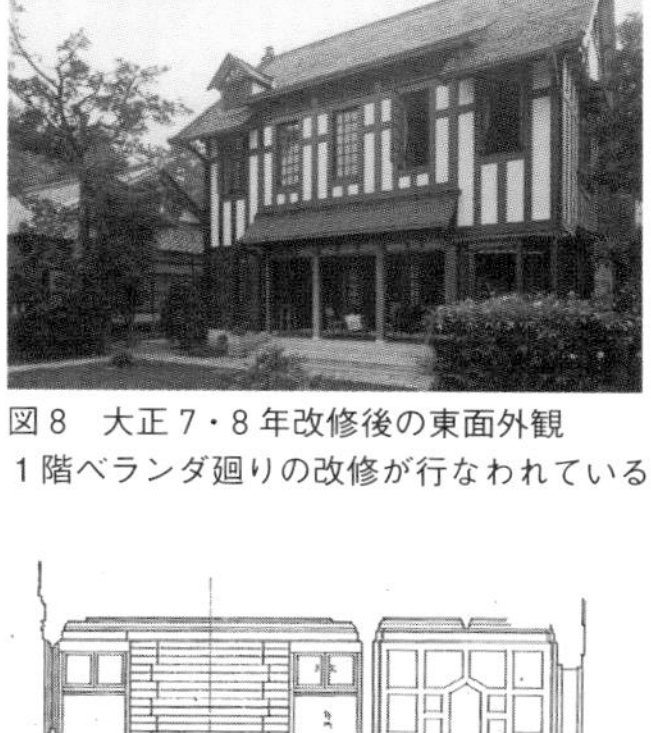

図8　大正7・8年改修後の東面外観
1階ベランダ廻りの改修が行なわれている

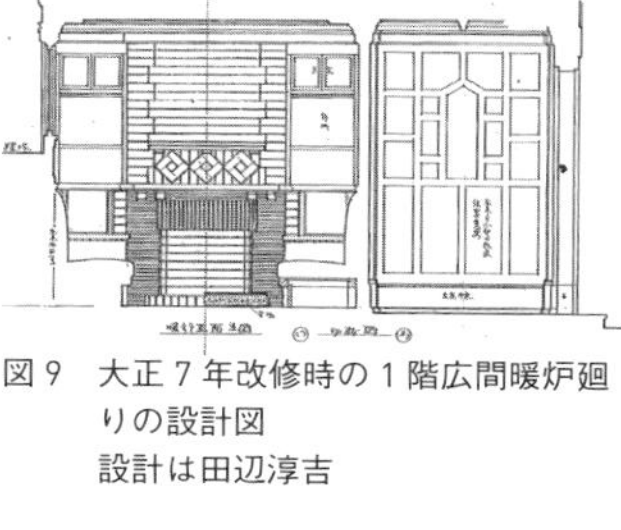

図9　大正7年改修時の1階広間暖炉廻りの設計図
設計は田辺淳吉

図10　大正7年改修後の1階広間暖炉廻り

される。川喜田邸の履歴にみる二人の建築家の存在は、半泥子の建築をも含む芸術への志向と、交友の幅を示すものとして理解してよい。

洋館と和館の意匠

洋館は、木架構を外壁、内装に力強く表現したチューダー様式で、勾配のきつい天然スレート葺切妻屋根がかけられる。外観は基礎部分を石積、壁面の柱間は一階内法までを化粧煉瓦張、その上部を白漆喰塗とするコントラストの強い印象的な壁面構成をとる。玄関脇にはバットレス付の煙突が付けられ外観のアクセントとなっている。

内部は梁と根太を露出させた天井、木パネルを多用した壁、煉瓦を張り付けた暖炉など、重厚な質感でまとめられる。全体として質実な内容であるが、食堂の寄木張の床、階段親柱・手摺子、ホール廻りの梁と柱、ステンドグラスなどに装飾的な意匠が見られる（図3、10、11）。

小規模ながらバランスのとれた全体構成、広間や階段室、食堂などにみられる本格的で質の高い意匠は、設計者の高い技量を示す。なお、チューダー様式は、大正一二（一九二三）年に増築された事務室・応接室棟にも踏襲された（図12）。

和館は洋館の背後に建てられ、洋館とは廊下を介してつながる。和館は平屋でおおよそ田の字に配された四室からなる（図13）。東の広縁側に上段付の一の間（葵の間）、二の間（楓の間）、西側に茶室と三の間（梅の間）が置かれ、上段の付書院の漆塗りの枠などに趣味的な意匠がみられる。和館の襖と杉戸は、半泥子と交流のあった三谷有信（一八四二～一九二八）が描いたものである（図4）。なお、半泥子は、大正四年八月に京都大仏瓦町の西村彦右エ門を訪問し、鬼瓦、軒瓦、敷瓦の打ち合わせを、同年九月には京都東洞院松原の中野常七と釘隠しの打ち合わせをしている。こうした訪問は、その時期からおそらく千歳山の和館建設のためと考えてよいだろう。千歳山の別邸建設への半泥子の並々ならぬこだわりが窺える。

移築・解体・発見

洋館と和館は、川喜田邸の中心建物として使われた後、昭和一八（一九四三）年に半泥子によって、鈴鹿海軍工廠の貴賓室と

図11　昭和18年移築直前の2階広間

図12　大正12年増築の事務室・応接室棟　洋館に合わせたチューダー様式

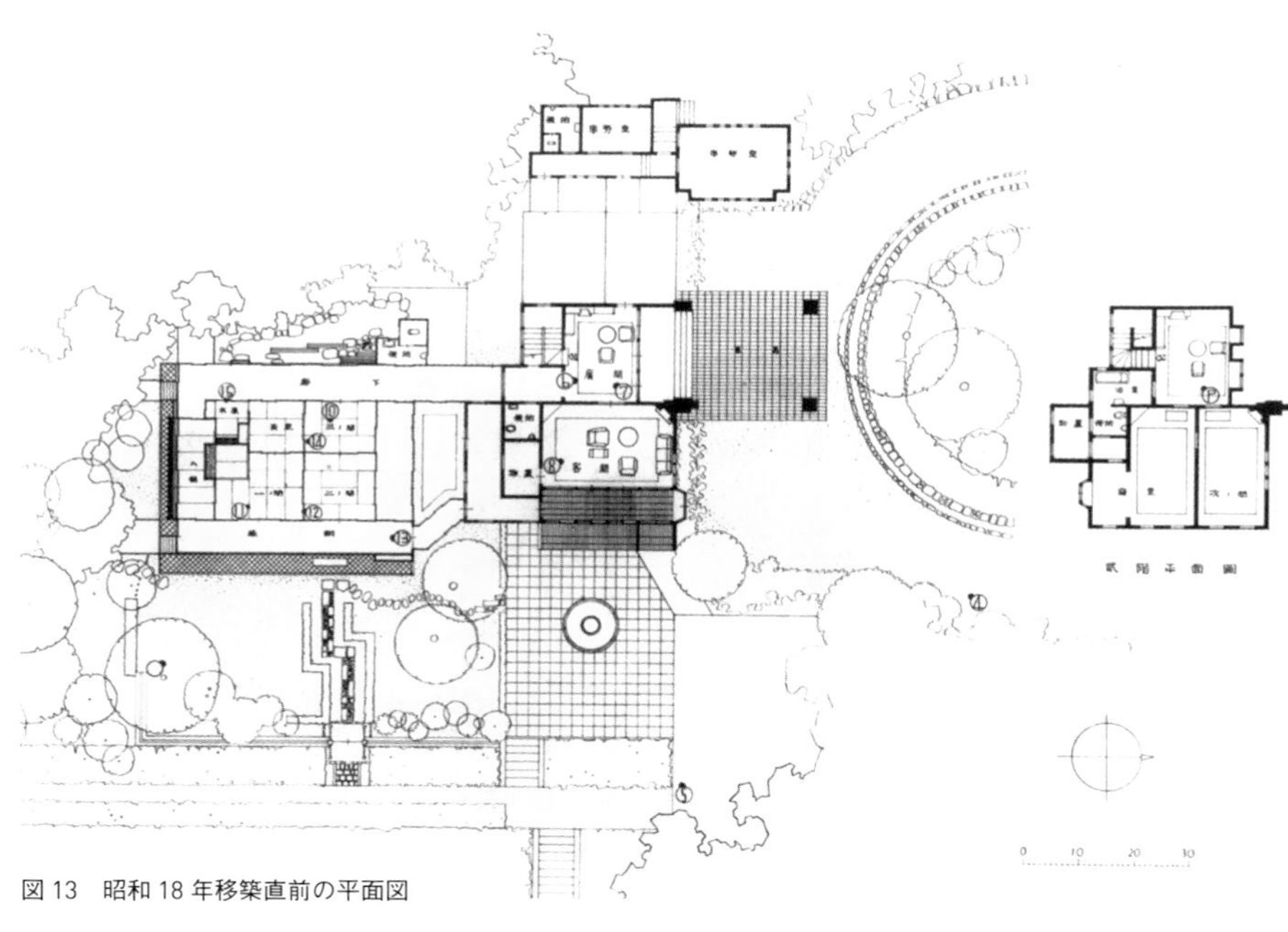

図 13　昭和 18 年移築直前の平面図

して寄贈、移築されることとなる。寄贈の理由等についての記録は残されていないものの、戦争が激化するなか、自宅を提供することは、地元の名士として国への最大の奉仕であったと考えられる。

戦後、昭和二五年には、鈴鹿電気通信学園の外国人寄宿舎に転用するため鈴鹿市江島に再度移築され、その後さらに日本電信電話公社の職員クラブ鈴鹿荘として使われ続けたが、昭和六〇年に解体されることとなった。解体にあたって部材は、奈良に所在する宗教団体に譲渡され、建物がなくなったことで、川喜田邸の存在は人々の記憶から薄れていくことになる。住宅から迎賓施設、寄宿舎、宿泊施設と用途を変えつつ、川喜田家の洋館と和館は、七〇年にわたる第一の人生をひとまず終えた。

その後、長く所在不明であった部材が保存されていることが判明したのは、解体から四半世紀を経た平成二一（二〇〇九）年のことである。部材を譲り受けた宗教団体は、図書館としての再建を検討したが叶わず、そのまま部材として保管していた。平成二〇年度に千歳山全体が川喜田家から津市に寄付されることが決まり、千歳山の利用と整備に向けての調査がはじまった直後のことであった。

そして地域の物語へ

部材の発見を受けて、津市教育委員会を主体とし、三重大学と伊藤平左ェ門建築事務所によって部材の残存状況調査が実施され、一部損傷の激しい部材はあるものの、洋館と和館のほぼ全体を復原できる状態であることが確認された。

復原再建への期待を背景に、津文化協会が平成二四（二〇一二）年後半から半泥子と千歳山の文化遺産を継承するための活動を開始、平成二七年九月には「半泥子と千歳山の文化遺産を継承する会」を設立している。同会では洋館と和館の復原整備を目標に掲げた「千歳山荘復原プロジェクト」を立ち上げ、これまで署名活動、展覧会、講演会、勉強会を開催するとともに冊子・図録の作成、音楽会、茶会を開催するなど熱心な活動を行なってきた。一方、津市では「千歳山の整備について」を作成し、千歳山全体を自然と歴史文化を体験できる公園とすることを計画している。

千歳山の広大な敷地には現在、川喜田家に関係する建物、庭園、紅梅閣、表門（正門）、石橋、和館の枯山水庭園跡、半泥子と壮太郎氏の世界一周旅行記念として贈られた日時計（清水組設計、一九二五年）、壁泉、壮太郎氏の旧宅（一九四八年）、アトリエ（一九七一年）、舟吊場ほかが残されている。また、公益財団法人石水博物館が管理する建物として、石水博物館（清水建設設計施工、二〇一〇年）と千歳文庫がある。同博物館は半泥子が地域文化の振興と社会福祉活動の拠点として昭和五年に設立した財団法人石水会館を母体とし、川喜田家代々のコレクションと半泥子の作品を収蔵、展示している。

川喜田邸の洋館および和館は、度重なる移築の後に、部材として奇跡的に残された。建物が辿った数奇な運命そのものが継承の大きな物語である。またそのことが、津市の文化として顕彰され、建物の復原を目指す市民運動へと展開したことは、建築から一〇〇年を経て川喜田邸が社会的な意味と価値を有するに至ったことを示す。川喜田家から津市へ千歳山が寄付されたことを受けて、千歳山が市民に開かれた公園へと整備され、建物が復原されることで、川喜田邸の物語が地域の物語として、この先も長く語られていくことが期待される。川喜田邸の第二の人生がはじまろうとしている。

参考文献

(1)『東京勧業展覧会出品 建築図案集』建築世界社、一九一一年。
(2)佐藤功一編『田邊淳吉氏作品集』洪洋社、一九二一年。
(3)菅原洋一「旧川喜田久太夫邸の建築について」日本建築学会大会、一九八五年。
(4)『川喜田半泥子のすべて』展覧会図録、朝日新聞社、二〇〇九年。
(5)『川喜田久太夫本宅 部材調査報告書』津市教育委員会、二〇一二年。
(6)冬野達也ほか「千歳山所在当時の川喜田久太夫邸について」日本建築学会東海支部研究会、二〇一三年。
(7)『川喜田半泥子と千歳山荘——大正昭和の津に花開いた千歳山文化』半泥子と千歳山の文化遺産を継承する会、二〇一八年。
(8)千早耿一郎『おれはろくろのまわるまま——評伝 川喜田半泥子』日本経済新聞出版社、一九八八年。
(9)川喜田家寄贈フィルム（国立映画アーカイブ所蔵）。

図版出典

図1〜5、11、13　川喜田家所蔵　図6　参考文献(1)
図7、9、12　清水建設株式会社所蔵　図8　『住宅建築図集』第一輯
図10　参考文献(2)

守る知恵のヒント

地域に根差した歴史的建造物の専門家
ヘリテージマネージャー

自身で住むことはもうできないが、何代にもわたって住み継いできた家、家族が大切にしてきた家を、できれば何らかのかたちで残したい。あるいはそうした家を耐震補強や改修をしてこれからも住み続けたい。そう考えたとき、どこに、誰に相談すればいいのか。

相談先としてまず思い浮かぶのは、不動産会社、工務店などかもしれない。また、文化財的な価値が認められそうな建物なら、行政の文化財担当部局もあげられるだろう。相続や譲渡に関係する場合は、弁護士や税理士への依頼も考えられる。そうした相談先のひとつとして、歴史的建物の調査や保存活用について、地域に密着した活動を行なっているヘリテージマネージャーを紹介したい。

ヘリテージマネージャーとは、地域に眠る歴史文化遺産を発見し、保存し、活用して、地域づくりに活かす能力を持った人材を指す。ヘリテージマネージャーになるには、各都道府県の主として建築士会が主催する専門的な講習会を受講、修了することが要件となっている。講習では、修復の概念、地域の建造物とまちなみの歴史、関係法規・補助制度、マネージメントといった基礎知識に加え、保存修復の技術（伝統建造物、近現代建造物）、耐震補強、防災、景観保全、まちづくり活動といった幅広い内容を、講義と実習を通して習得する。

メンバーは、建築士や技術士のほか、弁護士、行政職員、宅地建築取引士、歴史的建造物の所有者など様々なバックボーンをもち、ヘリテージマネージャー団体を通して互いに連携している点に強みがある。案件に応じて、特定の分野に高い専門性を備えたメンバーと協働することが可能なのだ。現在、ほぼすべての都道府県にヘリテージマネージャー団体が存在し、ヘリテージマネージャーの数は全国で約四〇〇〇人を数える。

ヘリテージマネージャーに相談するには、各都道府県の建築士会に問い合わせるか、ヘリテージマネージャー団体に直接、連絡をとる方法がある。また、全国のヘリテージマネージャー団体が参加する、「全国ヘリテージマネージャーネットワーク協議会」へ問い合わせると、建物が所在する地域のヘリテージマネージャー団体を紹介してもらえるだろう。

愛着のある住まいの継承を考えるとき、ヘリテージマネージャーの存在を是非、思い出していただきたい。

（中嶋 節子）

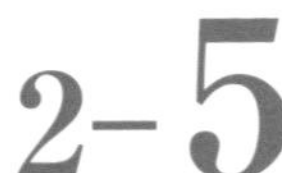

2-5

三井守之助別邸

棟下ろし式が執り行なわれた大磯の名建築

水沼 淑子

図1　外観（2009年解体前）

図2　外観（図集掲載竣工写真）

図3　2階洋室（2009年解体前）

図4　2階洋室ベイウィンドウ部分（図集掲載竣工写真）

継承の経緯

竣工時 昭和2（1927）	三井守之助（高泰）
	↓ 家督相続
昭和14（1939）	三井高篤
	↓
昭和31（1956）	M氏
	↓ マンション建設により
平成16（2004）	解体・部材保存

所在地	神奈川県中郡大磯町 ㉜
竣工	昭和2（1927）年5月
設計者	木子幸三郎
構造	木造、2階
主要用途	別邸 → 現存せず（部材保存）
延床面積	120坪（396㎡）

図5　1階和室

三井守之助大磯に別邸を構える

永坂町三井家八代目当主三井守之助高泰（一八七四～一九四六）は、明治四二（一九〇九）年、大磯に二階建て、延床面積一二一坪の別邸を構えた。大磯駅から歩いて数分の高台に位置し、二階からは海を見渡す立地だった。その別邸は関東大震災で被害を受けたことから取り壊され、昭和二（一九二七）年、新たな別邸がほぼ同規模で建設された。木造二階建て、寄棟造、スレート葺きの洋館である。

設計は木子幸三郎が担当した。幸三郎は内裏の作事に関わる大工棟梁家木子家に生まれ、父木子清敬は明治宮殿造営にも貢献、帝国大学造家学科で日本建築史を講じた日本建築に精通した人物だった。幸三郎は東京帝国大学を卒業後、東宮御所造営局勤務、宮内省内匠寮技師などを経て大正一一（一九二二）年から設計事務所を自営した。東宮御所造営局や内匠寮時代には片山東熊のもとで西洋建築を学び、幸三郎は片山を生涯の師と仰いでいたという。すなわち、幸三郎は、父清敬から日本建築を、片山東熊から西洋建築を直伝された希有な建築家といえる【注1】。代表作には竹田宮邸洋館、有栖川宮翁島別邸、北白川宮大塚別邸、青山久米邸などがあり、三井守之助東京本邸の洋風別館も幸三郎の設計だった。

震災後に再建された三井守之助別邸は道路から奥まって位置するものの南側道路に正面を向ける。塀越しにその姿を垣間見ることができ、規模も大きく玄関部分のハーフティンバーの端正な外観は目を引く存在だった。また、『日本近代建築総覧』（日本建築学会、昭和五五年）や、大磯町の別荘建築の調査報告『大磯の住まい』（大磯町教育委員会、平成四年）にも取り上げられるなど、よく知られた存在だった。

耐震性に配慮した入れ子構造の洋館

三井守之助別邸は、南面中央西寄りに玄関を設け、玄関ホールと階段室を南北に並べ、東側に主人家族の居住部分、西側に事務室部分、北側に調理配膳室など裏方部分を置く（図6）。主人家族の居住部分の内、主要室はすべて南側に配され、一階に三室、二階にも同じく三室を置き、二階東側のベイウィンドウを持つ居室のみを洋室とし（図3、4）、他はすべて畳敷き和室とする。一階和室続き間は角柱に長押をうち書院風とし（図5）、二階和室二室はそれぞれ床の間や棚を備え異なる表情を持つ上質な数寄屋意匠の居室である（図7、8）。一方、二階洋室と同位置にある一階居室は、ベイウィンドウと暖炉を備えるが畳敷きの上に絨毯を敷く。

主要な躯体部は大壁で構成され、和室は必要に応じて付柱を用い真壁に見せる。また、小屋組はキングポストトラスの洋小屋組とし、かすがい、羽子板金物をはじめ金物を多用する。一階続き間の居室境には、鉄板を挟んだ陸梁を用いる。関東大震災後の住宅建築として、頑強な構造を模索した様子が窺える。

南面は腰部を石張り、腰から上は一階二階ともに全面開口部とし、東端の居室には上下階にベイウィンドウを設け、天然スレート葺きの屋根にはドーマーウィンドウ、背の高い避雷針をのせるなど、堂々とした洋館である（**図1**、**図2**）。

内部はすでに述べたようにほとんどが和室だが、外観は洋風。このギャップこそ、この住宅の大きな特徴である。

三井守之助別邸にみられる、大壁構造洋小屋組の骨格に和風居室を入れ込んだ、いわば入れ子のような構成は、関東大震災後、耐震性と和風意匠の併存を模索した結果であり、設計者木子幸三郎の創意工夫に満ちた意欲的な作品である。

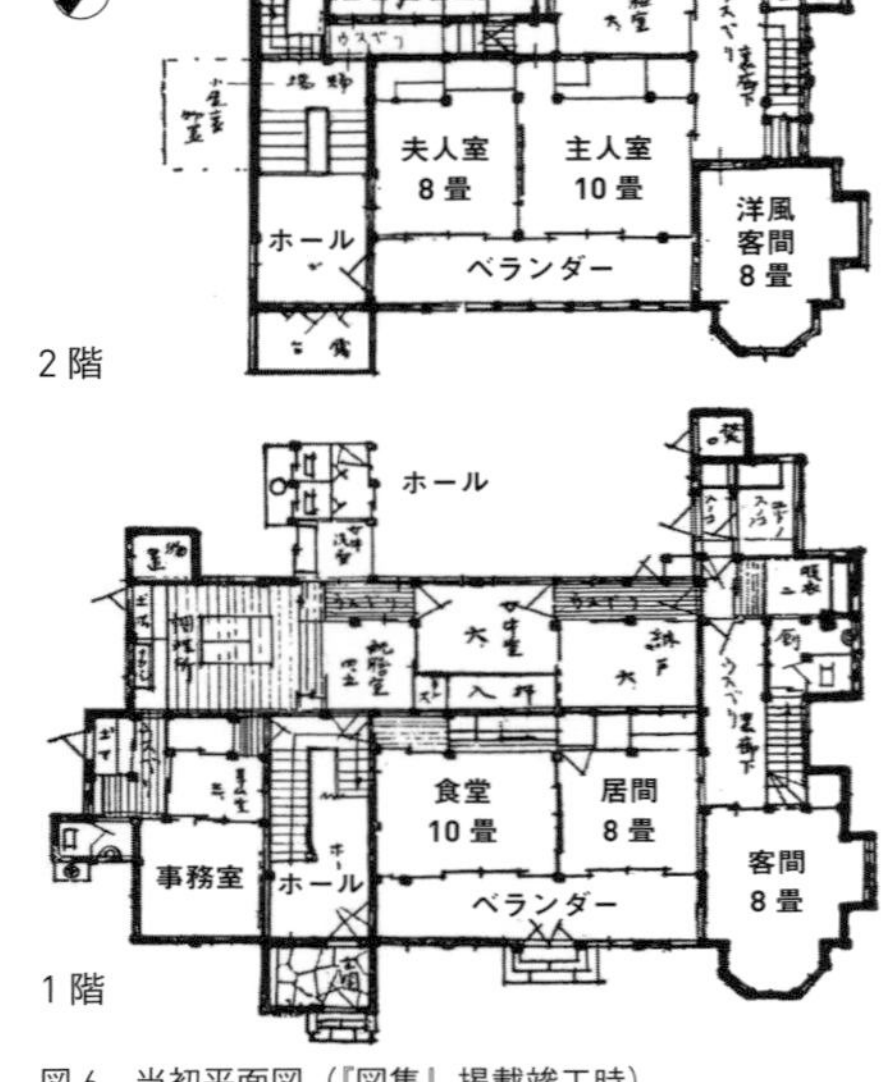

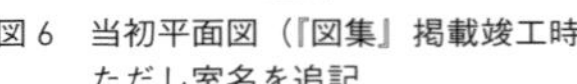
図6　当初平面図（『図集』掲載竣工時）ただし室名を追記

図7　2階西側和室

図8　2階東側和室

図9　棟下ろし式の様子

三井守之助大磯別邸解体へ

守之助逝去後は長男高篤が相続したが、昭和三一（一九五六）年にはM氏に売却され常住の住まいとして使用されていた。M氏逝去後、一旦は夫人が町に購入を打診したものの町は購入するに至らず、その結果、土地建物ともに開発業者に売却され、平成一四（二〇〇二）年九月マンション開発計画が明らかになった。

町民が三井邸の開発の事実を知るところとなった頃、時を同じくして大磯では、大磯の歴史ある建物を守ろうという活動が動き始めており、開発の公表後まもなく、三井邸保存を目的に「大磯遺産」保存会が結成された。その後は定番の保存要望書提出や見学会開催、価値についての講演会などが行なわれ、町もこうした動きの中で一旦は購入を検討したが、時すでに遅く、結局開発は回避できず解体が決定した。

東京都立中央図書館木子文庫に「三井高泰大磯別邸」と表

題をもつおよそ二五〇枚の図面が所蔵されている。初期の計画段階の図面から、原寸図を含む実施設計図まで確認できる。実施設計図と解体前の状況を比較すると、事務室、厨房、浴室部分など裏方部分の改変や建具などには改造がみられるものの、内部外部ともに当初の様相をよく留めていたことがわかる。

市民を巻き込んだ解体工事

ここからが、大きなドラマの始まりである。

開発業者による解体開始時期が決定したのち、「大磯遺産保存会は町民や広く一般に寄付を募り、将来の再建を目的とした部材保存のための解体工事を行なうことを決断した。行政ではなく市民が主体となり、手弁当の解体工事が始まった。期間は約一ヶ月。十分な時間でないことは明らかだったが、やれるだけのことをやってみようと、多くの有志が参加した。

工事は故西和夫神奈川大学教授が総監督を務め、西研究室の卒論生が工事記録を作成、近隣に居住していた西研究室OGが現場に常駐した。鎌倉に本拠を置く松本社寺建築が工事を請け負い、宮大工松本高広棟梁の指示のもと、解体工事は粛々と進められた。解体工事には建築士や学生など一ヶ月弱で延べ二七〇人ほどのボランティアが参加した。

工事が始まって二週間ほど経った時、棟木を取り外す工程にさしかかった。棟梁は上棟式ならぬ棟下ろし式をやろうと提案し、長大な三井別邸の棟木を取り下ろした**（図9）**。部材は大磯の個人宅に長く保存されていた**［注2］**。

なぜこれほどまでに、みなこの建物を記憶と記録に留めようと思ったのか。建設時から八〇年近くの時が経過していても、耐震に配慮し工夫された設計、丁寧で精緻な施工、良質の材料、ステンドグラスや和室造作など細部の優れた意匠など、解体工事に関わったみながそれぞれの立場で、それぞれの視点でこの建物を心から堪能した。三井守之助別邸のもつ「本物」の力が、関わったものに多くを語りかけたのだ。

さて、三井別邸保存の動きの中で、湘南一帯の歴史ある邸宅建築の危機が現実的なものとして捉えられるようになった。その結果、神奈川県は邸園文化圏再生構想**［注3］**を開始し、湘南全体にその動きは広がっていった。これも三井守之助大磯別邸が果たした役割として高く評価したい。

［注1］木子幸三郎の弟木子七郎も建築家で『図集』にも作品が掲載されている。
［注2］二〇二〇年一月、次なる活用の準備のため、他所に移された。
［注3］相模湾沿岸地域一帯に残る邸園を所有者県民行政などが協働して保全活用し地域の活性化につなげようとする構想。

参考文献

(1)『旧三井守之助大磯別荘調査報告書』邸園文化調査団、二〇〇〇年。

図版出典
図1、3、5、7〜9　水沼撮影
図2、4、6　『住宅建築図集』第一輯

2-6

日向利兵衛別邸

タウトの陰に隠れたモダン和風

小沢 朝江

図1 南東側外観（現状）

図2 南東側外観（図集掲載竣工写真）

図3 居間より上段を見る（現状）

図4 居間より上段を見る（図集掲載竣工写真）

継承の経緯

時期	所有者
竣工時 昭和10（1935）	日向利兵衛（登記は三男・日向正三？）
昭和18（1943）	2名の個人
昭和27（1952）	日本カーバイト工業株式会社
平成16（2004）〜令和元（2019）現在	熱海市

所在地	静岡県熱海市 ㊳
竣工	昭和10（1935）年2月
設計者	渡辺仁（渡辺仁建築事務所）
構造	木造、2階（地下1階）
主要用途	別邸 → 公開施設
敷地面積	210坪
延床面積	58坪（191㎡）
文化財指定	国指定重要文化財 附指定
公開有無	公開（改修のため2022年まで休館）

タウト作品に先行した主屋

昭和八（一九三三）年五月、ドイツ人建築家ブルーノ・タウトは、ウラジオストック経由で敦賀に降り立った。ドイツ表現主義の中心的存在として活躍していたが、ソ連での活動がナチス政権から危険視され、その迫害を逃れて来日したのである。その後約三年の滞在中に手掛けた建築作品はわずか二作、唯一現存するのが日向別邸である。

日向別邸は、東洋海上火災保険会社の役員等を務めた日向利兵衛が静岡県熱海市に構えた別荘であり、熱海駅に近い東山別荘地に建つ。竹の多用、深紅の絹張りの壁、段差を持つ和室の構成など、独特のインテリアで知られる。ただし、タウトが設計したのは、先に存在した主屋の庭を広げるため、鉄筋コンクリートで造成した人工地盤の躯体内部だった。この既存の主屋こそ、『住宅建築図集』に掲載された清水組の施工作品である（図1、2）。

日向別邸は三期に分けて建設されている。まず、先述の木造の主屋を建設、設計は渡辺仁建築事務所である。設計図は現存しないが、同邸の東側に位置した清水組設計・施工の山本辰右衛門別荘（現存せず）の配置図に日向別邸の配置・平面も描かれていることから、この図面が制作された昭和九年二月には設計が完了していたことがわかる。棟札によると上棟は昭和九年五月、竣工は『住宅建築図集』によると昭和一〇年二月だった。

しかし、斜面地で庭が十分に取れなかったことから、日向利兵衛は鉄筋コンクリートで斜面に突き出すように人工地盤を造成し、その上に土を盛って庭を作ることを計画、昭和九年六～八月頃に清水組の設計・施工で建設した（図6）。主屋から人工地盤下の地階へ下りる階段は、前述の山本別荘の図面や『住宅建築図集』掲載の平面図にはないが、昭和九年六月作成の人工地盤の構造図には描かれていて、主屋の竣工以前に計画されたことがわかる。主屋が上棟から竣工まで時間がかかったのは、地階の増築による計画変更のためと推測できる。

この後、昭和一〇年四月に鉄筋コンクリート造の地階の内装設計をタウトに依頼、「居間」「社交室」として計画され、大工・佐々木嘉平の施工で昭和一一年九月に竣工した［注1、2］（図7、10）。タウトは、この地階が竣工した一ヶ月後の一〇月一五日に日本を去り、日向利兵衛も三年後の昭和一四年に亡くなった。

タウト作品の保存運動による継承

日向利兵衛の没後、別邸は昭和一八（一九四三）年に転売され、個人所有を経て、昭和二七年に日本カーバイト工業（株）の所有となった。保養所として長く利用されたが、平成一三（二〇〇一）年に熱海市に対して売却の意向が示された。

タウト作品の危機に際し、日本建築学会は平成一五年に保

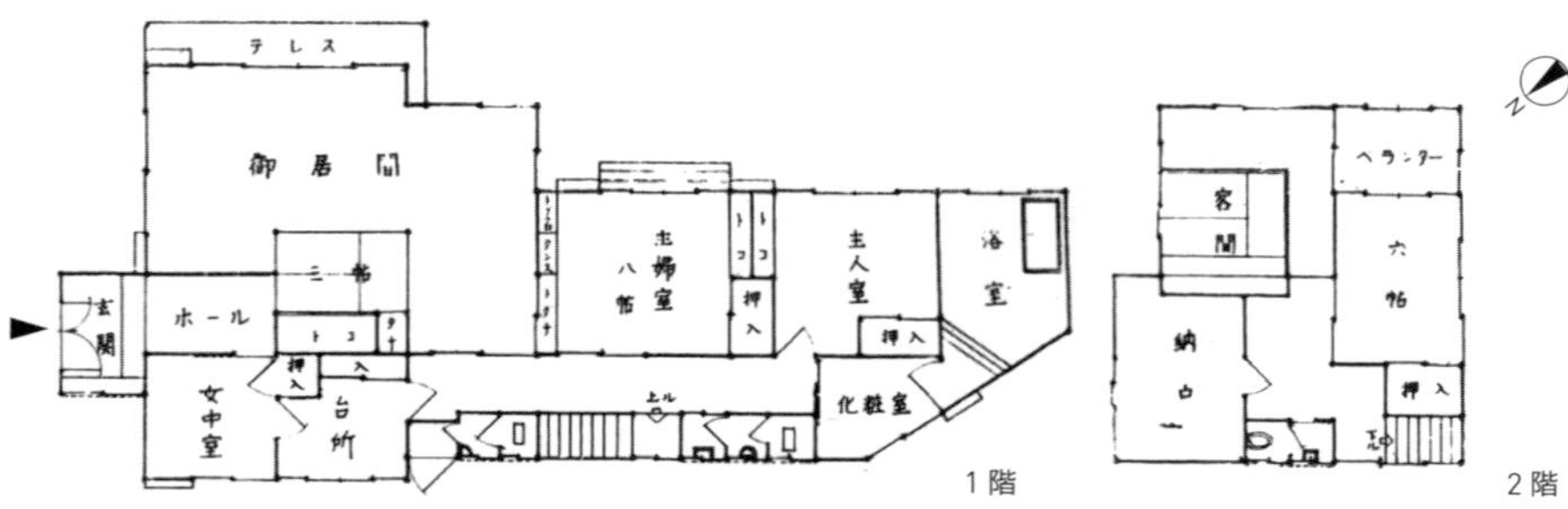

図5　平面図（図集掲載図）

図7　地階社交室　B・タウト設計（現状）

図6　外観　庭園部分が鉄筋コンクリートの人工地盤（現状）

存要望書を提出、またDOCOMOMO JAPANが「日本におけるモダン・ムーブメントの建築」一〇〇選に選定した。熱海市も保存の方策を検討していたが、平成一六年五月に東京在住の篤志家から購入資金として九三〇〇万円の寄付の申し出があったことから取得の方針を固め、同年一一月に寄付を採納して日本カーバイト工業から購入した。

取得後、熱海市は平成一七年に鉄筋コンクリートの躯体部分を中心に耐震補強工事を行ない、同年から一般公開を開始、かつ市有形文化財に指定し、翌年七月には国の重要文化財に指定された。

ただし、DOCOMOMO JAPANの選定も、市・国の文化財指定も、実は対象となっているのはタウトが設計した地階部分のみである。主屋は、現在は重要文化財の地階の付帯施設として「附指定」されている。「附指定」とは、重要文化財指定の建造物に関連する史料などを、本体と同じ指定番号で追加する方法で、一般には棟札や設計図面・仕様書、修理工事によって見つかった旧部材などが該当し、敷地を建物の附属として附指定することもある。日向別邸の場合、主屋は地階に対して「上屋」と呼称され、敷地と同様、タウト設計の地階の「附属物」と位置づけられている。

主屋は、その価値を積極的に認められたことがない、タウトの陰に隠れた存在だったといえる。

タウトも評価した渡辺仁のモダン和風

主屋を設計した渡辺仁は、東京帝室博物館本館（現東京国立博物館本館、昭和一二年）の基本案や第一生命館（昭和一三年）などの設計で知られ、原邦造邸（現原美術館本館、昭和一三年）のようなモダニズムの作品も残している。

この渡辺仁の設計らしく、主屋は和風ながらモダンな要素を併せ持つ。外観は、切妻造・桟瓦葺、庇は銅板葺で、屋根が直線的で軒やけらばの出が浅い。壁がリシン塗の大壁である点、一、二階ともにガラス戸が大判である点も合わせ、和風色が薄くシャープである（図1、2）。平面は、一階は居間・主婦室・主人室・浴室を海側に一列に配し、居間上部に客間・六畳・サンルームから成る二階を小さく載せる（図5）。部屋の境はすべて壁や収納で、独立性が高い。一階居間や二階客間からは、ほぼ正面に初島を望むことができ、この景観を条件に平面や配置を決定したと考えられる。

みどころは一階の居間で、板敷の洋室だが、一角に床の間付きの三畳の小上がりを設け、面皮柱や出節の丸太、京壁、竹・網代の使用など、全体として数寄屋を意識する（図3）。小上

図8　2階客間　創建時は床・押入の前面のみ畳敷、他は板敷だった（現状）

図9　1階居間　天井（現状）

図10　地階洋風客間　B・タウト設計（現状）

がりの床高は約四〇cmと高いが、『住宅建築図集』掲載の写真を見ると、小上がりに寄せてテーブルと椅子を置いており**(図4)**、椅子座にも用いる設計だった。二階客間も、創建当初はやはり洋室で三畳の小上がりを設けていた**(図8)**。

『タウトの日記』**[注3]**によると、タウトは設計に先立ち、日向利兵衛の招きで竣工したばかりの日向別邸の主屋に昭和一〇(一九三五)年四月一五日から一九日まで滞在し、この間に地階の最初のスケッチを制作している。タウトは主屋について、「建物は、なかなか趣があり、大体においてよくできている。設計はすべて日向氏の方針に従ったものらしい」「間取の工合もよく考慮してあり、施工も上乗(上々)である」と褒め、居間の小上がりについて「日向邸には主人夫婦は一段と高い畳敷きの座に坐り、私達は椅子にかけて相対するという一風変った趣向の部屋がある」と関心を抱いていた。ご遺族への藤森照信氏のインタビュー**[注4]**によると、この小上がりは日向利兵衛がこだわったところで、息子の家にある同じ形式の畳敷を高さが高すぎると指摘したという。

意匠的には、一階の居間は桐板の格天井だが、格間が大判で格縁が薄く、照明を格間に埋め込んでいるため、洋風の色彩が強い**(図9)**。注目したいのは、この天井照明がタウトの洋風客間と同じデザインである点で**(図10)**、格間の桐板もタウトの社交室の腰壁や天井の使用材と共通する。タウトが先に存在した主屋を意識して設計したことが窺える。

一方、主人室収納の市松張りの扉や、居間の床(とこ)・棚廻りの造形は、清水組の他の住宅作品と共通する。また、居間の小上がりの下部**(図3、4)**や、主人室・婦人室の押入の下部に無双窓を設けており、通風・換気に対する細やかな設計にも清水組らしさを窺うことができる。

熱海市は、平成三〇(二〇一八)年から四ヶ年で総事業費三億三千万円の保存修理事業に着手、地階については内装の修理・復元と、鉄筋コンクリート躯体の漏水の原因調査と補修、主屋については解体工事を伴う耐震補強と内装工事を実施予定で、竣工後は現在非公開の主屋の主人室や二階も公開が計画されている**[注5]**。この修理を機に、主屋が地階と対を成す存在として改めて評価されることを期待したい。

[注1] 濱嵜良実「日本中どこにもない、新しい日本的なインテリア 日向別邸」『建築モダニズム』エクスナレッジ、二〇〇一年。
[注2] 杉山経子・伊藤裕久「熱海・旧日向別邸の建築経緯に関する一考察」『日本建築学会学術講演梗概集』二〇〇五年。
[注3] 篠田秀雄訳『日本 タウトの日記1935-36年』岩波書店、一九七五年。
[注4] 藤森照信「家の記憶26 旧日向利兵衛邸 世にも不思議な地下室」『こんにちは』通巻第九六号、一九九二年二月。
[注5] 「旧日向別邸の修復実施へ」『熱海新聞』二〇一八年三月六日付記事。

図版出典
図1、3、6〜10 委員会撮影(二〇一八年六月撮影)
図2、4、5 『住宅建築図集』第二輯

第3章

住み継ぐ知恵

3-1

斉藤茂一郎別荘・田澤哲三郎別荘

別荘にみる接客と団らん

波多野純

図1　田澤哲三郎別荘（現状）テラスが短くなり、暖炉が作られているが、雰囲気はよく維持されている

▲

図2　田澤哲三郎別荘（図集掲載竣工写真）

図3　田澤哲三郎別荘 居間兼食堂（現状）　暖炉が加えられたが、内装はオリジナルのまま

▲

図4　田澤哲三郎別荘 居間兼食堂（竣工写真）

斉藤茂一郎別荘

所在地	栃木県那須郡那須町 ⑤
竣工	昭和11（1936）年7月
設計者	井上雅男
構造	木造、2階
主要用途	別荘 → 別荘
敷地面積	410坪
延床面積	59坪（195㎡）
公開有無	**非公開**（訪問・見学不可）

田澤哲三郎別荘

所在地	栃木県那須郡那須町 ⑥
竣工	昭和11（1936）年7月
設計者	清水組 （主任：安藤喜八郎、担当：江木佐）
構造	木造、平家
主要用途	別荘 → 別荘
敷地面積	400坪
延床面積	45坪（149㎡） *「工事竣工報告書」では　37.6坪（124㎡）テレス6坪（20㎡）
公開有無	**非公開**（訪問・見学不可）

高原別荘とゴルフ

高原の別荘は、暑い東京の夏を避け、家族が自然の中で涼しく過ごすことを目的に建てられると思いがちである。実はそれだけではない。戦前の実業家にとって、賓客の接待も別荘の重要な役割であった。さらにゴルフが加わる。戦前のゴルフは、大衆化した現代とは異なり、実業界などで活躍する特別な人々のものであり、社交の場であった。そこでマナーが鍛えられ、後継者が育った。

斉藤茂一郎別荘にみる接客の重要性

名門那須ゴルフ倶楽部の創立メンバーである斉藤茂一郎は、戦前に満州の実業界で活躍し、戦後も結城市商工会議所の初代会頭を務めるなど文化事業・社会事業に貢献した人物である。

別荘は、外壁の南京下見板張、妻部分の白漆喰塗など山荘としての趣きも感じられるが、基本は郊外住宅地に建つ高級住宅である。平面は典型的な中廊下型で、立派な玄関を入ると、廊下がまっすぐ伸び、廊下の南側に居間兼応接室、食堂、和室二室を並べ、北側に女中室、浴室、最奥に内玄関を設けている。

居間兼応接室は、正面に暖炉を据え、その両側に左右対称に装飾的な窓を配する、格調を感じさせるデザインである（図5）。その隣が大きなテーブルを備えた食堂で、居間兼応接室で食前酒を飲みながら談笑し、食堂へ移動する接客形式が守られている。二階には客の宿泊用であろう和室が二室用意されている。

その後の改築も時代の変化に合わせて適切になされた（図6）。中廊下の途中にあった階段を玄関横へ移し、客が気兼ねなく二階へ出入りできるように配慮された。また、内玄関を止めて浴室を拡張し、温泉別荘らしい雰囲気が作られた。

田澤哲三郎別荘と家族の山小屋暮らし

田澤哲三郎も、金融業界で活躍した実業家で、やはり那須ゴルフ倶楽部の創立メンバーである。

彼が四三歳の時に建てた別荘は、家族とともに夏を過ごすことに重点が置かれている。広々とした居間兼食堂は家族団

図5　斉藤茂一郎別荘 居間兼応接室（現状）暖炉の両側に窓を配する意匠は秀逸

図6　斉藤茂一郎別荘（現状）玄関は改築されているが、オリジナルの意匠がよく残されている

らんにふさわしく（図3、4）、前に設けられた高床のテラスは、広々とした那須高原の自然を満喫できる（図1、2）。

彼には夫人と五人の子供がいる。この別荘の特徴は、子供室と寝室によく現れている。子供室は、南側の窓に面して作り付けの長い机を設けており、子供たちが並んで、夏休みの宿題をする姿が目に浮かぶようである（図7）。横の窓は、上下二段に分け、涼しい風が足下を抜けるように配慮されている。寝室は、畳一枚をひとりずつの寝所として横に並べ、頭の上の板敷部分に荷物を置く、まさに当時の山小屋のスタイルである（図8、9）。畳の長辺の長さも子供たちの身長に合わせて調整されている（一七六㎝～一九二㎝）。忘れがたい夏休みの思い出が育まれたであろう。

図7　田澤哲三郎別荘 子供室（現状）夏休みの宿題に取り組む姿が目に浮かぶ

図8　田澤哲三郎別荘 寝室（現状）山小屋の雰囲気

図9　田澤哲三郎別荘 寝室（竣工写真）

建物への愛着が住継ぐ力を生む

斉藤茂一郎別荘は、代々継続的に利用されており、現在は孫一族が主に利用している。改築改修も建物の価値を損なわないよう適切になされている。

田澤哲三郎別荘は、昭和二六（一九五一）年に、友人の紹介で加藤英夫氏が土地・建物を購入し、その後も一族の家族が年間五〇日ほど利用している。この間、別荘の持つユニークな設計を尊重し、改造もほとんどなされていない。

いずれの別荘も、建物の価値を尊重して住み継がれていることが魅力である。また、那須ゴルフ倶楽部が管理に努めており、建物の維持から別荘地環境の保全までに貢献している。

図版出典

図1　現所有者提供　図2『住宅建築図集』第二輯

図3、5～8　委員会撮影　図4、9　清水建設株式会社 所蔵

Column

別荘建築は面白い

伝統が支える高原別荘の環境

名門ゴルフ・クラブとして知られる那須ゴルフ倶楽部は、昭和一〇（一九三五）年に石井光雄（勧銀副総裁）らによって創設された。当初から、隣接地を温泉付き別荘地として分譲し、その益金をコースの建設や整備に充てる計画であった。別荘地は一区画四〇〇坪以上と広く、今も優れた環境が維持されている。

清水組が建てた別荘の多様性

この分譲地に建つ別荘のうち、一〇件の建設を清水組が担当した。そのうち二件（斉藤茂一郎別荘、岡田幸三郎別荘）を井上雅男建築事務所、一件（三井高長別荘）を松田建築事務所（松田軍平）が設計し、施工を清水組が担当した。残りの七件は、清水組の設計・施工である。

那須ゴルフ倶楽部の創設メンバーのひとりに、清水組の副社長を務めた清水揚之助がいる。一〇件の別荘のうち八件は、清水揚之助別荘を中心にまとまっており、清水揚之助との関係から別荘地を購入し、別荘の建設を清水組に依頼したのであろう。いずれも昭和一一年・一二年の竣工である。

一〇件の別荘を比較すると、接客用の別荘と家族用の別荘に分かれる。本文で紹介した、斉藤茂一郎別荘は接客に重点が置かれている。一方、田澤哲三郎別荘は家族用である。

別荘の規模をみると、大は三井高長別荘（一一七坪）、加藤左武郎別荘（八〇坪）、小は藤田欽哉別荘（二二坪）で、残りは四五坪～六一坪である。必ずしも大規模であれば接客用、小規模であれば家族用というわけではない。また接客には宿泊を伴う接客と、ゴルフ後の団らんという二種類がある。

別荘での接客

伊皿子三井家九代三井高長の別荘は、大規模でありながら宿泊できる部屋は三室しかない。洋間の主人寝室と、一〇畳と八畳の和室である。和室には縁側と押入はあるが床の間などはなく、図面に「子供室」と記されている。家族のみの宿泊であろう。

一方、広々とした四二畳大の居間は、洋小屋トラスを現し、暖炉を備え、北欧風の骨太の木造家具が用意されている（図1）。ゴルフコースからバルコニーを経て、靴のまま居間へ入るルートが想定されているのであろう（図2）。隣の食堂も、北欧風の室内意匠である。また、複数の従業員のための居室や便所・浴室が用意されている。つまり、この別荘は、それぞれに別荘を持つゴルフ仲間との談笑や食事会を意図して設計された。

加藤左武郎別荘は、すべて続き間の和室というユニークな別荘である。数寄屋風に整えられた玄関（図3）を入ると、すぐ横に取り次ぎを備えた六畳と八畳の二室がある。八畳は床・棚のある書院風の座敷で、専用の便所も用意されていることから、接客用の座敷である。六畳に押入があることから、客の宿泊も用意されていた。

さらに廊下を曲がり奥へ進むと、八畳が三室並ぶ。それぞれに床の間と押入が備えられ、立派な浴室と便所が備えられている。主人と家族の空間である。炉を切った部屋が三室もあり、茶の湯を楽しむ風流人であったことが窺える。客を座敷で迎え、自らも格調ある和室で過ごした。

清水揚之助別荘もすべて和室である。本書でも取り上げた東京の清水揚之助別邸もほとんどすべての部屋が和室であり、彼の和室に対する並々ならぬ愛着が感じられる（一三二頁）。別荘は、田舎屋風の屋根（栗小端葺だが形状は茅葺）を持つ玄関棟、主屋、浴室棟を渡り廊下で繋いでいる。発想としては別邸と共通である。玄関脇の四畳半は待合で、ゴルフ帰りの客はまずここへ迎え入れられたのであろう。一番の部屋は、二畳の上段床を備えた七畳の居間で、床脇の丸窓など斬新な意匠である（図4）。

南斜面を利用した自由な設計

敷地が南下りの斜面であることもあり、斜面に合わせて

図1　三井高長別荘 居間（図集掲載竣工写真）ゴルフ倶楽部の談話室のようである

図2　三井高長別荘 北側外観（図集掲載竣工写真）ゴルフコースからそのまま居間に入れた

図3　加藤左武郎別荘 玄関（竣工写真）数寄屋風の意匠は質が高い

図4　清水揚之助別荘 居間（図集掲載竣工写真）二畳の上段床を持つ斬新な意匠

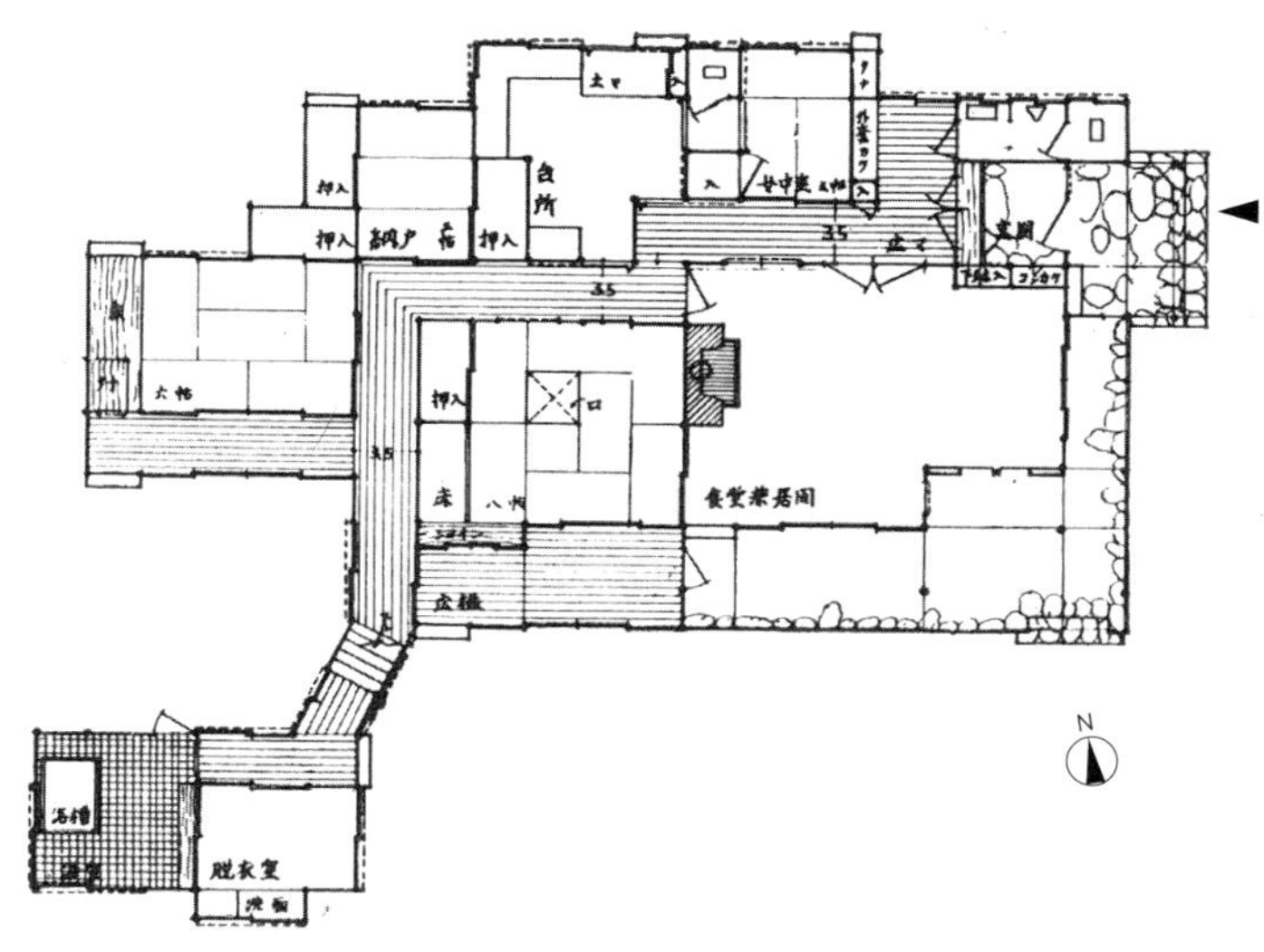

図5　松本留吉別荘 平面図（図集掲載図面）

建物の棟を分け、渡り廊下で繋ぐ自由な配置が採用された別荘に松本留吉別荘（図5）、清水揚之助別荘、加藤左武郎別荘がある。三井高長別荘は、二つの建物を一三五度に曲げて配置している。加藤左武郎別荘は、棟を分ける複雑な配置である。浴室を別棟とし温泉を楽しむ別荘としては、松本留吉別荘（図5）、清水揚之助別荘がある。

また、南斜面に合わせてバルコニーを飛び出させ、豊かな眺望を獲得した別荘に、田澤哲三郎別荘、藤田欽哉別荘、三井高長別荘、岡田幸三郎別荘がある。

一〇件の別荘の設計をみると、本邸にはない自由度があり楽しい。

（波多野 純）

図版出典
図1、2、4、5 『住宅建築図集』第二輯
図3　清水建設株式会社所蔵

3-2

江森復邸

祖父の建てた住まいを三世代にわたり住み継ぐ

内田 青蔵

図1　外観（現状）

図2　外観（図集掲載竣工写真）

図3　2階「御客間（座敷）」（現状）

図4　2階「御客間（座敷）」（図集掲載竣工写真）

継承の経緯

時期	所有者
竣工時 昭和7（1932）	江森　復
	↓ 相続
昭和30年代	江森　滋
	↓ 贈与
平成2（1990）〜平成30（2018）現在	A氏

所在地	東京都三鷹市 ㉒
竣工	昭和7（1932）年5月
設計者	清水組（安藤喜八郎）
構造	木造、2階
主要用途	住宅 → 個人住宅
敷地面積	160坪
延床面積	60坪（198㎡）
公開有無	**非公開**（訪問・見学不可）

祖父の住まいを住み継ぐ

この建物は、昭和七（一九三二）年に竣工した木造二階建て住宅で、清水組が設計施工。設計担当者は、清水組の安藤喜八郎である。

施主の江森復は、『大衆人事録 東京篇』（一九三九年）によれば、明治一九（一八八六）年生まれで、同四〇年に大阪高等商業学校を卒業後、三井物産株式会社に入社し、本社調査課海外支店業務監督経理部長などを歴任している。

この家を継いだ長男は大正六（一九一七）年生まれで、住宅が竣工した当時は慶應予科に在籍し、弟も同校に在籍していた。このことから、この住宅は江森が三井物産で部長職を務めていた頃に建設した住まいで、二人の息子は慶應予科に在籍中というまさに子供たちの教育にとって重要な時期に建設されていたことが窺える。

子供時代にこの家で過ごした長男夫婦は、この家に父と家族の強い愛情を感じつつ受け継いだ。そしてその住まいに対する愛情は、やがて、祖父の建てた家として、現当主（A氏）の跡取りとなる息子夫婦にも受け継がれているように思う。結婚し、親と同居するために建物に手を加えつつも、親の抱いていた思いを継承しようとする意志が強い。その家族愛の中で自然と受け継がれた思いは、改修の際にも大切な空間として手を付けなかったという二階の間取り図に「御客間」と記された座敷の姿に見ることができる。

江森邸の間取りとその特徴

一階の間取りは、玄関の四畳間と襖で仕切られた階段ホールを兼ねた広間から中廊下が続く、いわゆる中廊下型の住宅の一種といえる。ただ、戦前期に普及した中廊下型住宅は、玄関脇に洋風応接室を持つものが定型となるが、この住宅では、応接室の代わりに鉄筋コンクリート造の倉庫を置いている。その意味では、あまり見ることのない特異な間取りともいえるかもしれない（**図5**）。

玄関の隣は､次の間そして居間と続き､東側の最奥には「勉強室」と間取りに記された子供用の部屋がある。この次の間・居間の南側には四尺幅の縁がある。北側の背面には中廊下があり、六畳間の主婦室と繋がっている。すなわち、住宅の東奥には、南側に勉強室、そして北側には主婦室が配されている。

注目すべきは、勉強室と記された子供用の部屋の存在だ。勉強室は洋間でその広さは一〇畳。南庭にはテラスが設けられ、また、六畳の和室の主婦室とは一間幅の襖で仕切られていた。住宅の中で最も広い部屋で、日当たりの良い東南隅に位置し、テラスで庭とも繋がっているなど、その位置も広さも住環境としては良い場所といえる。また、北側ながらも主婦専用の主婦室もあるなど、まさに子供と主婦の生活の場がきちんと確保されているのである。このように、子供室や主婦の存在を強く意識し、まさに住まいづくりの中心的存在と

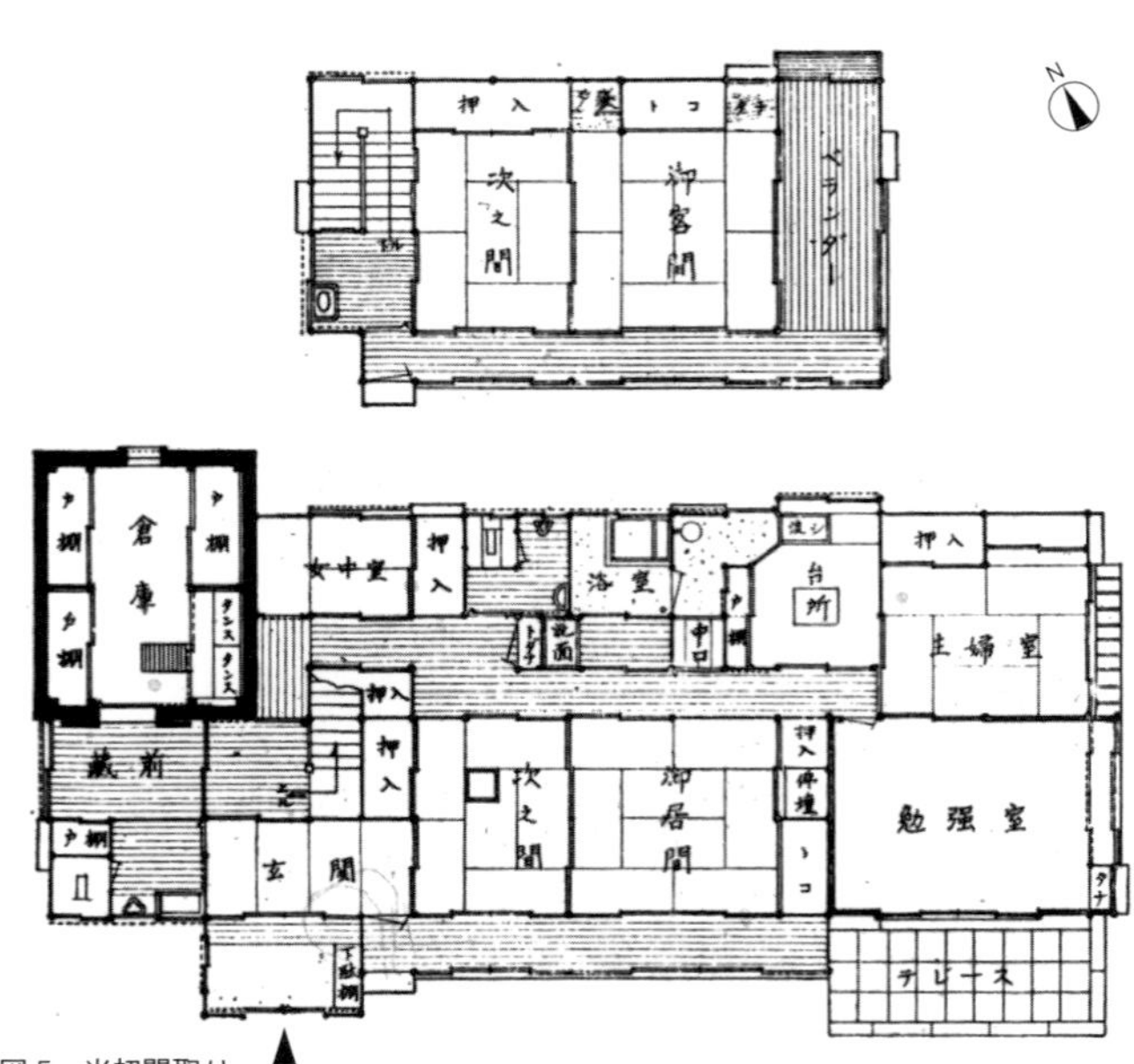

図5　当初間取り

して捉えた間取りは、極めて新しく、大正期以降主張された家長中心から家族を中心とした住まいづくりに変える考え方に基づくもので、新時代の主張を実現した住宅といえる。そこには、建設当時の施主の家族愛ともいえるものを感じることができる。

また、こうした子供や主婦の生活の場を一階に確保したこともあり、ここでは接客用の座敷を二階に設けている。一階を家族用、二階を接客用と明快に機能のゾーニングが行なわれているのも主婦と子供を中心とした住まいづくりゆえのものといえるかもしれない。なお、「倉庫」部分だけを鉄筋コンクリート造としているのは、鉄筋コンクリート造の住宅への導入過程を示す事例として貴重である。

改造しながら守り続けること

現状の住まいを拝見すると、表側の外観は、外壁が新建材となったものの、創建時の姿をよく留めている（**図1、2**）。一方、内部は、一階は北側に半間増築され、また二階も北側に一間半の増築と大幅な増改築が行なわれている。とりわけ二階の大きな改修は近年のもので、跡取りとなる息子夫婦との同居のために行なったものという。まさに、三世代住宅への移行のための改修ということである。こうしたいろいろな改修の中で、一階の「御居間」と玄関脇の倉庫、階段部分（**図6**）および二階の「御客間（座敷）」（**図3、4**）に創建時の姿を見ることができる。

こうした増改築を見ていくと、創建時の様子をよく残している部分は、偶然残されたものではなく、そこには〝残す・継承する〟という強い思いが感じられる。すなわち、一階「御居間」と二階の「御客間」はできるだけ手を加えず、大切に守り抜くという意思が感じられるのである。おそらく、この二室は家の建て主の象徴であり、建て主が大切にしてきた部屋であった。感謝の気持ちとともに一種の畏怖を感じさせる空間なのかもしれない。

いずれにせよ、生活も住まい手も時間とともに変化する。それに合わせて生活スタイルも当然変わり、その生活スタイルに対応するように住まいも変化する。当たり前の原理である。

そう思うと、座敷を伝統的住まいの象徴として守りつつ、他は改変していくのはある種必然の流れといえる。その意味では、建て替えという方法をとらずに、改修を行なう中で部分的ながらよく原形を守り抜いてきたと思う。こうした部分的に大切な場を保存しながら生活に直結する部分を改変していくという方法は、今後の保存・再生のひとつの極めて自然な基本的方法といえるのではないかと思う。生活が変わったから、家族数が変化したからといって建て替えるのではなく、祖先の思いを引き継ぎながら時代に即した生活の場に変えていく。極めて当たり前の方法のように思うが、なかなか浸透していない。そこには、父が〝自分たちのことを考えて作ってくれた住まい〟という感謝と畏怖の思いがあり、その思いが自然に孫にも伝わっていることにあるように思う。

図6　階段部分 品の良い数寄屋風のつくり（現状）

図版出典
図1、3、6　委員会撮影（二〇一八年一〇月）
図2、4、5　『住宅建築図集』第一輯

3-3 杉村米次郎邸

再利用をめざすモダンな住宅

図1　南側外観（現状）

図2　南側外観（図集掲載竣工写真）

図3　南側外観（現状）

継承の経緯

年	所有者
竣工時 昭和12（1937）	杉村米次郎
	↓ 譲渡
昭和25（1950）	A氏
	↓ 譲渡
昭和26（1951）	W社
	↓ 譲渡
昭和32（1957）	C氏
	↓ 譲渡
昭和34（1959）〜平成29（2017）現在	日本聖公会東京教区

所在地	東京都世田谷区 ⑯
竣工	昭和12（1937）年
設計者	清水組（永野三郎）
構造	1階、鉄筋コンクリート造 2階、木造
主要用途	住宅 →教会附属屋（代沢こども文庫閲覧室）
敷地面積	1000坪
延床面積	99坪（327㎡） ＊図面では104.644坪（345㎡）
公開有無	一部公開（こども文庫開室日のみ）

図4　玄関（現状）

図5　玄関扉（現状）

図6　玄関・応接室格子天井（現状）

図7　玄関 下駄箱の引き戸（現状）

内田 青蔵

個人住宅から教会の集会所・地域のこども文庫へ

昭和一二（一九三七）年、わが国が戦時下に突入しようとする直前、建築も規模制限や建築資材の統制が始まろうとしていたその時、この建物は杉村米次郎の自邸として竣工した。施主杉村の人となりについては、日本橋で織物問屋を経営していたということ以外、残念ながらわからない。残された建物から知るのみである。

戦火を免れたこの建物は、戦後、杉村家から外国人の手に渡り、昭和三四年には日本聖公会東京教区の所有となり、東京聖三一教会の牧師の住まいとして使用された。新しい牧師用宿舎が完成すると、空き家となった建物は、牧師の執務室や会議室および信徒たちの集会所や教会備品保管所として使われるとともに、地域の子供たちを対象とした代沢こども文庫閲覧室として新たに利用されてきた。

建物は傷みが出てきたが、それでも補修すればまだまだ十分に使用できる建物であり、また、使い続けるべき捨てがたい魅力を備えた建物でもある。くわえて、個人住宅から地域の子供たちに開かれた活動の場として利用されてきたというその来歴を振り返れば、ぜひ、その歴史や役割を継承した形で再利用したい建物でもある。

杉村邸の建築的特徴

改めて、建物について見てみよう（図1〜3）。建物は、一階部分および半地下のボイラー室が鉄筋コンクリート造、二階木造の混構造による二階建て住宅である。こうした一・二階に異なる構造を用いる建物は、戦前期において極めて珍しいもので、本住宅の特徴のひとつといえる。戦前期に、住宅建築の構造に鉄筋コンクリート造を採用したのは、明らかに耐震性を意識したものといえる。また、一階だけに鉄筋コンクリート造を取り入れたのは、建物を支える基礎部分としての構造を強くし、また、火を使用する台所が一階部分であることから、建物を火から守るという考え方もまたあったからであろう。それに対し、二階は軽い木造とし、また火も使わない場とするという極めて合理的な考え方からのものといえる。こうした点からみれば、施主も、こうした考え方を理解できる、合理性を重視した人であったと推測される。

外観は、構造の異なる姿をそのまま見せている。すなわち、一階部分は、コンクリートモルタル仕上げ、二階は米松南京下見板張りで、切妻造桟瓦葺きの屋根が載る。外観のデザインとして一・二階の外壁の仕上げを異なったものとするという手法は、明治末期から大正後期に流行したもので、デザインとしては古いが、一階の外壁をプレーンな仕上げとした極めて無機的でモノリシックな表現は新しい。

また、東側と南側にL字型に幅の広いテラスがあり、南側のテラス上部には屋根がそのまま伸び、深い軒空間を生み出している。この深い軒を支えるために二本の独立柱が立ち、また、この屋根付きのテラス空間には、二階の部屋である予備室と居間からそれぞれキャンチレバーのテラスが突き出ており、モダンさも感じさせる印象深い空間となっている。

間取りは、西隅に配された玄関ホールから東西に一直線の廊下を設け、その両側に諸室を配置したいわゆる中廊下型である（図8）。ただ、興味深いのは、玄関にはベンチ付きの広い土間があることだ。ここは簡単な接客を行なえる場として計画されたのである。明治以降の日本住宅の近代化のテーマのひとつに、接客本位から家族本位の住まいへというものがあった。これは、それまでの日本住宅が家族生活の場よりも接客の場を重要視して考えられていたことを批判したものであった。そのため、間取りも家族生活の象徴としての居間を中心に据えたものが提案されていたのである。こうした考え方が普及する中で、玄関脇の応接室も無駄で排除すべきと主張されていた。杉村邸の玄関ホールのありようは、まさにその存在を問われていた応接室を簡略化したものといえ、新しい玄関の提案なのである。また、玄関扉や下駄箱の扉、あるいは格子天井などにはアール・デコ風の意匠が見られ、こうしたデザインにも時代性が表現されている（図5〜7）。

一階中央には、大きな居間がある。そして、その居間の奥にはアルコーブのような場が設けられ、食堂となっている。この大きな居間は、まさに家族本位の象徴の場であり、暖炉の設けられた居間は、戦後のモダンリビングに先んじた極めて新しい家族空間の表現だ（図9）。興味深いのは、こうした暖炉を備えた居間が二階にも用意されていることだ（図10）。現在では、居間を二部屋設け、表の接客の場ともなる居間と裏の家族だけの居間として使い分けるという事例も散見されるが、杉村邸はそうした考えをいち早く実現しようとしたものかもしれない。

いずれにせよ、この住宅は、構造も間取りも極めて新しく、

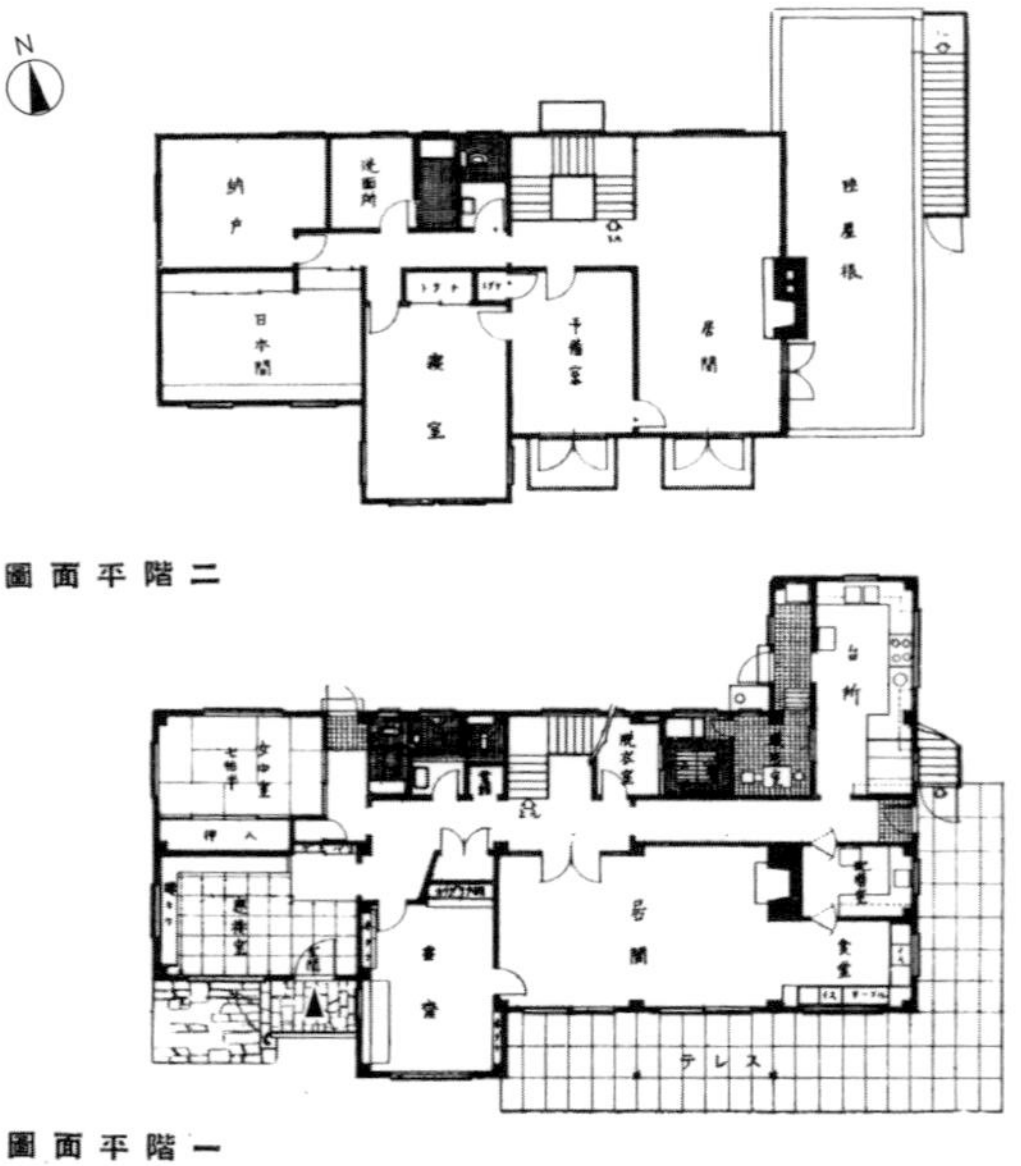

図8　当初平面図

その設計の考え方も合理性を重視しているなど、戦後の住宅動向をいち早く先取りしたモダン住宅といえるのである。

再利用の勧め

杉村邸は戦前期に見られる典型的な中廊下型住宅であり、玄関を広く取り、応接機能の軽便化を図るという、戦前期の住宅改良の動きの中でしばしば主張された考え方の間取りであり、また、暖炉を備え、中央に置かれた大きな面積の居間も戦後のモダンリビングの走りともいえるものでもある。このように戦後に流行する考え方をいち早く実現していた貴重な事例といえる。また、一階鉄筋コンクリート造、二階木造という混構造は、関東大震災後に見られる工法であり、この住宅の特徴である。コンクリート部分も構造的には補強すれば十分使用に耐えるものであり、再利用の積極的な提案を望みたい。

すなわち、牧師の住まいとして使われていた建物であったことから、今後は、旧牧師館の記念館や、教会信徒や周辺住民のサロンや談話室などの寛ぎの場としての利用、あるいは、未来を支える子供たちの情操教育の場としてこれまでの代沢こども文庫閲覧室の活動を発展させるといった再利用の仕方も大いにありうるものと思われる。

より具体的に改修の可能性に踏み込めば、例えば、書斎と居間を繋いで一部屋とし多人数を収容できる空間へ、あるいは、廊下を含め一階部分を大きな宴会場とし、暖炉背後の空間はもう一度パントリーとし、台所はそのまま調理場とするなどの改修は十分可能であろう。また、こども文庫閲覧室としては、極めて軽便な改修で使用できるように思われる。

図9　1階居間（現状）

図10　2階居間 暖炉（現状）

図版出典
図2、8 『住宅建築図集』第二輯
図1、3〜7、9、10 委員会撮影（二〇一七年一一月撮影）

3-4

石井健吾別邸（現 東山荘）

新しい施主の想いを伝える住宅

内田 青蔵

図1 本館 東南側外観（現状）

▲

図2 本館 東南側外観（竣工写真）

図3 本館玄関（現状）

▲

図4 本館 玄関（図集掲載竣工写真）

継承の経緯

年	所有者
本館 竣工時 昭和8（1933）	石井健吾
昭和10（1935）	離れ増築 ↓ 売却
昭和14（1939）	山下亀三郎 ↓ 売却
昭和19（1944）	岡田茂吉 ↓ 継承
昭和29（1954） ≀ 平成30（2018） 現在	世界救世教

所在地	静岡県熱海市 ㉞・㉟
設計者	清水組
主要用途	別邸 → 宗教団体の施設
敷地面積	1100坪
文化財指定	国登録有形文化財
公開有無	**非公開**（訪問・見学不可）

①本館

竣工	昭和8（1933）年8月
構造	木造、2階
延床面積	延床95坪（313.5㎡）

②離れ（東山荘　三窓庵）

竣工	昭和10（1935）年11月
構造	木造、平屋
延床面積	延床15坪（50㎡）

建物の経歴

この建物は、昭和八（一九三三）年に石井健吾の別邸として建設された。施主の石井健吾は、明治七（一八七四）年に生まれ、同二八年に東京高等商業学校（現一橋大学）を卒業し、第一銀行に入行している。その後、同三二年横浜支店長、大正七（一九一八）年取締役、同八年常務取締役、同一五年副頭取、昭和六年頭取、同一〇年取締役、同一三年相談役、同一八年に相談役を辞し、二年後の同二〇年八月に人生を終えている【注1】。したがって、この別邸は頭取時代のものとなる。設計施工は清水組。二年後の昭和一〇年には同じく清水組の手で前庭部分に離れを増築している。清水組が担当しているのは、第一銀行の初代頭取・渋沢栄一と清水組とが極めて縁の深い関係であったことによるものと思われる。

一方、こうした別邸の建設および増築直後の昭和一二年五月に、横浜・白楽に巨大な自邸を完成させている。この自邸は戦後には神奈川県知事公舎として買い上げられ、昭和五一年まで使用された。この知事公舎の調査を行なった吉田鋼市によれば、石井は大正三〜五年に、横浜・白楽に住み始め、一時東京に住まいを移したが、別荘として利用し続け、和館を建てた昭和一二年頃から再び自邸として使用し始めたという。また、この地には大正一四年に竣工した洋館があったことから、和館の建設により明治以降の上流層の住宅形式である和洋館並列型住宅として完成したことになる。

改めて当別邸の建設経緯に目を向けると、石井は昭和六年一一月に脳溢血で倒れ、三ヶ月の静養で回復したものの、翌七年八月に再び健康を害したという【注2】。このことからおそらく、この別邸は、健康を取り戻すための静養を主目的として設けられたものと思われる。それでも、昭和一〇年に、後述するように接客用の離れの増築を行なっており、訪ねる

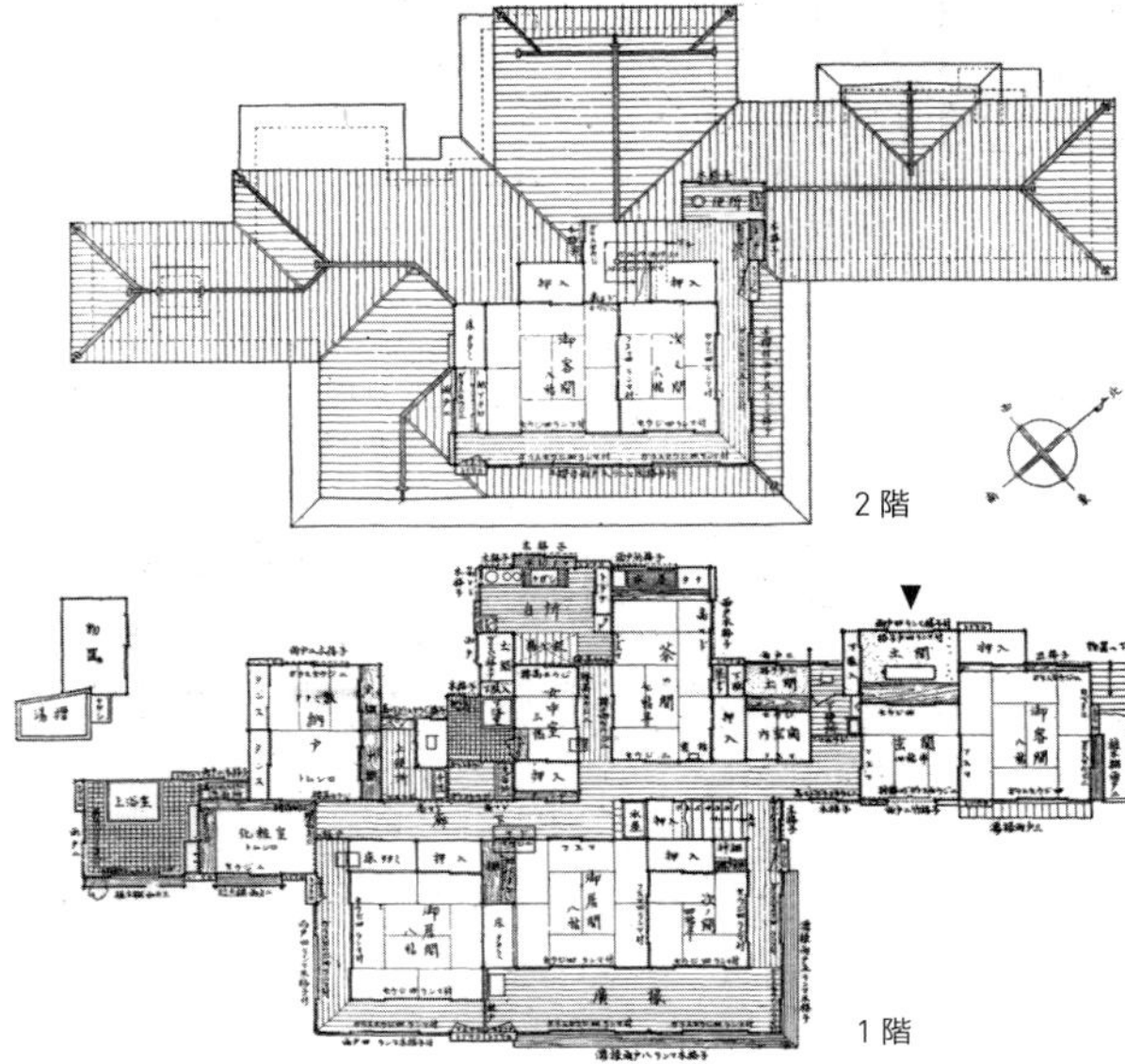

図5　本館 当初平面図

客も多かったようである。また、横浜の自邸建設計画を同一一年には開始していたことなどを考えると、ある程度の健康回復があり、余生は訪れる人々の便などを考えれば、別荘として使用していた自然も残る横浜・白楽に静養の場を兼ねた自邸として新和館を建設したと想像されるのである。そのため、熱海の別邸の当初の役割は終わり、昭和一四年には早くも日本汽船の山下亀三郎に売却した。山下の時代には、新たな増築などが行なわれたものの、同一九年には後に世界救世教の教祖となる岡田茂吉に売却された。そして、同二九年に岡田より世界救世教に継承され、今日に至っている。

石井別邸の特徴

立地場所は、太平洋を一望できる風光明媚な高台で、現在の熱海でも駅にも近く交通の要所でもあるなど優れた場所である。建物は、いわゆる数寄屋を中心とした近代和風建築の典型といえる。外観は入母屋造瓦葺き、木造二階建ての伝統的な和風建築である（**図1、2**）。間取りは、中央に廊下を設けて動線を処理するという中廊下型。ただ、玄関脇には洋間の応接室はなく、代わって和室の客間が設けられるなど、各部屋はすべて和室の建物である（**図5**）。玄関から伸びる中廊下は四尺幅と広く、狭さを感じさせないつくりだ。住宅の中央部には家族の生活の場である続き間形式の居間と次ノ間が配され、庭側には一間幅の広い広縁が設けられている（**図6、7**）。この広縁は、多目的な用途に利用できるものとして大正末頃から流行しているものだ。そして、この続き間の居間の隣には独立した二面に縁が廻る独立性の高い一部屋の居間がある。方位的には真南に位置する最も住環境の良い場所で、おそらく静養中の主人である石井健吾の居室として利用された部屋と推測される（**図8**）。また、二階には接客用の客間と次ノ間がある。眺望のよい二階に接客用の部屋を配置するの

図6　本館1階（次ノ間つき）御居間（現状）

図7　本館1階（次ノ間つき）御居間（竣工写真）

図8　本館1階独立した御居間（現状）

図9　本館2階御客間（現状）

図10　本館2階 御客間（竣工写真）

も近代和風建築の特徴のひとつである（図9、10）。

　このように、家族生活のためはもちろんのこと、静養を目的としていた主人の居室と思われる部屋を中心としたつくりであることが間取りに表現されている。

　各部屋の材料や技法は、総じて特別に吟味した銘木を積極的に使用した豪華絢爛なものではない。ゴテゴテした装飾などもなく、建物は全体的に極めて品がよく、真壁づくりとして露出した柱や長押などの建築部材がそのまま建築構成材として生きている。また、海に面した東南側は、室内にあっては下方半分に大きなガラスの入った障子が使用され、外側にも大きなガラスを用いたガラス戸が用いられるなど、景観を重視した配慮がみられる（図6～12）。また、そうした大きなガラスの入ったガラス戸に包まれた外観は、近代和風建築の新しい外観といえるだろう。

増築された離れとしての食堂

　次に、離れについて見てみよう。竣工は昭和一〇（一九三五）年、設計施工は清水組で、設計担当者は不明である。木造平屋、杉皮葺きの入母屋屋根の建物で、本館の前庭に建てられている。建物は三面に大きな開口部があることから三窓庵と称される。また、図面には「御食堂」と記されていることか

図11　本館1階御客間（現状）

図12　本館1階 御客間（竣工写真）

図13
離れ南側外観
（現状）

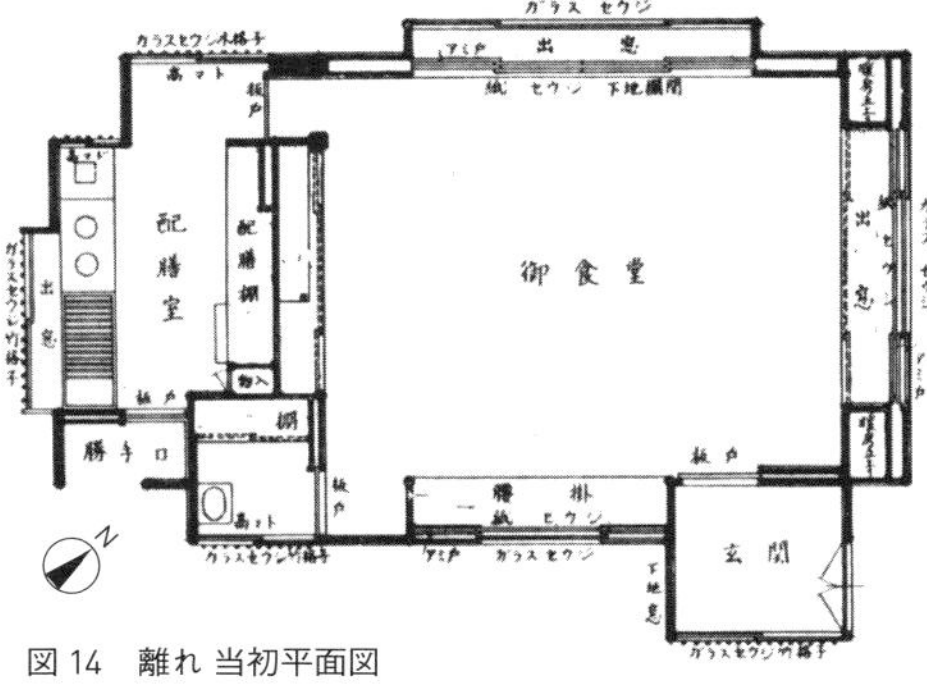

図14　離れ 当初平面図

ら、用途は独立した食堂として増築されたことがわかる（図13、14）。ちなみに、本館はすべて和室の建築で、客を迎えての食事は二階の座敷を使っていたと思われる。ただ、別邸の目的は病気のための静養であったが、頭取という役職のため客も多く、その対応のために新たに静養の場の中に、接客用の空間として離れという手法を取り入れ、食事もできるもてなしの空間を計画したものと推定される。

離れは一部屋のこじんまりとした建物ではあるが、内外共に数寄屋風の要素をふんだんに採り入れた魅力的なデザインが展開されている（図15、16）。ただ、数寄屋風意匠ではあるものの、当初の照明器具は「手芸的器具」と記された和紙を用いた伝統的な工芸的要素の強いデザインといえ、また、小屋部分の太い梁を露出させて建築部材を強調する民家調ともいえるデザインは、当時流行していた民芸運動の影響によるものとも考えられる。

内部は、床は畳敷きだが、内部に造り附けのベンチがあることや開口部の位置が高く、ユカ座には適さないこと、また、正面の霞棚の地袋も背が高いことなどから、敷物の上に洋家具を置いて用いる立式の空間として計画されたものと思われる。また、内部意匠で注目されるのは、正面の「霞棚」と呼ばれる棚の存在である。この霞棚という名称は、修学院離宮の客殿に見られる棚の名称で、離れの外観である木造平屋の入母屋屋根という形式も修学院離宮の外観と共通している。

図15　離れ 霞棚のある室内（現状）

図16　離れ内部（現状）

三大棚のひとつと称される修学院離宮の霞棚は、一間半に五枚の棚板を浮かせたものであるのに対し、離れの棚は三枚の棚板を浮かせたものと、その枚数は異なる。しかし、大きな地袋に小さな地袋を重ねるなど基本的構成は極めてよく似ており、設計の際のイメージのモデルであったことは明らかである。建築材料も吟味され、銘木はもちろんのこと、詳細は不明ながら古材なども使用されている可能性も考えられる。

なお、玄関側出窓の両端は、暖房用のダクトであり、また、出窓下の無双窓は暖房用の掃き出し口であるなど、内部のデザインを邪魔しないように近代設備の暖房装置が取り込まれている点も注目される。

いずれにせよ、この離れは、本館が静養のための家族だけの生活の場として考えられていたものの、訪ねる客もあり、その接客用の機能を賄うために急遽増築されたものと思われる。そのため、本館と比べるとデザイン的にも、また、建築素材はもとより建築技法や設備なども極めて重視したつくりが見て取れる。離れのため、極めて小規模なワンルームの建物であるが、そのデザインは数寄屋建築と当時流行していた民芸調や民家調を取れ入れたもので、近代的な暖房設備を見えないように取り込み、また、裏側には近代的な厨房が用意されるなど、伝統的な数寄屋建築の霞棚をテーマとした極めて質の高い小品といえる。

新しい施主・岡田の想いの込められた住環境

生前、岡田は、地上天国建設を目的として立教を宣言し、そのモデルとなる世界平和の理想郷の建設地を探し求めていた。そして、昭和一九（一九四四）年に箱根・強羅に設けられていた強羅公園の和風庭園部分を入手し、庭園と建築の整備を行ない同二八年に神仙郷を完成させ、一般公開している。この石井別邸の入手時期も強羅公園と同じ時期であることから、この建物と敷地も岡田が世界平和を願うための理想郷建設地の候補のひとつとして考えていた場所とも想起されるのである。その意味では、この土地と建物は、極めて重要な価値を有する。ひとたび、この建物からの景観を楽しめば、誰でもがそこから雄大で美しい自然の姿が確認できる。おそらく、岡田も、こうした自然の持つ力に魅力を感じ、この地、この建物を購入したものと思われる。

こうした岡田の想いは、世界救世教へと受け継がれ、今後も教祖の理想郷のモデルという思いを馳せた場所、そして建築として維持され、また、広く一般公開されていくことを期待したい。

[注1]『旧神奈川県知事公舎建築調査報告書』一九九八年。
[注2]『第一銀行史』第一銀行八十年史編纂室、一九五七年。

図版出典
図1、3、6、11、13、15、16　委員会撮影（二〇一八年五月撮影）
図4、5『住宅建築図集』第一輯
図2、7、10、12　清水建設株式会社所蔵
図8、9　世界救世教提供
図14『住宅建築図集』第二輯

Column

もうひとつの石井邸　本邸

石井健吾は、大正三〜五（一九一四〜一六）年に、現在の横浜市港北区篠原台町、もと「大綱村篠原中平原」に住んでいた。その後一時東京に住まいを移すものの、この地を手離さずに別荘として使い続け、昭和一二（一九三七）年頃から、旧宅に新たに和館を増築して本宅として利用した。

新たに建設された和館の、竣工は昭和一二年五月、設計は清水組設計部の桜井博、施工は清水組である。木造二階建ての大規模な数寄屋建物で、蔵は鉄筋コンクリート造である（図1）。

平面は、複雑で、大まかにいえばエの字型をなしている（図2）。すなわち、東西に走る接客ゾーンの棟と家族の日常生活ゾーンの棟が平行に配され、それらの棟を繋ぐように南北に走る玄関ゾーンの棟がある。この玄関ゾーンの南側に位置する接客ゾーンの短い棟は一二・五畳の客間と一一畳の次の間を基本とし、一方の北側に位置する家族生活ゾーンの棟は、家族の日常生活に使用する諸室が配されている。こうした形式を採用した理由は、各部屋を南面化させるための措置と考えられる。そして、昭和一四年には、家族生活ゾーンの北西側に新たに蔵が増築され、廊下で連結された。和館を構成する諸室は畳敷の和室で、伝統的なユカ座の部屋を基本としていた。

外観は、数寄屋建築を強く意識したもので、入母屋屋根が折り重なるように連続した典雅な構成が窺える。特に、数寄屋建築として屋根葺き材に苦労したことが『住宅建築図集』の記事に見られる。すなわち、数寄屋建築の特徴といえる「軽快さと雅味」を出すためには、伝統的な建築に見られるように茅葺き、檜皮葺き、杉皮葺き、柿葺きなどが適当と思われるが､伝統的な屋根材料は可燃材料のため、防火対策を考えると不燃材料とする必要があり、天然スレート葺きを採用しつつも伝統的な杉皮葺きや檜皮葺きの趣を出すように葺き足を細かくするなどの工夫をしたことが記されている。外壁は、モルタル塗りリシン仕上げの真壁で、外壁も防火を意識した材料を使用している。このように本住宅は、防火性能を高めるための工夫を施しながら伝統的なスタイルを継承しようとする意識のみられる住宅ともいえよう。

なお、昭和二〇年に石井が死去し、この住宅は同二二年頃に売りに出された。神奈川県の初代公選知事の内山岩太郎は、これを県知事公舎として購入することを決め、昭和二二年六月以降、県知事公舎として使用された。また、敷地西端には洋館もあり、洋館は迎賓館として借り上げられた。なお、洋館は昭和四二年まで、和館は平成九（一九九七）年まで使用され、その後、ともに取り壊された。

（内田 青蔵）

図2　1階平面図
（図集掲載）

図版出典
図1、2『住宅建築図集』第二輯

図1　石井健吾本邸（図集掲載竣工写真）

3-5 高橋保別荘

端正な和風意匠を活かした茶寮への転用

小沢 朝江

図1　南東側外観（現状）

図2　南東側外観（図集掲載竣工写真）

図3　1階10畳（現状）

図4　1階10畳（竣工写真）

継承の経緯

時期	所有者
竣工時 昭和12（1937）	高橋 保
昭和31（1956）〜	1名の個人，2つの企業
昭和51（1976）〜 平成30（2018）現在	西紅亭

所在地	静岡県熱海市 ㊴
竣工	昭和12（1937）年7月
設計者	清水組（安藤喜八郎，渋谷）
構造	木造、2階
主要用途	別荘 → 旅館 → 保養所 →茶懐石料亭
敷地面積	830坪
延床面積	96坪（317㎡） ＊当初図面では87.78坪（290㎡）
公開有無	非公開（ただし料亭としてオープン）

別荘から旅館・保養所・茶寮へ

熱海は、明治二〇年代から温泉地として別荘が営まれた町である。ただし、明治期には東海道本線の国府津から小田原を経由して馬車鉄道や人車鉄道を乗り継ぐしかなく、交通の便に難があった。しかし、大正一四（一九二五）年に国府津―熱海間の熱海線が開業、昭和九（一九三四）年の丹那トンネル開通により東海道本線の経路となったことで利便性が飛躍的に向上し、別荘地開発が一気に活性化した。特に、それ以前には手つかずだった高台や斜面地で別荘地化が進行している。高橋保別荘もこの時期に営まれたものである。

高橋保は、高橋商事・昭和人絹・昭和板硝子等の社長を務めた人物である。敷地は、水口町の傾斜地で、元は東京渡辺銀行社長・渡辺六郎の所有だった。渡辺六郎は、大正一〇年に大船田園都市株式会社を設立して郊外住宅地開発に乗り出したことで知られ、この熱海の別荘地も同時期に購入したものの、昭和四年に高橋保に転売している。高橋は、以後徐々に北側を買い足して約八三〇坪まで敷地を広げ、昭和一二年七月に建物を完成した（図1、2）。清水組は、これより前に高橋保の箱根・仙石原の別荘を担当、昭和九年に竣工しており、その実績を評価されて依頼されたのだろう。設計は安藤喜八郎が担当した。

その後、この別荘は昭和三一年に高橋家の手を離れた。最初の転用は「錦光荘」という旅館で、この時期に北側に二階建ての別棟が増築された。当時の熱海は、新婚旅行先として人気を博し、旅館が急増した時期に当たる。さらに高度成長期の昭和四〇年代に企業の保養所に転用された。別荘から旅館へ、さらに企業の保養所へという転用は、観光地としての熱海の変容をそのまま映し出す。

そして昭和五一年、旅館時代からこの建物を見知っていた現所有者が購入、茶懐石の料亭「西紅亭」を開業した。和風の瀟洒な佇まいと庭園がそのまま活かされたのである。西紅亭の経営は母から娘に受け継がれ、現在に続いている。

安藤喜八郎の珠玉の作品

高橋保別荘は、作家・坪内逍遥の別荘「双柿舎」の北、斜面地のやや上方に位置する。茶寮らしい勾配の緩い銅板葺き

図5　門（現状）

図6　玄関廻り 奥の2階建ては旅館時代の増築（現状）

の門（図5）も別荘当時のもので、門から池庭の脇に露地が続き、主屋の玄関に至る（図6）。

中心となる主座敷棟（図1、2）は、一、二階とも続き間の南側に広縁を付す平面で、庭園の眺望を取り入れるため、床の間・違棚をその逆側に置く。内部の意匠は一、二階で対称的で、一階は角柱・角長押を用い、一間半幅の広い畳床を中心に、袋棚と付書院を配した書院造風の端正な意匠である（図3、4）。障子の桟や組子が細く、東求堂引戸の格子のアレンジとみられる付書院の花狭間も品がよい（図7）。一方二階は数寄屋造

図7　1階座敷 付書院花狭間（現状）

図8　2階座敷（現状）

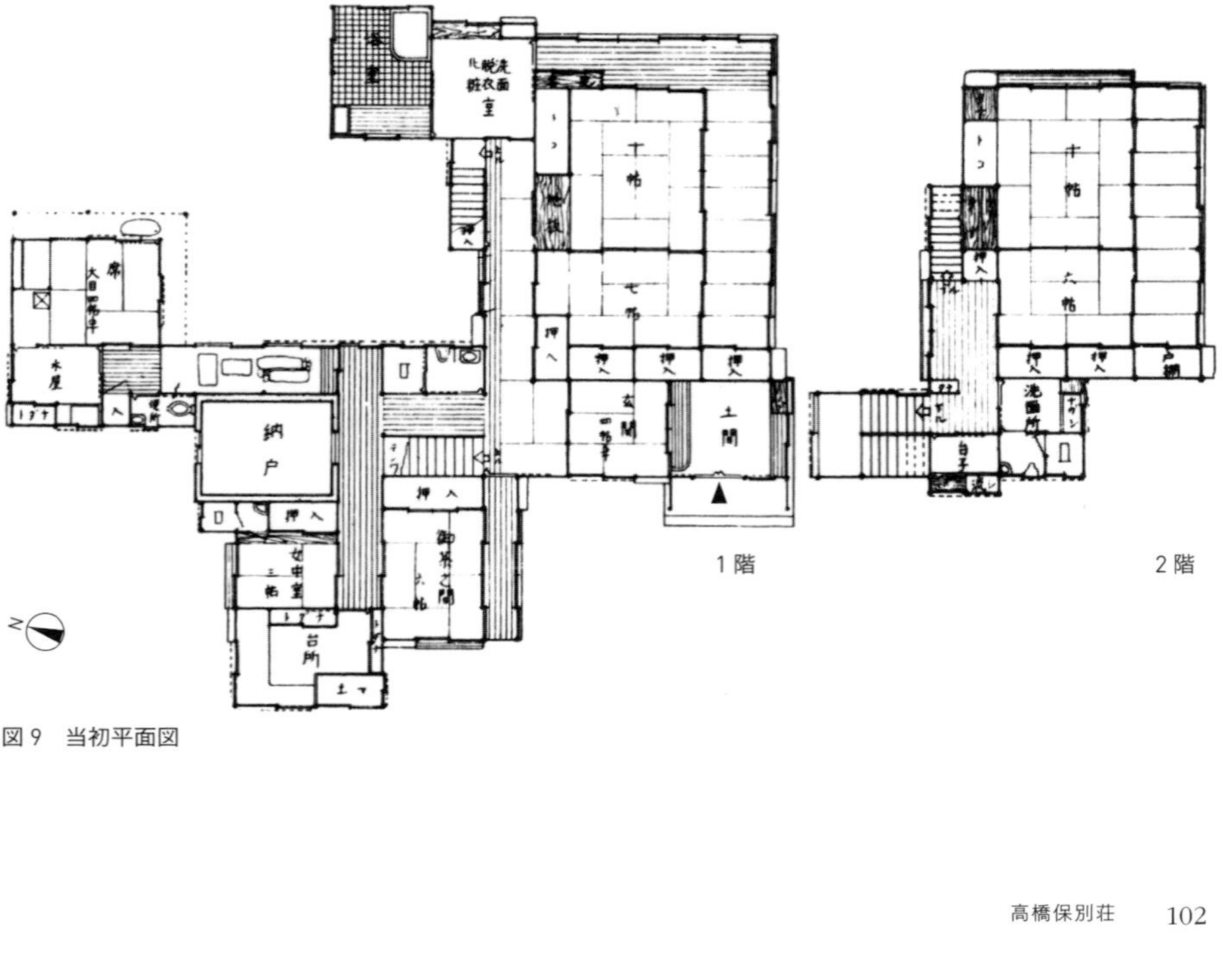

1階　2階

図9　当初平面図

風で、面皮柱に面皮長押を打ち、琵琶床付きの畳床と、吉野窓を配した地袋を設ける（**図8**）。欄間は光琳桐、襖の引手は帆舟で、庭側のガラス障子に繰型を施すなど瀟洒である。

主座敷棟の北側には、踏石を配した内露地風の土間廊下（**図10**）を介して茶室が建つ。屋根は起りのある入母屋造・小瓦葺で、軒とけらば側を柿葺とし、南・東に広い土庇を廻らす（**図11**）。茶室は四畳半台目で、踏込床の脇に点前座を並べ、曲りの強い中柱を立てる。躙口と貴人口を設けるが、近代茶室としては開口が控え目で、面皮の竿縁天井、竹垂木に蒲を詰め張りにした掛込天井、出節や曲りのない档（あて）柱など、侘びた風情より端正さが際立っている（**図12**）。

竣工写真と比較すると、主座敷棟も茶室も改変がほとんどなく、高橋保別荘当時の姿がほぼ完全に継承されている。旅館時代に建てられた別棟に生活機能が納められ、設備等の追加も別棟が担ったことが大きく、別荘らしい余裕のある敷地だからこそ可能だったといえるだろう。

茶懐石の料亭への転用は、茶室や内露地も持つこの住宅本来の平面・意匠が良く活かされている。庭園内には別の茶室や待合が増築されたが、既存建物とよく調和している。門などの外構や庭園の佇まいも良好で、現所有者がこの建物に深い愛情を持って丁寧に維持されていることが伝わってくる。

住宅作品としての質の高さと、優れた保存活用の両方を兼ね備えた好例といえる。

図版出典
図1、3、5〜8、10〜12　委員会撮影（二〇一八年六月）
図2、9『住宅建築図集』第二輯
図4　清水建設株式会社所蔵

図10　土間廊下（現状）

図11　茶室外観（現状）

図12　茶室内部（現状）

Column

清水組の和風意匠

高橋保別荘を設計した安藤喜八郎（三〇頁）は、大正六（一九一七）年の清水組入店で、『住宅建築図集』掲載作品のうち八二件を担当し、特に藤瀬秀子別邸（三六頁）など和風または和洋折衷の作品が多い。安藤と並んで作品数が多い大友弘（二九頁）も、根津嘉一郎別邸（五二頁）に見るように、アーツ・アンド・クラフツなど幅広いデザインに精通し、卓越した洋館設計の技能を持ったが、和館も数多く担当した。

清水組の和風意匠には共通する特徴がある。

まず細部では、竿縁や化粧垂木に「甲丸面」と呼ぶ楕円形断面を多用する点である（図1）。竿縁や垂木は、一般には角縁や猿頬面など直線による切面が多いが、曲面である点が異なり、裏方の廊下などにはさらに曲面の背（せい）（高さ）が低い「蒲鉾面」も使い分ける。化粧屋根裏の場合、野地板を甲丸面の垂木と揃えて流れ方向に張るため、雑味がなく伸びやかである（図2）。

欄間は、組子などの凝った意匠はなく、板欄間が主である。高橋保別荘（一〇〇頁）の二階座敷では光琳桐を透かし彫りにしているが（図3）、他は板のみの単純な形が多く、藤瀬秀子別邸（三六頁）では緩やかな櫛型、新津恒吉別邸（一一〇頁）では端部にのみ繰り型を施す（図4、5）。この板は、いわゆる銘木ではなく、桐や杉の機械製材の柾板で、床柱も同様に癖のある銘木・変木は少なく、高橋保別荘・新津恒吉別邸では製材した丸柱を用いている。

こうした加工材の多用は、専属の木工場の存在による。清水組の木工場は、明治一七（一八八四）年に深川の幕府御用の材木商の跡地に木材の加工所を設けたことに始まり、明治二九年という早期から蒸気動力の製材機械を導入した。甲丸面や機械製材の多用は、この木工場による均一な木材加工を背景とした意匠と推測できる。

図1　高橋保別荘 竿縁天井

図2　高橋保別荘 化粧屋根裏

床廻りでは、框をL字に廻して床柱・相手柱を略した床や、筆返しのない棚板など、シャープな意匠が多い。また、付書院に加えて、床脇にも書院窓や吉野窓を設けるのは、単なるデザインではなく採光も意図したとみられ、高橋保別荘・新津恒吉別邸では二階の縁を床脇の背面まで廻して光を取り込んでいる。これらもまた、木材加工や衛生思想の普及など、近代的な技術と思想に基づく和風意匠といえるだろう。

その一方で、新津恒吉別邸では桂離宮新御殿の「月の字崩しの欄間」を模し（**図6**）、石井健吾別邸離れ（九二頁）では修学院離宮中御茶屋の「霞棚」をモチーフにするなど、古建築に取材した意匠も存在する。さらには、皮付丸太や蒲を多用した民家風の意匠もみられ、清水組の和風のボキャブラリーの豊かさを知ることができる。

（小沢 朝江）

図版出典
図1〜6　委員会撮影

図3　高橋保別荘 透かし彫り欄間

図4　藤瀬秀子別邸 板欄間

図5　新津恒吉別邸 1 階 板欄間

図6　新津恒吉別邸 2 階 月の字崩しの欄間

3-6

斉藤恒一別邸

別邸から本邸、本邸から二世帯住宅へと変身をとげた住まい

水沼 淑子

図1 南側外観（現状）

図2 南側外観（図集掲載竣工写真）

図3 居間（現状）北側（右）に増築している

図4 居間（図集掲載竣工写真）

継承の経緯

時期	所有者
竣工時 昭和3（1928）	斉藤恒一
昭和22（1947）	斉藤恒徳
平成14（2002）〜平成30（2018）現在	H家

所在地	神奈川県三浦郡葉山町 ㉖
竣工	昭和3（1928）年
設計者	清水組（安藤喜八郎）
構造	木造、2階
主要用途	別邸 → 個人住宅
延床面積	55坪（182㎡）
公開有無	**非公開**（訪問・見学不可）

図5 階段室（現状）

カントリー・コテージへの憧憬

斉藤恒一別邸は、恒一の父恒三が、孫恒徳の療養のために建設したと伝えられる【注1】。斉藤恒三は工部大学校機械工学科を卒業後、大阪造幣局勤務などを経て東洋紡に勤務、大正九（一九二〇）年には社長に就任し【注2】、長男恒一、孫恒徳も同じく東洋紡に勤務した。

恒三は渡英経験からイギリスの住宅に強い憧憬があり、別邸を建てる際、参考資料をもとにイギリスのカントリー・コテージのような建築を清水組に依頼したという。設計を担当したのは、清水組本店設計部に在籍した東京美術学校図案科卒業の安藤喜八郎だった。安藤が清水組で手がけた作品は和風から洋風まで幅広く、洋風でも多様なスタイルの作品を手がけている（三〇頁参照）。

竣工は昭和三（一九二八）年一一月。竣工後は斉藤家が夏の別荘として利用した。第二次世界大戦後は一時米軍に接収され、女性将校が住んでいたという。昭和三二年に返還されたのち、恒徳が家族とともに常住の住宅として使用、昭和三七年頃から恒一夫妻も同居した。その後、恒徳は長女の進学を機に東京に転居し、昭和五〇年恒一が葉山で逝去した後は、斉藤家所有のまま貸家として使用されていた。その後、後述するように現在の所有者に売却され、今日に至っている。

ピクチャレスクな外観

斉藤恒一別邸は木造、切妻造、二階建てで、キングポストトラスを用いる。東西棟の主体部分に南北棟の食堂部分を突き出し、屋根は急勾配の赤褐色瓦葺とし、片流れの屋根窓を東西棟の切妻両面に二ヶ所ずつ、南北棟の切妻両面に一ヶ所ずつ、合計六ヶ所設け、賑やかな立面を構成する。壁は白く、建物の西端には白い煙突を高く上げる。玄関は建物の南面中央部分に位置し、二階屋根をそのまま大きく葺き下ろし玄関屋根とする。玄関西側にはパーゴラ（後にヴェランダに改修）、東側には南北棟のベイウィンドウが見える。つまり、外観上の見所を南面に集中させ、その南面ファサードは葉山特有の海に続く小道側に大きく開いている。前面の芝生庭や植栽を含め、一度見たら忘れられない、絵画的で魅力的な外観がこの住宅の大きな特徴である（図1）。

内部は丁寧な手仕事を思い起こさせるアーツ&クラフツ風の細部が散見され、階段にはアールデコの軽快な意匠（図5）、なぐりの梁を見せた一階居間の中世的な意匠や（図3）、二階主寝室（現在は居間）端部のイングルヌックは施主の希望するイギリスのカントリー・コテージのイメージを具現化した優れたインテリアとなっている（図9）。

当初平面は、一階に居間、食堂、台所、浴室洗面、二階に寝室二室、予備室一室を置き、一階二階で用途を明確に分けている。すべての居室は洋室で、一階は玄関ホールを動線の中心とし、二階は階段室広間を動線の中心とする合理的で明快な平面である。すべての居室を洋室とする平面は昭和初期の湘南地域の中規模別荘建築ではあまり例をみない。

別邸から本邸へ、本邸から二世帯住宅へ

斉藤家がこの住まいの売却を検討していた平成一三（二〇〇一）年頃、葉山町による全町を対象とした歴史的建造物の調査が進行していた。葉山町は歴史的に貴重で調査可能な住宅の中から、二棟を選び詳細な建物調査を行なった。その一棟が斉藤恒一別邸である。斉藤恒一別邸は調査により清水組の設計施工であることや履歴が明らかになり、住宅の価値が証された。

それも功を奏したのか、斉藤恒一別邸は現在の所有者に無事手渡された。古くからの葉山在住者で、葉山中心部に近い住宅を探されていた現所有者は、新聞のチラシ広告に、「古家有り」の物件として掲載されていた斉藤恒一別邸を見学し、購入を即決したという。

現在斉藤恒一別邸はLDKをダブルで持つ二世帯住宅に改修され使用されている。さらに注目すべきは、南側の最も魅力的なファサードをほぼ維持しつつ改修が実現している点である。

創建以降の変遷をみると、まず、創建後まもなく居間を北側に一間半拡張し、その際当初の窓を平行移動しそのまま使用している。次に戦後接収をへて常住の住まいとする際に、

図7　玄関（現状）

図8　1階元食堂（現状）

図9　2階元寝室（現状）

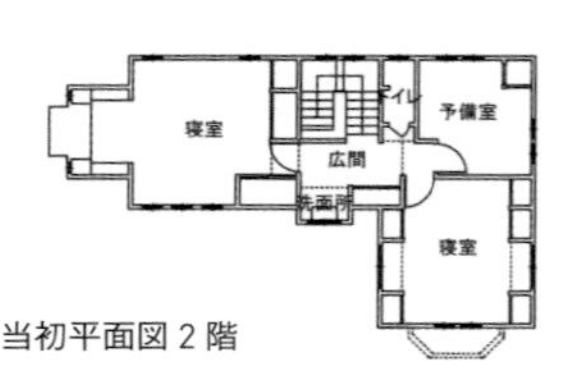

当初平面図2階

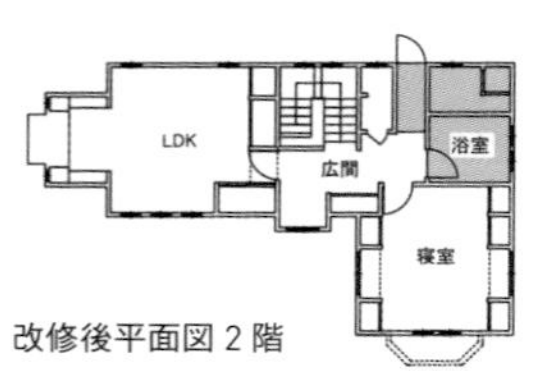

改修後平面図2階

当初平面図1階

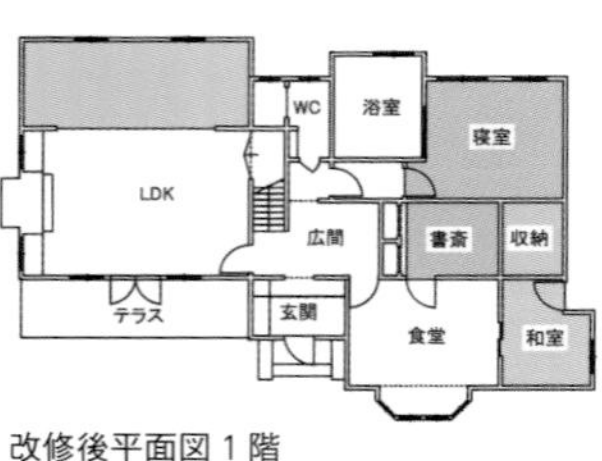

改修後平面図1階

斉藤家時代の増築部分
現所有者の改修部分

図6　旧斉藤家住宅平面変遷

食堂東側へ和室を増築、台所も併せて拡張した。

現所有者に手渡された後も、そのままの状態で丁寧に住み継がれ、平成三〇年現所有者の長女夫妻の同居に伴い、二世帯住宅へ改修された（図6）。

まず、一階を長女家族の使用する空間とし、かつての食堂はそのままに（図8）、居間の北側に台所を新設し（図3）、北東部分は寝室や書斎などに更新された。内部の変更のみで規模の拡張はほとんど行なわれていない。また、親家族は二階に生活の拠点を移し、かつてイングルヌックを持つ主寝室だった空間をＬＤＫに変身させた（図9）。昔からこうだったと思わせるほど違和感のない改修である。二階から北側道路に直接出ることが可能な敷地形状であることも、親家族が二階に住むことに貢献した。

その他にも小さな変更は多く行なわれているものの、全体として当初建物の持つカントリー・コテージの雰囲気を極めてよく継承している。

通常改変を受けやすい窓・ドアなどの建具類や照明器具も、使用箇所を変えながら継続して使われており、各時代の所有者が建物の細部に至るまで愛着を持って住み続け、住みこなしてきたことがわかる。

住み続けることを可能にした斉藤恒一別邸の魅力

斉藤恒一別邸は、昭和三（一九二八）年に建設され、別邸として使われた。戦後は接収をはさみ、常住の二世帯三世代住宅として使用された後、借家としても使われた。さらに別の家族が常住の住宅として使用し、その後ＬＤＫをダブルで持つ二世帯住宅に変身を遂げた。

斉藤恒一別邸が大きな改造もなく住み継がれてきた理由としてまず考えられるのは、創建時から完全な洋館だったことである。洋室のみからなり、独立した個室も複数準備されている。各室が十分な広さを持ち動線も明快である。すなわち、建設当初から住まいの洋風化と合理化が実現しており、時間の流れの中でも暮らしやすさが一貫して担保されていたといえる。それにも増して、洋館らしいピクチャレスクな外観や、その印象を裏切らない精緻で豊かな内部空間をもつこの住まいの佇まいが、ここに住む人たちを魅了し「大事にしたい」と思わせてきたのではないだろうか。

［注1］平成一三年に行なった斉藤家への聞き取り調査による。
［注2］東洋紡績株式会社社史編集室編、一九八六年。

参考文献
⑴『葉山町歴史的建造物調査報告書 旧斉藤家葉山別荘 葉山正夫家住宅』水沼淑子・小沢朝江、二〇〇二年

図版出典
図1、3、5、7～9　委員会撮影
図2、4　『住宅建築図集』第一輯　図6　水沼作成

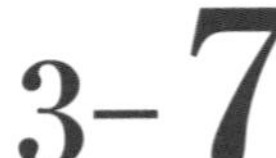

3-7

新津恒吉別邸

不動産広告が導いた保存への道

小沢 朝江

図1 東側外観（現状）

図2 東側外観（竣工写真）

図3 サンルーム（現状）

図4 サンルーム（竣工写真）

継承の経緯

年	所有者
大正 11（1922）	吉野作造
竣工時 昭和 12（1937）	新津恒吉
	↓ 新津家所有
昭和 23（1948）〜	5名の個人、3つの企業
平成 29（2017）〜 平成 30（2018） 現在	株式会社エムエルディ

所在地	静岡県伊豆の国市 ㊷
竣工	昭和 12（1937）年 6 月
設計者	清水組（矢田茂、大友弘、製図 守永昴）
構造	木造、2 階
主要用途	別荘 → 会社別荘
敷地面積	720 坪
延床面積	121 坪（399㎡）
公開有無	**非公開**（訪問・見学不可）

図5 門（竣工写真）正面に富士山を望む

石油王の別荘

新津恒吉（一八七〇～一九三九）は、昭和シェル石油の前身のひとつ新津石油の創業者であり、新潟県新津町（現新津市）を本拠に、石油精製業で財を成した人物である。「石油王」とも呼ばれる恒吉だが、私欲が薄く、工場に寝泊まりをする生活を長く続けたという。六七歳になった昭和一二（一九三七）年、新潟市内に本格的な本邸の建設を開始、ほぼ同時期に病気療養のため伊豆に別邸を営んだ。

新津恒吉の伊豆別邸が位置する畑毛温泉は、源頼朝が軍馬の疲れを癒したとも伝わる歴史の古い温泉である。大正期には、大仙山麓に大正デモクラシーを先導した政治学者・吉野作造が、理想的田園生活を目指して大正九（一九二〇）年から「理想郷別荘地」を開発、自らも娘婿の土浦亀城の設計で別荘を営んだ。昭和八年の吉野作造死去で開発は中止されたが、新津恒吉は昭和一二年三月に作造の長男・俊造から土地を購入して別邸を計画した。設計・施工は清水組、担当は矢田茂・大友弘で、設計図面の年紀をみると、土地購入以前の昭和一一年一〇月から設計が始まり、昭和一二年四月頃まで続いていて、新潟の本邸とほぼ平行して設計・施工されたことになる。

昭和一四年の恒吉没後、養子の義雄氏が相続したが昭和二三年に売却、以後転売が繰り返された。七件の個人・企業の手を経た後、昭和六二年にこの別邸を入手したのは伊豆ゴルフ倶楽部のオーナーだったA氏だった。A氏が取得した当時、建物の傷みは酷く、庭も雑草が繁茂している状態だったといい、屋根瓦の補修のほか、台所の改造や設備の取り替えなど、生活空間を中心に修理・改造が施されて、本来の姿が蘇った。

A氏は三〇年近くこの住宅を維持したが平成二九（二〇一七）年に手放すことになり、インターネットに掲載された不動産情報を介して入手されたのが現所有者である。伊豆周辺で温泉付きの別荘を探している過程で見つけたもので、最初から歴史的建造物を望んでおられたわけではなかった。しかし実際の住宅を見て、黴などがない良好な保存状態だったこと、古い日本の住宅を残せるなら残したいという思いから購入を決められたという。

清水組による和洋折衷の試行

現所有者を惹き付けた新津恒吉別邸は、清水組が設計施工を手掛けた住宅の中でも屈指の作品である（図1、2）。

大仙山麓の丘陵地に建ち、前面道路の桜並木が大正期の別荘地開発の名残を残す。清水組所蔵の竣工写真によると、かつては門の正面に富士山を望んだ（図5）。主屋は、北西に位置する大仙山に軸を合わせるため、前面道路に対して斜めに配される。伸びやかな芝生の庭園に大仙山を借景として取り込んでおり、この眺望もまた竣工当時のまま受け継がれている（図6）。

主屋は、二階建ての御居間棟を中心に、北東に玄関・応接室、南西にサンルーム・上浴室、北西に台所・茶の間等を配し、間を廊下で繋ぐ。屋根はサンルーム・応接室・玄関は銅板葺、他は桟瓦葺だが、二階建て部分は入母屋造に銅板葺の庇を廻らし、他も寄棟造と切妻造の棟方向が入り組む複雑な構成を採る。このうちサンルームと応接室は、内部は洋室だが、外廻りの建具は引違戸、外壁は杉焼板竪張りで統一され、意匠的にも平面的にも他室と違和感なく連続する。この和洋折衷の巧みさが新津別邸の特徴といえる（図14）。

和洋折衷の試行過程は、二三枚の設計図面から確認できる。例えば応接室は、なぐりを施した太い柱や鴨居、小梁天井などチューダー風の意匠で、重厚なマントルピースや陶板装飾、紋章入りのサンドグラスや欄間のステンドグラスなど、細部まで密度の高い設計である（図7、8）。サンルームもまた、設計図によると当初は柱や腰壁、扉板になぐりを施し、壁は漆喰の粗塗にペンキを塗り重ねる計画で、応接室と同じチューダー風の予定だった（図9）。しかし、実施案ではなぐりを柱の面部分だけに留め、腰壁をタイル貼り、扉や飾り棚をベニアの市松貼りに変更して、和風を感じさせるデザインに仕上げている（図3、4）。

細部意匠も豊かである。サンルームのガラス天井は、アールデコ調の幾何学的な花柄で、板ガラスによる照明器具もオリジナルとみられる（図10）。その一方、サンルーム北側のサンドグラスは、孔雀・燕と草花をモチーフとし、たなびく霞が日本画を思わせる（図11）。上浴室のサンドグラスも、やはり霞に桔梗や撫子・小菊・薄などの秋草を配した繊細な和風意匠である（図12）。これらの設計図には、大友弘と製図担当の守永昴の捺印があり、卓越した設計力を窺うことができる。

一方、御居間棟は一、二階とも和室二室の周囲に広縁を廻らしたほぼ総二階の構成で、ともすると外観が寸胴で単調になりがちである。しかし、一階のみ縁の幅を一尺広くし、銅板葺の緩勾配の庇を深く出すことで、大柄なプロポーションのバランスを取っている（図1、2）。内部は、一階居間はオーソドックスな構成だが、二階は床を次室側に寄せて、窓付きの袋棚と付書院を鍵型に設ける異色の構えで、広縁を背後まで廻して採光を取り込む（図13）。桂離宮新御殿の月の字崩しの欄間の写しなど古典的な意匠も用いており（一〇五頁参照）、和風意匠の豊かさをみることができる。

設計・施工の「質」の高さが保存に寄与

このように新津別邸は、外観・内部の和洋折衷の巧みさ、和洋双方の細部意匠の質の高さとバリエーションの豊かさが特筆される。家具や照明器具、ステンドグラスの繊細で密度の高い意匠は、明治期から家具装飾部門を設けた清水組ならではの設計といえる。転売が繰り返されながらも竣工当時の

図 10　サンルーム ガラス天井（現状）

図 11　サンルーム サンドグラス（現状）

図 12　上浴室 サンドグラス（現状）

図 13　2 階和室（現状）

図 6　外観　大仙山を望む（現状）

図 7　応接室ステンドグラス（現状）

図 8　応接室（現状）

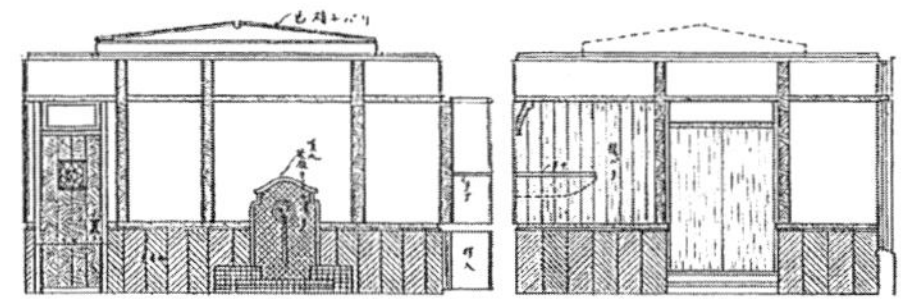
図 9　サンルーム設計案

姿がよく継承され、一般には交換されやすい外廻りの木製建具や、繊細なステンドグラス・サンドグラスまで良好に保存されているのは、歴代の所有者のご努力によるものだろう。

調査に伺った際、現所有者からその良さを力説され、お風呂をお借りした。上浴室の湯船に入ってみると、繊細な秋草のサンドグラスはただ美しいだけではなく、文様は庭からの目隠しになる高さでデザインされており、上部は素通しのガラス越しに山々の緑が眺められる。ガラス戸の上下には無双窓を設けて換気に配慮しており、行き届いた設計が心地よい**(図12)**。盛夏の夕方、浴室から暮れゆく空を見上げ、涼風に吹かれながら、歴代の所有者もきっとこの浴室を愛おしんだのだろうと思った。

こうしてみると、長い年月を経て残るのは「質の高い住宅」だと改めて感じさせる。残念ながら、「質の高い住宅」がすべて残るわけではないが、繰り返される自然災害や日々の営み、家族や生活の変化に堪える力を、住宅が持っていたことになる。先述のように、現所有者がこの住宅の購入理由のひとつとして黴がない良好な状態だったことを挙げられたように、通風・換気に細やかに配慮した設計と、竣工後八〇年以上経った今も建具や軸部に狂いのない質の高い施工が保存に寄与したことは間違いない。

旧新津恒吉別邸は、住宅そのものが持つ質の高さと、良い所有者との出会いによって継承されたといえるだろう。

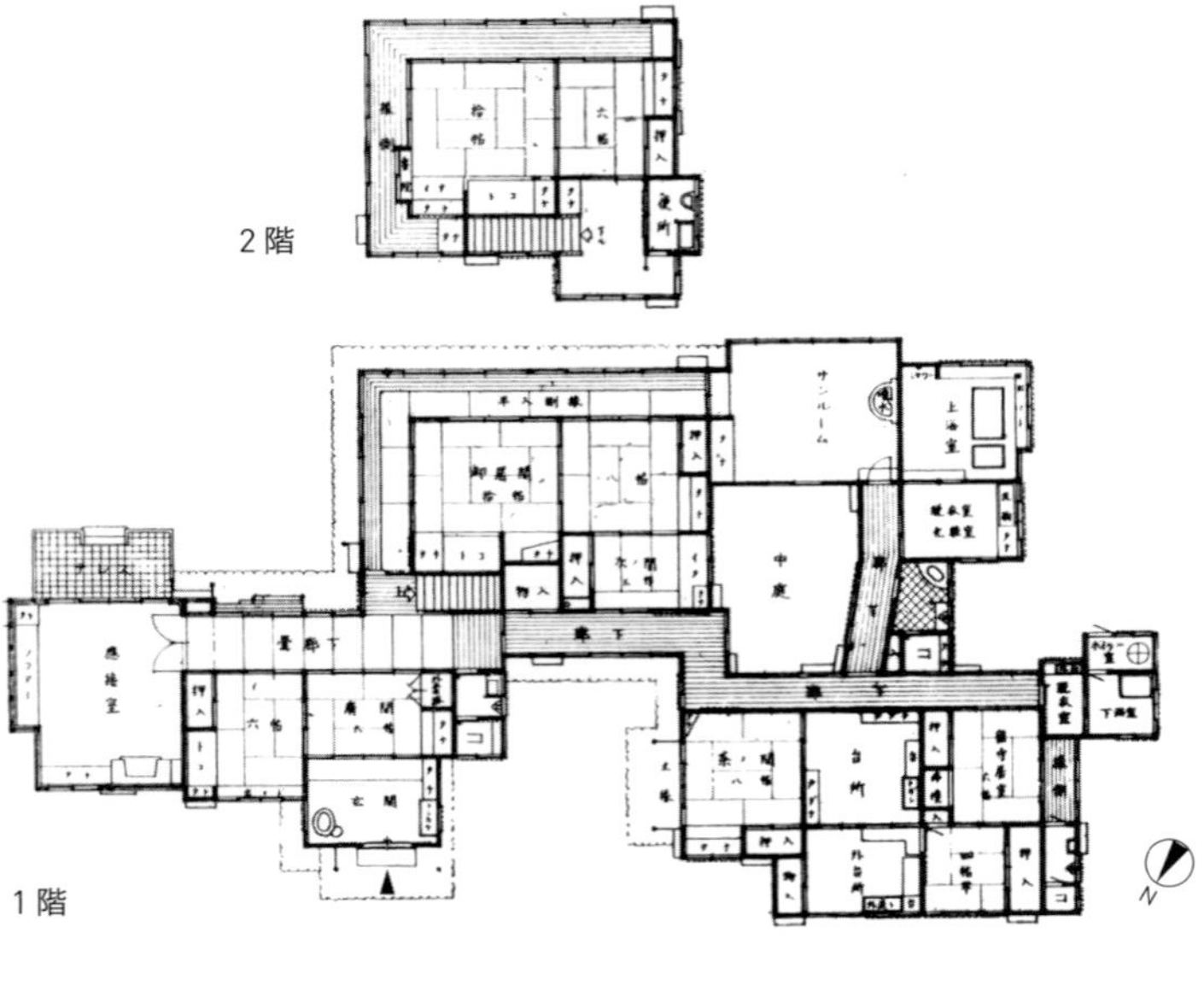

図版出典
図1、3、6～8、10～13　委員会撮影（2018年8月、2019年10月）
図2、4、5、9　清水建設株式会社所蔵
図14　『住宅建築図集』第二輯

2階

1階

図14　当初平面図

第4章

記念碑となった住まい
——心の拠りどころとして

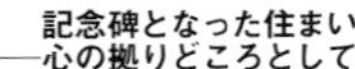

4-1

石橋徳次郎邸（現 石橋迎賓館）

当初設計への深い理解と将来に向けての維持管理計画の策定

中嶋 節子

図1　南面外観（現状）

▲

図2　南面外観（図集掲載竣工写真）

図3　玄関側（西側）外観（現状）
小ぶりのポーティコが付けられた正面玄関。車寄せのロータリーが回される

図4
応接室前
ロッジア
（現状）

継承の経緯

年	所有者
竣工時 昭和8（1933）	石橋徳次郎
昭和17（1942）～21 日本ゴム、日本タイヤ、旭製鋼所の統合本部として使用	↓
昭和21（1946）～27 接収	↓
昭和25（1950）	日本ゴム株式会社
昭和30（1955）	石橋正二郎 ブリヂストンタイヤ株式会社
平成24（2012） ≀ 平成29（2017）現在	株式会社永坂産業

所在地	福岡県久留米市 ㊿57
竣工	昭和8（1933）年
設計者	松田軍平
構造	鉄筋コンクリート造 2階、一部地階、3階付
主要用途	住宅 → 迎賓施設
敷地面積	約2750坪
延床面積	約292坪（965㎡）
受賞歴	第26回BELCA賞ロングライフ部門（2016） 日本建築学会作品選集（2018）
公開有無	**原則非公開**（訪問・見学不可）

図5　西側外観 細部（ホタテ貝のレリーフ、通気口）

石橋家と松田軍平との出会い

石橋迎賓館は、ＪＲ久留米駅から東に五〇〇メートルほどの久留米市中心部に立地する。市役所、商工会議所などの公的施設が集積するエリアにあって、石橋迎賓館の九千平米を超えるゆとりある敷地と豊かな緑が、まちに潤いと落ち着きを与えている。

石橋迎賓館は、家業の仕立物屋から出発し、日本足袋株式会社、日本ゴム株式会社へと躍進を遂げた久留米の実業家・二代目石橋徳次郎の本邸として昭和八（一九三三）年に建てられた。設計は松田軍平（一八九四〜一九八一）の手になる。石橋が福岡で建築設計の仕事をしていた松田軍平の兄・昌平に、自宅の新築について相談し、昌平が弟を推薦したことで、軍平が設計を引き受けることになったという。昌平は日本足袋会社の工場の設計を担当しており、その縁で石橋家とつながりができたようである。

軍平は当時、トローブリッジ・アンド・リヴィングストン建築事務所に勤務し、三井本館をはじめ三井関係の仕事に携わっていたが、石橋邸と三井高修別邸の設計依頼をきっかけに独立し、昭和六年に松田建築事務所を東京で開設している。そして石橋邸は、事務所開設後、三井高修別邸に次ぐ二番目の作品となった。

施工は清水組が請け負っている。松田軍平は名古屋高等工業学校の卒業で、学科長であった鈴木禎次に勧められ、大正七（一九一八）年四月に清水組に入社、大阪の白木屋百貨店などを担当した。清水組には四年在籍したのち渡米のために退社している。当時、清水組には田辺淳吉が技師長として在籍し、松田は田辺に渡米についてアドバイスを受けたという（『松田軍平「回顧録」』五八〜五九頁）。清水組が施工を請け負った経緯は明らかではないが、松田と清水組との間には以上の関係が認められる。建物は昭和七年一月に起工、翌八年一月に竣工している。清水建設所蔵の「工事竣工報告書」によると設計者は松田軍平、監督者には松田昌平、根田春橘の名前があり、地元にいた兄・昌平が監督を務めたことがわかる。

徳次郎邸にはじまる石橋家と松田軍平との関係は、その後も長年にわたって続き、徳次郎の実弟でブリヂストンタイヤ株式会社の初代社長である石橋正二郎の自邸（現アメリカ公使公邸、一九三七年、東京）、軽井沢山荘（一九四〇年、長野）、ブリヂストンタイヤ本社（一九四一年、東京）など、石橋家関係の多くの建物を設計している。石橋家との出会いとなった石橋徳次郎邸の設計依頼の経緯について、松田は晩年になっても折に触れ語っている。松田の建築家としての歩みにおいて、石橋徳次郎邸が重要な作品であったことが理解される。

スパニッシュの邸宅

石橋迎賓館はスパニッシュ・スタイルの住宅である。外観は淡いクリーム色スタッコ仕上げの外壁、スパニッシュ瓦行基葺の屋根、二連アーチのロッジア、小さな穴が縦横に並ぶ通気口、ブロンズ製槌目仕上げの手摺、ホタテ貝のレリーフなど、スパニッシュ・スタイルの特徴的な意匠でまとめられる。一階書斎前サンルームのパラボラ状のアーチや、格子の入った装飾的なロッジア、テラスの八角形の噴水も目を引くスパニッシュの意匠となっている（図1～5）。

設計にあたって徳次郎は、松田建築設計事務所に入所したばかりの平田重雄（後の共同経営者）の案内で、東京のめぼしい邸宅を見て回りスパニッシュを気に入ったという。松田軍平がコーネル大学に留学していた時期、フロリダやカリフォルニアではスパニッシュ・スタイルが流行していた。松田がスパニッシュ・スタイルについての知識を得ていたことは間違いなく、松田がスパニッシュ・スタイルを選択したと考えてよい。三井高修別邸もまたスパニッシュ・スタイルであった。

日本にスパニッシュ・スタイルの住宅が登場するのは、大正末期から昭和初期にかけてである。W・M・ヴォーリズによる朝吹常吉邸（一九二五年、東京）、木子七郎による新田利國邸（一九二八年、兵庫）、大林組の大林義雄邸（一九三二年、兵庫）、渡辺節による乾新治邸（一九三七年、兵庫）など、スパニッシュの大邸宅が同時期に数多く建設されている。これらはアメリカ経由で日本にもたらされたものであり、なかでも石橋迎賓館は当時アメリカで流行していたスパニッシュ住宅を実際に目にし、学んだ松田軍平によって設計された本格的なスパニッシュ住宅として位置づけられる。ヨーロッパ建築を規範としていた明治期からアメリカ建築へと目が向けられる大正期から昭和初期の日本の近代建築の潮流を示す住宅建築といってよい。

家族のための住まい　充実した設備

石橋邸の平面は、来客と家族、そして使用人の動線が明確に分離、整理されていること、なかでも家族のための空間が最も重視されていることが特徴である。客用の諸室を玄関広間まわりにまとめて配置し、その奥に家族のための食堂や居間（図6）、書斎、寝室、和室などを置く。家族用の部屋は、清潔感のある明るい空間となるよう設計され、華美すぎることなく、上質で品の良い意匠が効果的に配される。各部屋には廊下を介してアプローチするなど、プライバシーを尊重した平面も特筆すべき点であろう（図7）。松田は石橋邸の設計にあたって、「従来の住宅は往々にして客本位として作られたものが多い様ですが本来の目的は日常使用さるゝ家族を主として計画されねばならぬと思ひます」とするとともに、「プライベシイを保つため」の工夫をしたとも記している（『新築記念 石橋徳次郎邸』）。室内環境にも配慮があり、「主要な室を全部南向とし冬は日光を取り入れ夏は南北に風通しが良い様」に配置したとする（同前）。

石橋邸では設備の充実も重視され、建築と一体的に計画されている。暖房は「温水循環式」で建物内部全体を温める方式が採用され、特に和室は畳の下に温水が循環するようパイプが設置された、いわゆる床暖房となっている。また、各浴室、洗面、台所には常時給湯、電話や電鈴も各室に適宜配置されている。「室内は各室とも出来るだけ華美な装飾を避け生活に大切な設備の完成を主に置き」、「ラヂエーター其他のパイプ類も出来るだけ隠蔽工事とし目障りにならぬ様に務め」たと松田は記している（同前）。

こうした住宅に対する考え方は、松田のアメリカでの教育と経験によるところが大きいとともに、松田が建築家として終生かかげた、建築家の人格・才能・正義感・行動は、社会からの尊敬と信頼に答えうるものでなければならないという信念に基づく。松田が理想とした住宅建築が高い水準で実現している石橋迎賓館は、近代住宅の本質的な成熟を示す事例といってよい。

図6　1階ホール（現状）
居間・食堂・配膳室を一室化し、現在はホールとして利用

図7　当初平面図（1階）

洋館の中の和室

洋館に和室がつくられるのは、日本の近代住宅においては一般的であるが、石橋迎賓館の和室はスパニッシュ・スタイルの外観との関係が非常にうまく処理されている。一階の座敷と仏間は主要室から廊下を延ばして離れのように設計され、室内側からみると和館が付加されているような印象を受ける。しかし、外観は和室部分もスパニッシュ・スタイルの意匠に溶け込むよう、一体的に設計されている（**図8、9**）。

洋風の外観と和室とを違和感なくつなぐ役割を果たしているのは、縁側につけられたスチールの外建具である。スチールの外建具は、木製建具を思わせる寸法、桟の割り付けとされ、閉めた状態でも室内側からは洋風を感じさせない。また開放時には、三枚を引き込んだのち回転して開放できる丁番を採用することで、和室らしい開け放たれた縁側となる（**図10**）。和室前につくられた日本庭園も効果的で、洋風外観と和室との融合が高いレベルで成功しているといってよい。

二階の座敷では、サンルームのように大きくとられた縁側が、外部と和室との間を緩やかにつなぐ。

戸野琢磨による庭園

庭園設計は、日本人のランドスケープ・アーキテクト第一号とされる戸野琢磨（一八九一〜一九八五）が行なっている。戸野は松田がコーネル大学で学んでいた時期に、同大学でランドスケープを学び、帰国して造園設計事務所を開設していた。留学先の繋がりもあって、松田は戸野に設計を依頼したものと推測される。

石橋迎賓館は正方形に近い敷地の北寄りに建物を置き、南側に大きく庭をとる。当初、建物の南にスイミングプール、パーゴラ、壁泉、四阿がつくられ、東には広い芝庭、敷地外周には高木が配された（図11）。現在は当初のスイミングプール、パーゴラ、四阿は撤去され、その西に規模を縮小してプールとパーゴラがつくられている。また、東側の日本庭園にも変更が加えられた。これらの変更は、石橋迎賓館として整備されたときの改変と考えられる。

現在もなお広大な芝庭の周囲にはアカマツ七〇本、クスノキ、ケヤキ、孟宗竹などの豊かな樹林が維持されており、石橋迎賓館の緑は久留米市の保存樹林第二号に指定されている。

石橋家による継承の歴史

石橋邸は、昭和一六（一九四一）年まで私邸として使われたのち、昭和一七年から同二〇年までは日本ゴム、日本タイヤ（現株式会社ブリヂストン）、旭製鋼所の統合本部として利用され、昭和二一年から同二七年の間は米軍によって接収された。接収中は、板付飛行場建設部隊本部、米陸軍防諜部隊本部などとし

図8　和室部分 外観（現状）

図9　1階 座敷（現状）

図10　和室のスチール外建具
回転して開放できる仕組みとなっている

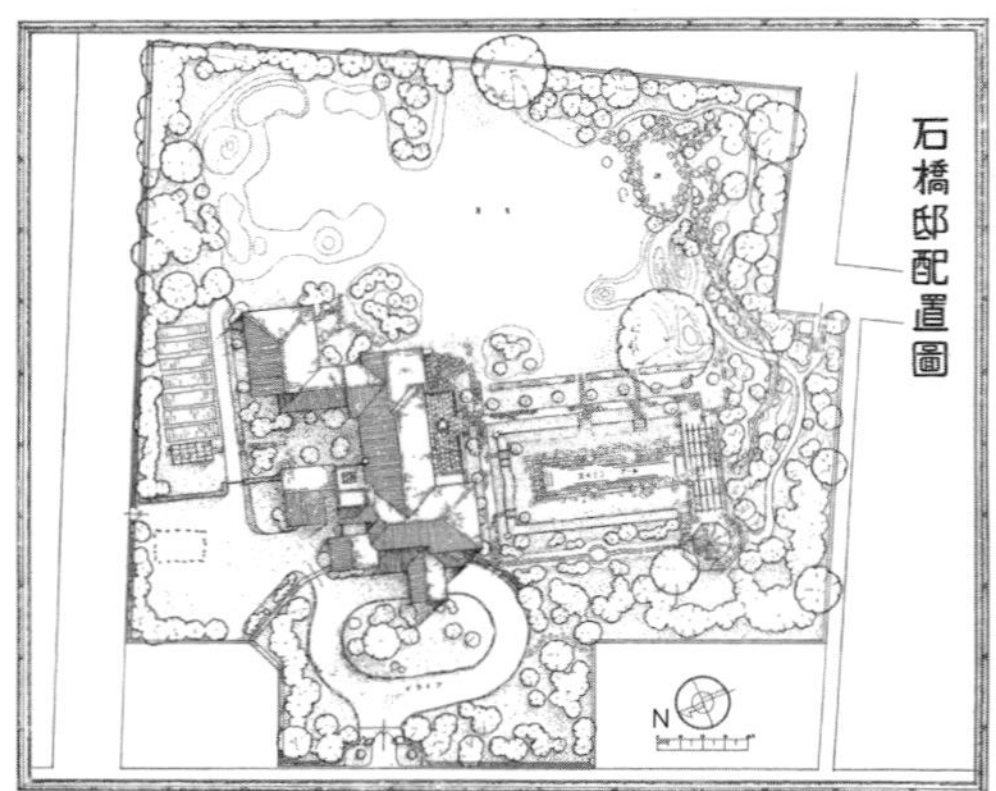

図11　当初配置図

て使われた。接収解除後の昭和三〇年に石橋正二郎が譲り受け、久留米における国内外の賓客の宿泊施設「石橋迎賓館」として整備された。昭和四三年には昭和天皇皇太子・皇太子妃（現上皇・上皇后）が宿泊、昭和六四年には常陸宮両殿下が昼食に立ち寄ったほか、外国からの来賓など、ブリヂストン関係のみならず久留米の賓客の接待の場として使われた。なお、昭和五〇年代にはブリヂストンによって、浴室、トイレなどの改修と外周の補修工事が行なわれている。

平成二四年以降は、正二郎の孫・石橋寛氏が社長を務める永坂産業が所有・管理している。石橋迎賓館は建築当初の姿を良好に維持していたものの、用途が変わるなかで改変が行なわれていた。そういった状況にあって石橋寛氏は、「オリジナルの姿に戻すと共に、長期に使い続ける」との強い意志のもと、建設からこれまでの利用によって変更された箇所を復原するとともに、使い続けるための構造補強や設備更新を決断された。改修にあたっては昭和三〇年頃の姿への復原が目指された。復原改修工事では、外壁の復原、瓦の更新、内部漆喰壁の復原、造作の補修、照明器具の更新、空調設備の更新などが実施されている。工事は平成二五年から一年をかけて行なわれ、翌二六年五月に竣工した。改修設計は松田平田設計（担当：馬渡誠治氏・舟崎伸之氏）、施工は大成建設九州支店が担当している。

平成の復原改修にあたっては工事のみならず、将来にわたるメンテナンスを見据え、建物については『長期修繕工事計画書』、庭園については『年間維持保全計画書』が策定されたことも注目される。復原改修工事を経た石橋迎賓館は、第二六回BELCA賞ロングライフ部門（二〇一六年）、日本建築学会作品選集（二〇一八年）を受賞するなど高い評価を得ている。

石橋家の当建物への深い理解と愛情、そして強い継承の意志によって、石橋迎賓館は極めて良好な状態で受け継がれてきた。いままた復原改修工事を経て、当建物を未来へとつなぐ方針が明確に示され、建物の歴史がこの後も永く紡がれていくことが期待される。時代を超えた価値を見据えた優れた原設計に加え、それを後世へと伝える石橋家の高い見識と努力、そして修繕・保全の実践が石橋迎賓館の価値をさらに高めている。

参考文献
(1)『新築記念 石橋徳次郎邸』一九三三年。
(2)『松田軍平［回顧録］』松田軍平［回顧録］編纂会、一九八七年。
(3)松田平田設計企画：馬場璋造『草創と継承 松田平田設計』石堂威編集、二〇〇一年。
(4)丸山雅子「生き続ける建築――10松田軍平」INAX REPORT №176、二〇〇八年。
(5)日本建築学会『作品選集』二〇一八年。

図版出典
図1、3～6、8～10 委員会撮影
図2、7 『住宅建築図集』第一輯
図11 参考文献(1)

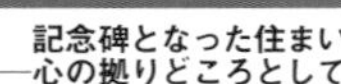

4-2

豊田喜一郎別邸

継承された創業の記念碑的住宅

矢ケ崎 善太郎

図1　南側外観（現状）

図2　南側外観（図集掲載竣工写真）

継承の経緯

時期	所有者
竣工時 昭和8（1933）	豊田喜一郎 戦後：一時接収
昭和27（1952）	豊田章一郎
平成30（2018）現在	トヨタ自動車株式会社

所在地	愛知県豊田市 ㊹ （名古屋市より移築）
竣工	昭和8（1933）年
設計者	鈴木禎次
構造	木造、2階、一部鉄筋コンクリート造地下室付
主要用途	記念館
延床面積	62坪（205㎡）
公開有無	内部非公開

図3　各階の外装仕上げがそれぞれ異なる（現状）

図4　1階 居間（図集掲載竣工写真）

トヨタ鞍ヶ池記念館の敷地に移築された記念碑的住宅

この住宅は日本を代表する企業、トヨタ自動車株式会社の創業者である豊田喜一郎（一八九四〜一九五二）が、昭和八（一九三三）年に名古屋市郊外の南山町に建てた別邸である。当時は「南山農園」とも呼ばれていた（図2、5）。昭和八年といえば喜一郎が豊田自動織機製作所内に自動車部を設置し、同社の自動車事業への進出が本格的にスタートしようとしていた時期であった。当時、設置されたばかりの自動車部員たちはこの別邸の二階の和室に集まっては自動車製造の勉強会をくりかえし、大衆自動車の製造へ向け、これからの夢を語り合っていたというから、同社にとってはまさに記念碑的な住宅である。

設計は名古屋建築界の父ともいわれる鈴木禎次であった。明治二九（一八九六）年に（東京）帝国大学造家学科を卒業した鈴木は、大学院で鉄骨構造を研究し、修了後は一時民間で鉄骨耐震建築の建設に携わったのちに名古屋高等工業学校（現名古屋工業大学）教授に着任し、建築教育のほか設計活動も精力的に行ない、名古屋を中心として東海地域の近代建築の発展に多大な功績を残した人物である。

「工事竣工報告書」によると設計者には鈴木のほかに佐藤三郎の名も挙がっている。清水組の工事主任は千草謙であった。

当住宅は、戦後、一時接収されたが、昭和二七年に息子の章一郎氏に受け継がれた。

平成九（一九九七）年から同一一年にかけて鞍ヶ池（愛知県豊田市）への移築工事が行なわれた。移築の設計はトヨタ自動車株式会社プラントエンジニアリング部が行ない、施工は当初にひきつづいて清水建設が担当した。

洋風意匠の住宅内に畳敷の和室

一階は灰色のモルタル掻き落し仕上げの大壁造であるのに対して、二階は米松とモルタル掻き落し壁によるハーフティンバーとなっており、装飾的な持ち送りによる張り出し床が特徴的である。

さらに地階部分は人造石洗い出し仕上げの起伏のある壁面に自然石を不規則に張り付けて個性を際立たせているなど、極めて特徴的な外観を呈している（図3）。いずれも西洋建築における意匠を適宜選択し操作することによって生まれた鈴木独特の意匠である。昭和初期の日本人建築家の設計による洋風建築として稀有な存在であることはまちがいない。

洋風意匠の住宅内に畳敷の和室をかまえるのは珍しいことではない。ここでも二階に九畳と六畳の二間続きの和室をかまえているが、竹の床柱を立てて、地袋付の床の間をかまえ、天井には網代を四五度の角度をもって張るなど、独特の意匠が展開している。ここには幕末から昭和初期にかけて流行した煎茶趣味の傾向が顕著に現れている。伝統に頼るだけでなく、流行に沿いながら斬新な和風意匠を試みようとした設計者の意欲が感じられる。

室内壁の上塗に聚楽土の代用品としてパルポイドと呼ばれる木質繊維を使用しているのも先進的である。

一階に木造ガラス張の温室（サンルーム）が付属しているのも本住宅の大きな特徴である（図1、2）。昭和の初期に、住宅に温室を付属する例は京都の駒井邸（一九二七年、W・M・ヴォーリズ設計）など多くの事例があり、また食堂に温室を接続させるのは明治三八（一九〇五）年の旧渡辺千秋伯爵邸（木子幸三郎設計）が早い例としてある。温室の設置は当時の流行でもあり、洋風の生活スタイルを志向する人たちにとってのステータス・シンボルでもあったのであろう。

図5　南山町では外部にも温室が多数あり、「南山農園」とも呼ばれた（豊田家所蔵 竣工写真）

図6　1階　北側外観、玄関（現状）

改修と調査、そして移築・復原工事へ

昭和八（一九三三）年に建設されてから現地に移築されるまでに、いくつかの改変があった。戦時中には温室床下のボイラー室が防空壕として使用され、食堂からそこにいたる階段が新設された。昭和二七年には東側に我が国初のプレキャストコンクリート造による増築がなされ、それに伴い手洗などが撤去された。

昭和三〇年ころには温室が同規模で建て替えられた。また近年には二階に仏壇が設けられるなど、必要な改変が繰り返されているが、概ね当初の姿を継承してきている。

鞍ヶ池への移築に先駆けて、平成八（一九九六）年二月から名古屋工業大学の麓研究室によって詳細な調査が実施され

図7　移築の際に復原された玄関の細部装飾

図8　東側外観（現状）

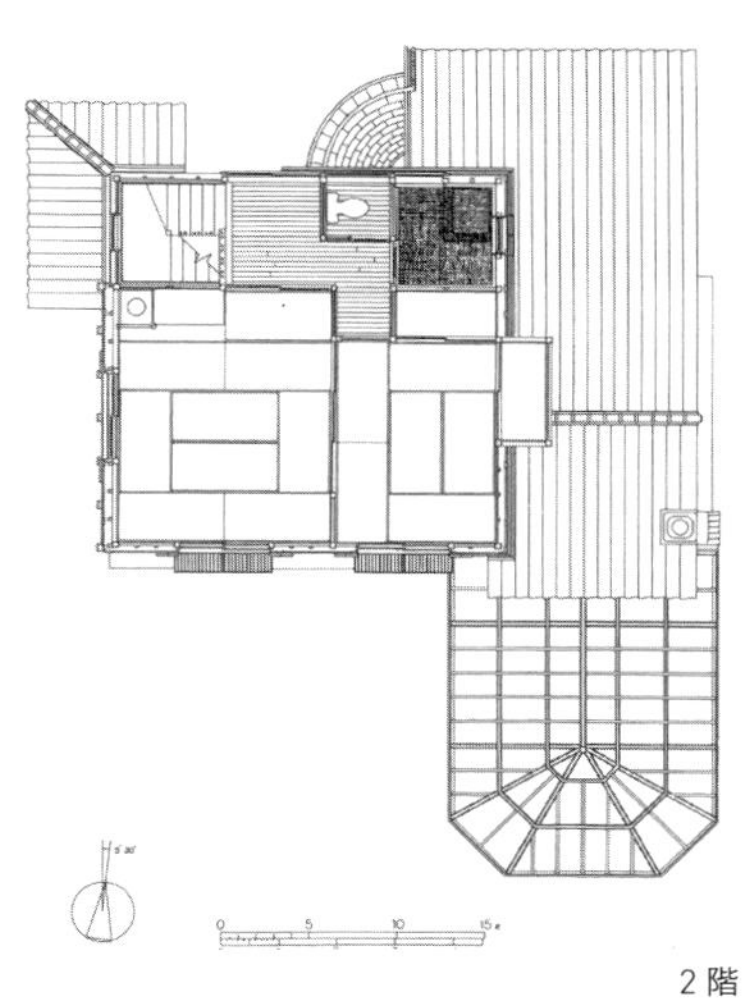

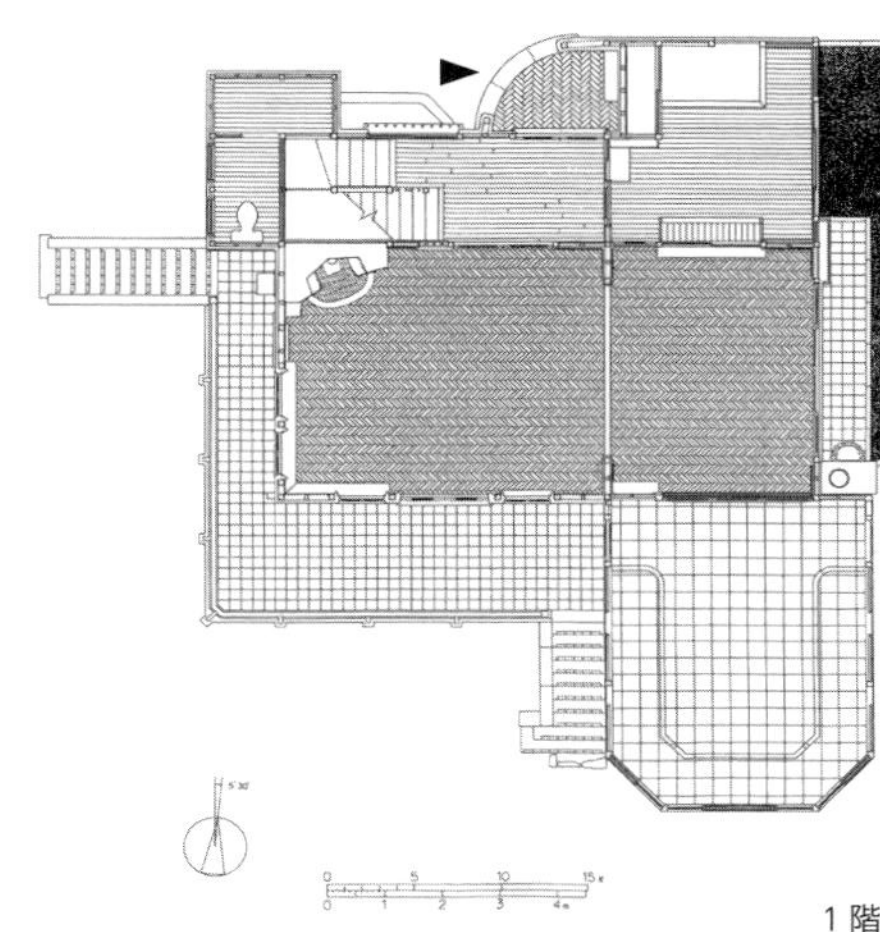

図9　復原時 平面図

たことにより、改変前の当初の姿が明確になったことから、移築工事に合わせ建設当初の姿に復原するという方針が打ち出され、重要文化財に匹敵する徹底した移築・復原工事が行なわれた。敷地形状に関しても、もとの南山町の起伏のある地形と類似した場所を鞍ヶ池公園の中に見出し、段差をつけて復原しているのも設計画者の努力が感じられる。

精神的な拠りどころとして後世に継承

斬新で意欲的な意匠と構造からなる昭和初期の洋風建築として貴重な遺構であることはいうまでもない。移築に際し詳細な調査が実施され、徹底した復原工事がなされたことにより、本建築の価値はいっそう高まり、後世に継承されることになった。

日本を代表し、世界に誇る一流企業の創業を記念する住宅である。現在でも社員たちの精神的なよりどころとして、その存在意義は計り知れない。

参考文献

(1) 麓和善『旧豊田喜一郎邸』トヨタ自動車株式会社、一九九五年。

図版出典

図1、3、6〜8　委員会撮影（二〇一八年五月撮影）

図2、4『住宅建築図集』第一輯

図5、9『旧豊田喜一郎邸 移築修復工事報告書』二〇〇二年

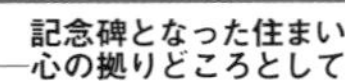

記念碑となった住まい
──心の拠りどころとして

4-3

古賀政男邸（現 古賀政男音楽博物館展示「古賀政男の世界」）

音楽家が住まいに託した想い

安野 彰

図１　書斎の展示（現状）

▲

図２　書斎（図集掲載竣工写真）

図３　客間の展示（現状）

▲

図４　客間（図集掲載竣工写真）

継承の経緯

竣工時 昭和13（1938）	古賀政男
	↓ 売買
昭和14（1939）	数度所有者・居住者が変わる
	↓
昭和27（1952）	古賀政男
昭和53（1978）	古賀政男逝去
平成54（1979）	古賀政男記念博物館開館
平成9（1997）	古賀政男音楽博物館開館 古賀邸の一部を博物館内に移築復原
	↓
平成31（2019） 現在	一般財団法人 古賀政男 音楽文化振興財団

所在地	東京都渋谷区 ⑱
竣工	昭和13（1938）年4月
設計者	清水組（安藤喜八郎）
構造	木造（一部鉄筋コンクリート造）2階
主要用途	住宅 → 博物館［一部移築復原］
敷地面積	1350坪※
延床面積	145坪（479㎡）
公開有無	公開

※工事竣工報告書による

「古賀村」創造の夢

数々のヒット曲を生み出した昭和を代表する大作曲家古賀政男（一九〇四〜一九七八）は、明治三七（一九〇四）年、福岡県三潴郡田口村（現大川市）の陶器商の五男として生まれた。その後上京して明治大学に進み、マンドリン部の創設に参加、在学中の昭和三（一九二八）年に「影を慕いて」を作曲・作詞、昭和六年にコロムビア専属の作曲家となり、三年後にテイチクに籍を移した。古賀メロディーと評される曲調は広く国民に親しまれ、紫綬褒章、国民栄誉賞を受けている。

古賀は、小田急線の代々木上原駅の南に位置する高台の松林を気に入って、その近くに家を借り、曲想が浮かばないとこの松林に身を置いていたという。そして、この地に住みたいと考え、地主に何度も掛け合ってこの土地を購入するが、その際、テイチクの後輩たちを住まわせて、いわば「古賀村」を作って音楽創造の場にしたいと説得したと伝わる。

住まいが完成した後の紆余曲折も影響したか、夢想したコロニーの実現には至らなかったようだが、戦後はこの代々木上原の邸宅で、数々の名曲が生まれ、古賀に指導を受けた歌い手たちが育ち、音楽関係者らとの交流が展開された。この地が、近現代日本歌謡史の聖地であることに疑いはないだろう。

住宅への想い

建築は、彼が清水組の社長と知り合いだったことで、同組に依頼され、設計は、安藤喜八郎が担当した。なお、敷地境界から玄関までのアプローチ、倉庫、物置、車庫、附属屋も清水組が手掛けている。

工事は昭和一二（一九三七）年三月に始まり、翌一三年五月に竣工しているが、上棟式では本人が「古賀政男これを建つ」と御幣に墨書している。また、ト音記号をあしらったステンドグラス、刀鍔（つば）を嵌めた欄間やマントルピースなど、創意に満ちて、古賀政男本人の思いが反映された個性的な住宅であった。

しかし、竣工から一年も経たない彼のアメリカ滞在中、住宅は他人の手に渡ってしまう。さらに敗戦後の混乱で所有者・居住者が変わったが、競売を経て、昭和二七年、漸く（ようや）彼の手に戻る。この間、一三年の歳月が流れた。

そうした経緯も相俟って、この住宅に対する古賀政男の思い入れは、周囲にも通じていたと思われる。昭和五三年に古賀が逝去してからおよそ一〇年後の平成元（一九八九）年頃、関係者が住宅を壊してビルを建てようと建設委員会を発足させ、今日あるような博物館等の入る施設が平成九年に完成した。その際、施設の中に邸宅の一部が移築復原されることになったが、それは古賀の事績の大きさのみならず、彼の住宅に対する思いを受け取る人物がいたためであろう。

一部に後補材を用いつつも、取り置いた当初部材で移築されたのは、玄関のステンドグラス、広間と階段廻り、応接と居間の暖炉廻り、居間とベランダの間の欄間、ベランダの床の一部、客間と次の間、書斎である。このうち、一階の客間と次の間、二階の書斎は部屋ごと残された（図5）。

かつての住まいの姿

当時の平面図によれば、取り壊される前の住宅の一階は、表側の応接と書生室、それに続く居間兼食堂、奥の和室と水廻りという三つに区切られていた。二階は、茶の間、仏間、寝室、子供室、書斎、事務室があり、概ねプライベートな空間である。南のバルコニーには、茶の間、寝室、書斎から出られ、各室は外部で繋がっていた（図6）。

このうち一階中央にある居間兼食堂は、南側にベランダ、テラス、プールが続き、さらに北側でも、一旦廊下を挟むものの中庭に繋がっていて、屋外への広がりや奥行きのある空間になっていた。最も特徴的で創意に富むこの部屋を中心にした空間の連なりが失われたことは惜しまれる。

図5　博物館3階での展示の様子（現状）

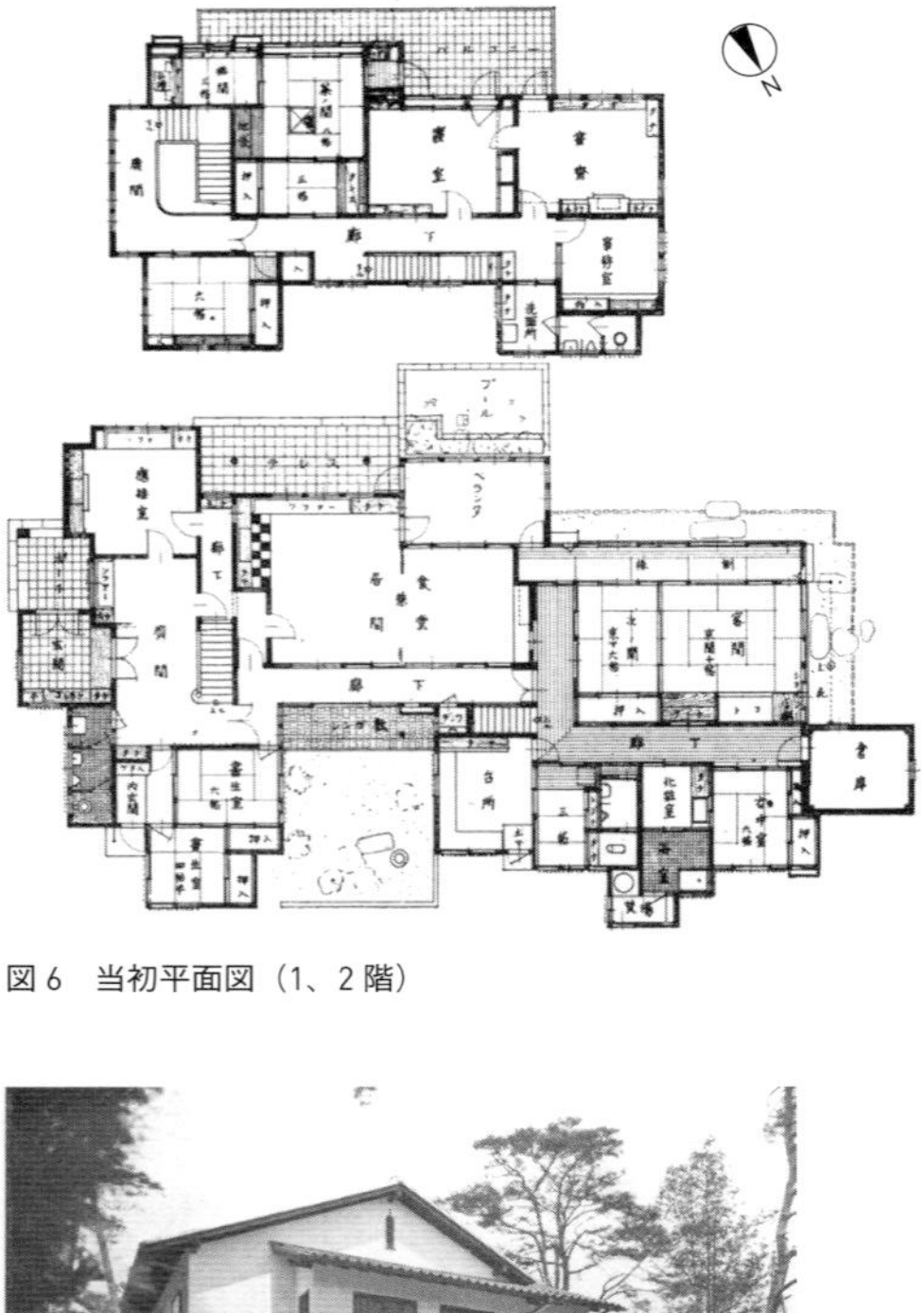

図6　当初平面図（1、2階）

図7　東側外観（図集掲載竣工写真）

もとの古賀邸は各室が雁行して配置されていたため、外観は屋根などに変化が生まれ、軒の深い瓦屋根と白壁を伴って和風邸宅の印象を造っている（図7）。松林にも映えたことだろう。図集に「近世式洋風」と記されるのは、大壁造であることや、腰や玄関隅などを石張およびタイル張にするなど、洋風でモダンな要素を折衷していることに拠るのだろう。瓦も立体感があって洋風に寄せてある。外観に現れるステンドグラスやグリルなどの格子は、チューダーのモチーフがちりばめられたものである。その要素は、四つ葉模様の装飾や表面を擲った梁など、内部の各所でもみられた。

このような和洋の絶妙な折衷は、古賀メロディーのありようを間接的に表現していたようにも思える。

移築された部屋と部位

移築保存された一階奥にある客間と次の間は、親しい人たちの交流、趣味の日本舞踊の練習のほか、日本調の曲づくりの発想の場であったと伝わる。関東間より大きな京間の寸法が用いられるなど格式ある室内だが、細い竹材を詰め打ちした欄間や下地窓など、遊びのある意匠に魅かれる（図3、4）。

対して作曲や歌唱指導にも使われた書斎は重厚な洋室で、天井や棚の扉の四つ葉模様、暖炉飾りの捻り柱が特徴である。愛用の家具まで保存もしくは再現されているが、机の彫刻は、清水組の現場主任を務めた佐藤政夫の手彫りによるとされる（図1、2）。

一階広間の壁面とそこにあった階段も残されている（図8〜10）。階段の側面には象嵌による四つ葉模様が施されている。手摺子は音符の形を幾何学的にアレンジした遊び心のあるもので、音楽家の邸宅であることを象徴している。前述したが、玄関にあった音符やト音記号をあしらったモダンなステンド

図8
階段側面
（現状）

図9　広間と階段
（図集掲載竣工写真）

図10　広間壁面と階段の展示
（現状）

図 12　居間の暖炉廻り（現状）

図 11　玄関にあった
ステンドグラス（現状）

図 14　博物館 3 階展示室での復原の様子

図 13　博物館外観写真（現状）

グラスも同様である（**図11**）。

また、ストーブ置き場として造られた二つの暖炉廻りは、大理石や瑪瑙等の石材、タイルを直線や平面で構成したモダンなもので、居間兼食堂の方は白黒の市松の床、応接の方は二つの刀鍔をアクセントにした壁面が注目される（**図12**）。刀鍔は、居間兼食堂とベランダを繋ぐ欄間にも多数使われていて、この部分も取り置かれて展示されている。

古賀の思いを踏まえれば、住宅全体を保存して、松林とともに継承して欲しかったとも思うが、都内の駅前近くの土地では、難しかったのであろう。いずれにせよ、インテリアの一部であっても、要所を選びながらどうにか古賀政男の思いや記憶をこの地に留めようと尽力された方々に感謝したい。そのお陰で、我が国の歌謡史の聖地であるこの場所の記憶を確かに受け取ることができるのである。

参考文献

(1) 藤森照信・増田彰久「家の記憶28 旧古賀政男邸」三井不動産レジデンシャル株式会社 企画・編集『こんにちは』有朋社、一九九二年四月所収。
(2)『古賀政男音楽博物館』（博物館冊子）
(3) 藤森照信『日本の洋館』第六巻、昭和篇Ⅱ、講談社、二〇〇三年。
(4) 読売新聞社『東京建築懐古録Ⅱ』読売新聞社、一九九一年。
(5)『工事年鑑』昭和一四年版。

図版出典

図1、3、5、8、10～13　委員会撮影
図2、4、6、7、9　清水組『住宅建築図集』
図14　『古賀政男音楽博物館』（博物館冊子）

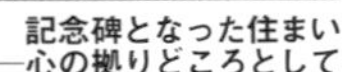

4-4

清水揚之助別邸（現 旧清水家住宅書院）

一〇〇年の時を超え、蘇った伝統和風建築

畑田 尚子

図1　外観（現状）

図2　正面外観（図集掲載竣工写真）

所在地	東京都世田谷区 ⑰
竣工	主　　屋：明治30（1897）年頃中根岸へ移築、大正8（1919）年瀬田へ移築 離　　れ：明治43～44年中根岸で新築、大正8年瀬田へ移築、平成25年二子玉川公園へ移築復元 増 築 棟：昭和12（1937）年12月 既存和館：不明
設計者	主　　屋：紀伊国屋文左衛門番頭の住宅とされるが不明 離　　れ：不明、二子玉川公園への移築復元は清水建設の設計・施工 増 築 棟：清水組（安藤喜八郎） 既存和館：不明
構造	増 築 棟：木造、1階（倉庫部分：鉄筋コンクリート造、2階）
主要用途	別邸 → 公開施設
敷地面積	瀬田時代：7560坪
延床面積	主　　屋：75坪（247.5㎡） 離　　れ：18.5坪（61㎡） 二子玉川公園移築後の延床面積（新設付属棟含む）は、83.77㎡ 増 築 棟：40坪（132㎡） 既存和館：13.5坪（44.5㎡） 総延床147坪（485㎡）
文化財指定	世田谷区登録有形文化財
公開有無	公開

継承の経緯

明治43～44（1910～11）	清水揚之助邸 離れを増築
竣工時 大正8（1919）	**清水揚之助別邸** 中根岸から多くの建物を瀬田へ移築
昭和12（1937）	居間・次の間・蔵を増築
昭和28（1953）	**日産厚生会玉川病院へ売却** 離れを残し解体
昭和54（1979）	離れを解体、世田谷区で部材を保存
平成25（2013）	**世田谷区** 世田谷区二子玉川公園内に移築復元

一〇〇年の歴史を紡ぐ

長きにわたり部材として眠っていた「旧清水家住宅書院」が、竣工から一〇〇年の時を超え、二子玉川公園内に蘇った。「旧清水家住宅書院」は、清水組（現清水建設株式会社）の副社長を務めた清水揚之助（一八八七～一九五七）が明治四三～四四（一九一〇～一一）年、東京中根岸（現 台東区）に建つ住まいの「離れ」として新築し、その後、大正八（一九一九）年に世田谷区瀬田に「主屋」とともに移築された建物である。当時、玉川瀬田周辺は田園風景の広がる景勝地として政財界や華族たちが好んで別邸や別荘を構えた場所であり、揚之助別邸は夫人トクが好み、長く暮らした。

昭和二七（一九五二）年、別邸および土地は日産厚生会の所有となり、玉川病院の建設を機に別邸の大半は解体されたが、「離れ」部分**（図2）**は保存され、玉川病院の職員らの保育所や茶道の稽古場として長く親しまれた。しかし、昭和五四年には病院の拡張計画により解体される。伝統和風建築の造りを成す「離れ」は、使用された部材も銘木揃いで、随所に職人の技を遺し、歴史的建築文化を伝える貴重な建物であることから、解体後は世田谷区に主要部材が寄贈され、区では将来の活用に向けて保存することを決定、六〇〇点を超える部材が大切に保管された。

これらの部材を活かし、清水建設の設計・施工により「旧清水家住宅書院」として復元をみるのは、それから三四年後の平成二五（二〇一三）年のことである**（図1）**。

『住宅建築図集』（第二輯）に掲載された揚之助別邸の写真には、瀬田時代の全景が写る**（図5）**。中央部に「主屋」と「離れ」、その西側に昭和一二年竣工の「増築棟」が建つ**（図6）**。

主屋は、明治三〇（一八九七）年頃、深川にあった元紀伊國屋文左衛門氏番頭の住家を揚之助が中根岸に移築して住まい、瀬田へ再移築されたが戦災で焼失した。

増築棟は、居間・次の間・倉庫等からなる。清水組の設計技師安藤喜八郎が手がけた。西側傾斜地をうまく利用した高床式で、開放的で落ち着いた空間が広がる。南側の縁側から日本庭園に降りられるよう、緩やかな石階段が設けられている**（図7）**。

安藤は大正三年に東京美術学校（現東京藝術大学）の図案

図3　復元後の書院の間 11畳（現状）

図4　「離れ」書院の間 11畳
（図集掲載竣工写真）

図5　世田谷区瀬田時代の別邸　南側全景（図集掲載竣工写真）
中央部に「主屋」、「主屋」の西側隣に「離れ」、その左側に増築棟

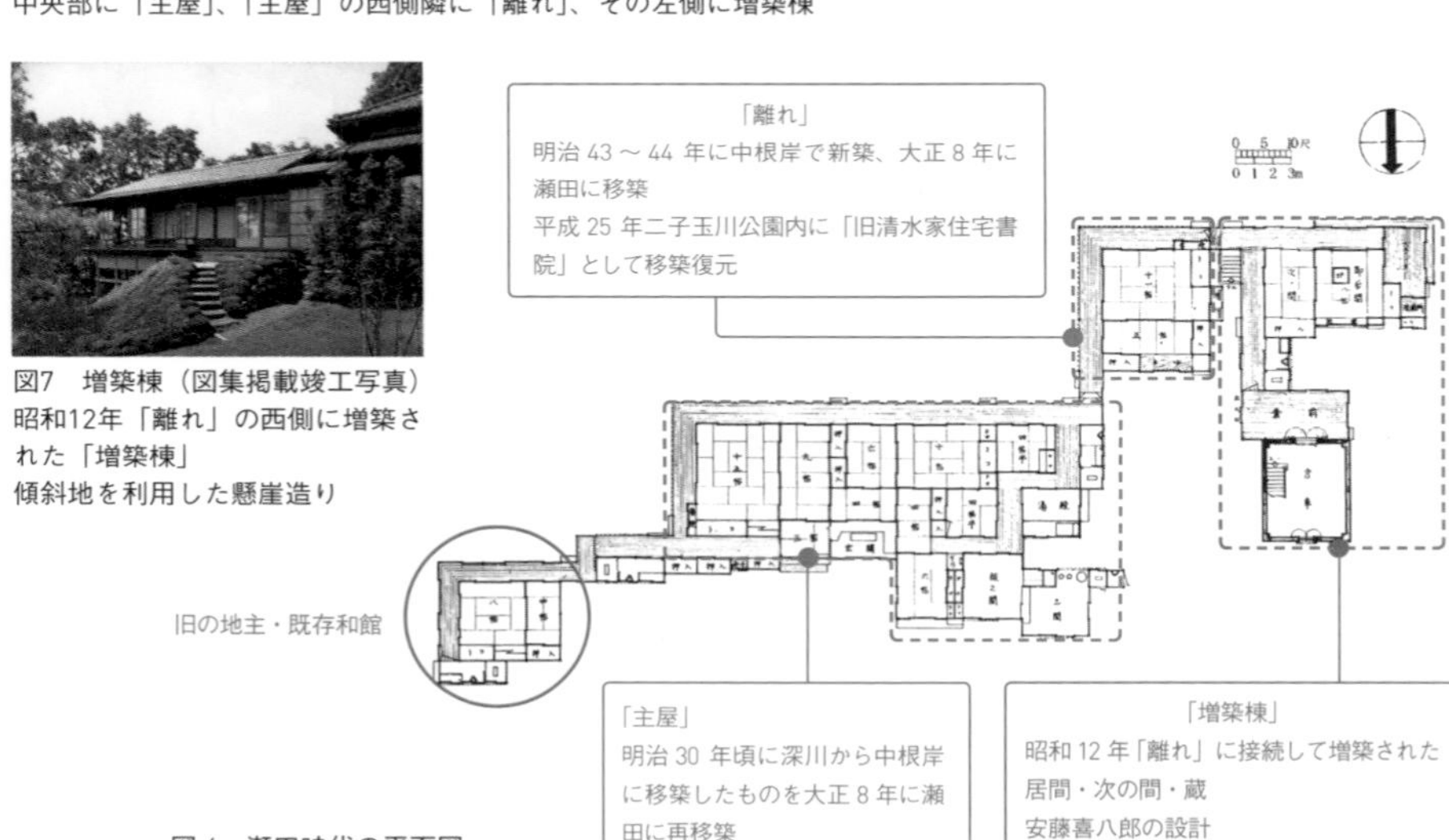

図7　増築棟（図集掲載竣工写真）
昭和12年「離れ」の西側に増築された「増築棟」
傾斜地を利用した懸崖造り

図 6　瀬田時代の平面図

図9　同右（現状）

図8　復元後の書院の間・次の間（現状）

科を卒業、同六年に清水組に入店、以降、退職するまで住宅建築一筋に活躍した。意匠の巧みさのみならず、土地や景観の特徴をうまく取り入れ、住まい手の暮らしや趣向に寄り添った設計を得意とした（三〇頁参照）。なお、「離れ」の設計者は、不明である。

「離れ」に見る伝統和風建築の造り

「離れ」は、一一畳の書院の間と五畳の次の間で構成される。書院の間と次の間は襖で仕切られるが、この襖と障子を外し二間続きに縁側とつなげることで、広い空間が作り出される（図8、9）。

「離れ」の柱、長押などの見え掛り材には、総て国内産の「栂（とが）」の柾目材が使用されている。「栂」は年輪が細かく均一で、経年とともにあめ色に色合いを変化させることから建築用材として重用され、上等な住宅建築に好んで使われた。

一一畳の書院の間（図3、4）には、床、付書院、天袋付押入れが座敷飾りとして付き、床柱には希少材である「クワ」、付書院の天板には「モミジ」が使われている。付書院の欄間には、桐板に金箔、銀箔で浮彫された象嵌が施され、職人の繊細な工芸技を見ることが出来る（図10）。床脇押入れの金襖には、和彩色で蔦や藤の絵が描かれ（図11）、天袋の襖には金箔押しの色紙上に四季を表す絵が描かれた色紙が貼られており、落ち着いた書院を華やかに飾る。天井は格天井で、格縁にはシオジの摺漆仕上、鏡板には薩摩杉が使われ、摺漆の黒と薩摩杉の茶が調和し、部屋に格式を与える（図12）。

五畳の次の間の地袋は欅の天板、地袋の天井は杉柾の網代で仕上げられ、欄間には下地窓、飾棚には黒漆塗の花頭窓がある（図13）。

書院の間と次の間に面した縁は、吹寄せの疎棰の化粧天井で、書院の間と比べると瀟洒な数寄屋風に仕上げられている。

屋根は寄棟造り桟瓦葺で、縁の上部は庇形式として主屋屋根から一段下げて葺かれている。軒先は一文字瓦で端部には緩やかな軒反りがある。外壁は、竹小舞の土壁下地で、腰が下見板張り、板張り上部の壁は漆喰塗で仕上げられている。

小規模ではあるが、近代の伝統和風住宅の特徴をよく遺し、丁寧に造られたことがわかる。

図10　復元後の付書院 欄間（現状）

図11　復元後の書院の間の襖絵（現状）

移築復元に尽くした関係者の思い、技術と工夫

歴史的建築を復元し保存していくには、多くの課題があり、そのつど検証が求められる。旧清水家住宅書院の復元に際しても、竣工当時および瀬田移築時の工事記録が十分に遺されていない中で、それぞれの関係者が問題解決に奔走し、詳細な検証が行なわれた。

解体部材を使っての復元工事では、保存されていた部材の実測、ほぞ穴や欠き込みの位置から各部位の詳細寸法を決定して復元図が作成された。また、部材一つひとつに時代考証を重ね、木材や木々一本に到るまで詳細な調査が行なわれた（図17）。復元には解体時に保存された部材だけでは不充分で、不足分は新補材が使われたが、この新補材には「２０１２修補」と焼き印を捺して新旧の材の違いを明確にしている。

失われた照明器具や床脇押入れの金襖については、古写真を分析し、忠実に復元された。

さらに、耐震性の確保という大きな課題も残された。「離れ」は縁側廻りに壁が少なく、開放的で明るい空間を造り出していたが、耐震構造的には現在の建築基準法に適わない。そこで、戸袋の裏を構造耐力壁とし、同時に桁高さで構造用合板を張り小屋組に水平構面を新設することで耐震性を確保し、開放的な空間を損なわず当時の姿のままの復元を可能にしている（図16）。そこには、文化財的価値を損なわぬよう、構造補強は人目に触れない部分に納めようと苦心した技術者の配慮がある。

「旧清水家住宅書院」は二子玉川公園の日本庭園「帰真園」に復元、一般公開となるため、「離れ」には新たに玄関、倉庫、水屋、台所、洗面所が併設された（図15）。この新設附属棟は、復元部分との違いを明確にさせるため、ジョイント部の屋根を一段下げて接続させ、切妻屋根としている。さらに、「桧」材を用い、大正期の復元部分との違いを示す工夫もされた。

図12　復元後の書院の間の格天井（現状）

図13　復元後の離れ書院 次の間（現状）

図14　復元後の縁側（現状）

伝統和風住宅を後世に継承する意味

「旧清水家住宅書院」は、明治末期の建築から大正、昭和、平成と一〇〇年の歳月を超えて蘇った歴史的遺構である。その間、二度の移築と解体を経たが、現代の最新技術と工法を駆使して、往時の伝統和風住宅の姿や意匠、確かな技術に裏打ちされた造作、職人による工芸技術などの特徴をよく遺し、建築文化を今に伝える意味でも大変意義深い復元である。失われていく住宅建築も多く、まして解体されたものを復元するという事例は稀である。そこには、「遺し、守り、後世に伝える」という強い思いと経済的な支援、専門家を含めた協力者の存在、そしてなによりも施主の理解が不可欠である。

こうしたいくつもの課題に対し、各関係者の大変な努力と尽力、支援によって復元された「旧清水家住宅書院」は、幸運なケースといえるだろう。

世田谷区の登録有形文化財となった「旧清水家住宅書院」は、往時の伝統和風住宅の佇まいを静かに伝え、多くの来園者や区民に親しまれながら、また、新たな歴史を後世に刻んでいる。

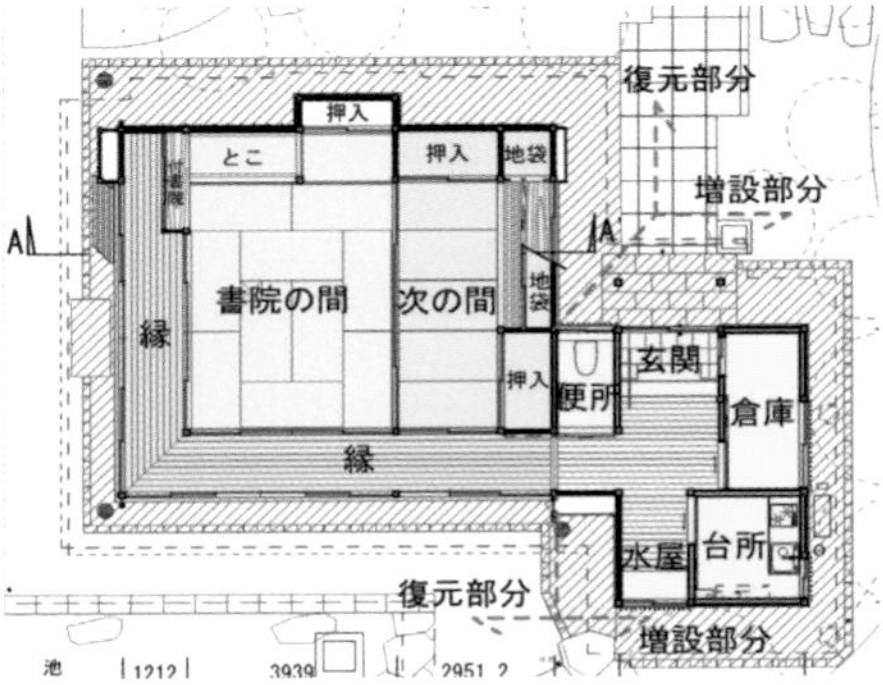

図版出典
図4、5〜7　『住宅建築図集』第二輯
図2、15〜17　清水建設株式会社所蔵
図1、3、8〜14　『旧清水邸書院復元工事』NARU建築写真事務所

図15　改修平面図（復元後）

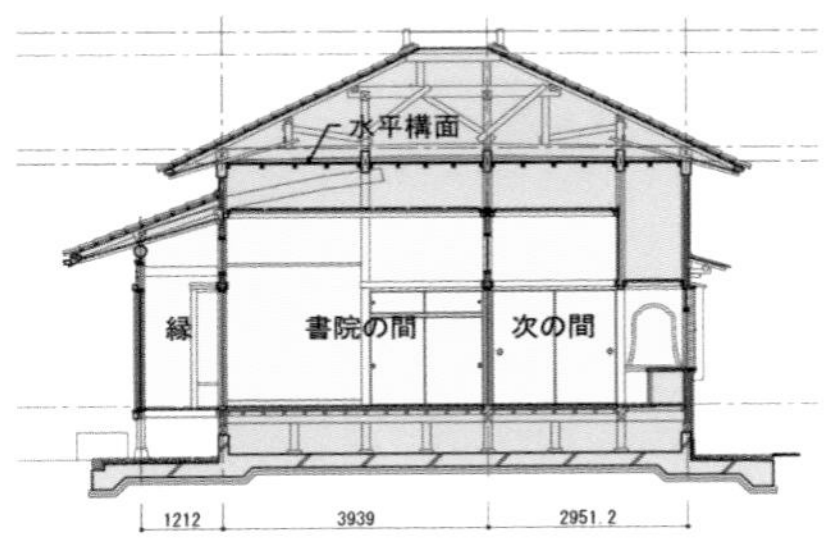

図16　改修断面図（復元後）

図17　保存部材の調査、実測

記念碑となった住まい
—心の拠りどころとして

4-5

ライシャワー邸（現 東京女子大学ライシャワー館）

設立代表者の暮らしを伝える器

安野 彰

図1 西側外観（現状）

▲

図2 外観（図集掲載竣工写真）

図3 居間（現状）

▲

図4 居間（図集掲載竣工写真）

継承の経緯

竣工時 大正15（1926）	プレスビテリアン宣教師社団
	↓
昭和16（1941）	ライシャワー家帰国
	↓ 寄贈
昭和31（1956） 〜 平成29（2017） 現在	東京女子大学

所在地	東京都杉並区 ㉑
竣工	大正15（1926）年10月 『東京女子大学五十年史』等では 昭和2（1927）年竣工
設計者	レーモンド建築設計事務所 （アントニン・レーモンド）
構造	木造（大部分は鉄筋コンクリート造） 2階（＋屋根裏階）
主要用途	住宅 → 学生用施設
延床面積	85坪（280.5㎡）
文化財指定	国登録有形文化財
公開有無	**非公開**（訪問・見学不可）

図5 南側テラス（現状）

新しいキャンパスとともに

大正七（一九一八）年、東京女子大学は、北米プロテスタント諸教派の援助を得て、現在の新宿西口、豊多摩郡淀橋町に開学する。創設には、初代学長を務めた新渡戸稲造、その座を引き継ぐ安井てつとともに、当住宅の実質的な施主であったA・K・ライシャワー（August Karl Reischauer 一八七九〜一九七一）も加わっていた。彼は、アメリカ長老派教会（プレスビテリアン）の宣教師で、明治三八（一九〇五）年に来日し、明治学院、日本神学校などで教鞭を執った。東京女子大学では常務理事を務め、大学に関する事務とアメリカ本国の各派支持団体との連絡や調整役などを担ったとされる。平安時代の僧源信が浄土教の教えを広めるために著した『往生要集』を翻訳するなど、日本仏教の研究家としても知られる人物である。

さて、東京女子大学は、開学翌年に取得していた井荻村の土地へのキャンパス移転を計画していたが、その設計は、帝国ホテル建設のため、F・L・ライトに伴って大正八年に来日していたA・レーモンド（Antonin Raymond 一八八八〜一九七六）に任された。これにはライシャワーの紹介と推薦があったという。レーモンドは大正一〇年から新キャンパスの整備に携わるが、ライトの許を離れ「米国建築合資会社」を構えるのもこの年である。翌一一年、西校舎、体育館、東西寮、学長宅、外国人教師館などの建築に着手するが、関東大震災が起こったことで工事は遅れ、漸く大正一三年四月に完成する。なお、新キャンパス建設に際して、アメリカで二〇万ドル、日本で一〇万円の寄付が集められたという。ちなみにこのうちの五千円は施工を請け負った清水組からのものである。レーモンドは、その後も図書館（現大学本館、昭和六年）や「講堂と礼拝堂」（昭和一三年）などを設計し、ライシャワーと共にキャンパスの整備に尽力した。

ライシャワー家の入居

A・K・ライシャワーが暮らしたこの住宅もレーモンドの設計で、キャンパス移転後、敷地内に完成し、住人の入居に至っている。その時期については、『創立十五年回想録』で昭和二（一九二七）年一二月落成とあり、『東京女子大学五十年史』でも昭和二年に竣工、その年末以来の居住と記されている。しかし、『住宅建築図集』には大正一五（一九二六）年一〇月竣工となっている。また、家具、絨毯、マントルピース上のフォトフレーム、壁掛けの絵画などが置かれた状態で撮影されている清水建設所蔵の写真は、'2.1.19' と写し込まれているので、昭和二年一月一九日の撮影だろう。とすれば、ライシャワー家の入居もこの頃と思われ、大学史の記述より一年近く早いのかも知れない。いずれにせよ、ライシャワーは、新キャンパス完成後間もなく明治学院から移り、ここに十数年間暮らしながら、昭和一六年の日米開戦に伴って帰国するまで、財政基盤の強化をはじめ、キャンパスの施設整備などに尽力した。彼が建築現場を見守ったり、住宅の周りで過ごしたりする姿は、キャンパスで学ぶ学生の視界にも入っていたことであろう。

この住宅には、A・K・ライシャワーと彼の妻ヘレン、また昭和七年から数年間当学で教鞭を執った長男のR・K・ライシャワー（Robert Karl Reischauer 一九〇七～一九三七）夫妻が暮らした。ヘレン夫人は、日本聾話学校を夫と共に設立し、初代校長となった人物である。夫人は造園趣味を生かして、東京女子大学の図書館建設の際に出た残土を用いた野外劇場の建設に協力したという。なお、次男のE・O・ライシャワー（Edwin Oldfather Reischauer 一九一〇～一九九〇）は、進学のため邸宅竣工前後に米国へ移り、後に日本研究者としてハーバード大学教授となり、駐日大使も務めた。

図6　食堂（竣工写真）

図7　食堂（現状）

図8　2階寝室（竣工写真）

図9　2階寝室（現状）

図10　ホール（竣工写真）

図11　ホール（現状）

キャンパス整備を主導した設立代表者の一家が長らく過ごした旧宅であり、現大学本館とともに記念碑的性格の高い建築である。所有は、当初からライシャワーが所属した宣教師社団であったが、昭和三一年に大学に寄贈された。施主が所属し、創立に深く関係した宣教師社団が長らく所有してから、託すように寄贈に及んだ経緯も建物の継承を後押ししたと思われる。

現大学本館のある敷地東側は、近年のキャンパス再編でも保全が重視された。老朽化のため、西側の寮や体育館が解体されたが、東側にあるライシャワー邸は、現大学本館背後の木立の中に、先に建てられた学長住宅（現安井記念館）、外国人教師館とともに残された。平成一〇（一九九八）年九月、ライシャワー邸は、現大学本館、東西の校舎、「講堂と礼拝堂」並びに上記の二住宅とともに国の登録有形文化財となっている。

レーモンドの繊細で心地よいRC造

この建物は鉄筋コンクリート（RC）造の二階建てで、塔屋や煙突もRC造だが、方形の瓦屋根の下にある小屋組は木造である。詳細図を見るとRC造の躯体は、屋根の傾斜や窓下の水勾配、暖房のラジエータを収める窪み、正面入口の庇上にある半円形の装飾に合わせた形状になっている。片持ちのRC造による庇や花台も樋の機能や造形性を踏まえた設計で、RC造とは思えない繊細な印象を与える。

外観は、水平線を強調する庇、正面入り口や窓、テラスなどの手摺を、直線や幾何学形態を基調にしている(図1、2)。また、二階屋根の軒がやや深めで二階窓下に水平の分節線が入る特徴、南側のテラスまで一体的にデザインされている点などは、レーモンドの師F・L・ライトが手がけたウィンズロー邸を思わせるが、庇の構成や簡潔さなどに独自性も見られる(図1、2)。独立から間もないレーモンドが、ライトの影響を受けつつも、その造形を新技術のRC造で試みること等を通して、師の作品の踏襲からの脱却を模索していたと捉えられる。

間取りは各階とも北東をサービス空間として、一階に台所、配膳、洗濯、燃料庫、二階に女中室を置き、裏階段で繋ぐ。一階は南に居間(図3、4)と食堂(図6、7)、北西に書斎、二階は三つの寝室(図8、9)と浴室が配置される。

壁式構造のため、内部に大きな柱梁が見えず、床やドアに木材が多用されているため、室内にいるとRC造であることを忘れてしまう。各室には、幾何学形態を基調とした簡潔な意匠が施され、暖炉並びに作り付けの家具はほぼ残されている。建具には型板ガラスが嵌められ、日本では大正時代から普及しつつあった合板が多用されている。オーク材(設計図に記載)のフローリングとみられる床は敷居がなく連続し、屋根裏まで続く主階段の勾配も緩やかで、移動のストレスが少ない居心地の良さがある(図10、11)。

改修で開口部のサッシュのほとんどはアルミ製に変更されているものの、開き方は旧態を踏襲しており、ライシャワー家が暮らした当時の印象を保持するよう腐心した様子を窺える。また、室内の建具、家具等のかなりの部分、今は使用されていないラジエータも元の位置に残されている(内部にボイラー室がないので恐らく当初は域内セントラルヒーティングだった)。必要に応じて新しい素材や設備を使いながらも、ライシャワー家が暮らした当時の息づかいが伝わってくるのは、かつてのライシャワーの役目を代々引き継いできた方々の注意深さと地道な努力があってのことだろう。

参考文献
(1)長尾半平編『創立十五年回想録』東京女子大学、一九三三年。
(2)三沢浩『A・レーモンドの住宅物語』建築思潮研究所、一九九九年。
(3)アントニン・レーモンド『自伝アントニン・レーモンド新装版』鹿島出版会、二〇〇七年。

図版出典
図1、3、5、7、9、11　委員会撮影　図2、4『住宅建築図集』第一輯
図6、8、10　清水建設株式会社所蔵

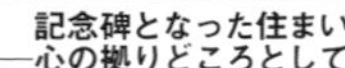

記念碑となった住まい
―心の拠りどころとして

4-6

國分勘兵衛鵠沼別荘

社主の住まいを組織で継承

図 1　南側外観（現状）　左が西棟、中央の切妻屋根が談話室・食堂、右奥が東棟

図 2　南側外観（図集掲載 竣工写真）

図 3　西棟 1 階 談話室（居間）（現状）

図 4　西棟 1 階 談話室（居間）（図集掲載竣工写真）

継承の経緯

竣工時 昭和6（1931）	10 代國分勘兵衛
昭和39（1964）	国分株式会社が貸借使用
平成2（1990）	国分合名会社
平成16（2004） ～ 平成29（2017） 現在	国分株式会社 （国分グループ本社）

所在地	神奈川県藤沢市 ㉚
竣工	昭和6（1931）年6月
設計者	清水組（大友弘）
構造	木造、2階
主要用途	別邸 → 社員寮
敷地面積	2170坪
延床面積	150坪（495㎡）
公開有無	**非公開**（訪問・見学不可）

小沢 朝江

鵠沼別荘地の景観を伝える

國分家は、伊勢国射和（現在の三重県松阪市射和町）を本拠とする伊勢商人の家系である。江戸中期に四代勘兵衛が江戸に進出、醤油醸造業を営んだことを母体として、明治初期に現在まで続く総合食品問屋に転じた。カルピスの販売でその名を知っている人も多いだろう。

この國分家の一〇代勘兵衛（一八八三～一九七五）の本邸は都内にあり、関東大震災後の大正一四（一九二五）年に清水組に依頼して再建、続いて昭和六（一九三一）年にやはり清水組の設計施工で営んだ住宅が鵠沼別荘である。

鵠沼海岸は、元は幕府の射撃演習場を管理していた旧大分藩主・大給家の世襲財産で、明治三〇年代から開発が進められた日本最初期の海浜別荘地である［注1］。國分家の別荘の敷地は、これより一足早く、明治二四（一八九一）年に蜂須賀茂韶が別荘を設けた場所で、その後横浜の実業家茂木家・左右田家の所有を経て、昭和五年に國分家が取得した。清水組の『住宅設計図集』によれば、建物は昭和六年六月に竣工している。

その後鵠沼別荘は、國分家の所有のまま、昭和三九年頃から国分株式会社が使用契約を結び、平成二（一九九〇）年に国分合名会社、平成一六年には国分株式会社に所有を移し、社員寮として利用して現在に至っている。

この國分別荘が特筆されるのは、建物だけではなく、敷地がそのまま維持されていることである。蜂須賀家の所有当時から約二〇〇〇坪におよぶ広大な敷地で、緩やかな起伏を持ち、西に富士山を臨む。この別荘がある松が岡地区は格子状の街区構成を採り［注2］、明治期までは一〇〇〇坪以上の区画も多く、蜂須賀家もそのひとつだった。國分家はこの敷地をそのまま継承し、北側に寄せて建物を構え、南に池を持つ広大な芝生の庭を設ける。鵠沼別荘地は、昭和四年の小田急江の島線開業を契機に郊外住宅地化が始まり、現在も住宅地として人気が高いことから、旧別荘の敷地の細分化が急速に進んでいる［注2］。明治期の敷地をそのまま保持する國分別荘は、鵠沼の別荘地当時の伸びやかな景観を伝える貴重な存在ということができる。

家の歴史を移植する

では、建物をみてみよう。

國分別荘は、寄棟造・二階建（西棟）と切妻造・二階建（東棟）の二棟を、平屋の談話室・食堂・台所で繋いだ構成を採る（図1）。現在、屋根はすべて紅色のS字瓦で、モルタル塗の白壁と相俟ってスパニッシュ風にみえるが、これは平成五（一九九三）年の改修によるもので、当初はすべてスレート葺だった（図2）。南面は平屋部分に切妻破風を付け、北面も切妻屋根を複数重ねた印象的な構成で（図6）、玄関廻りの粗削りの持送りや唐草文様の鉄物などチューダー風の装飾も美

図 6　北側外観（現状）

図 5　玄関（現状）

図 9　設計図（南側立面図）

図 10　東棟 南側外観（現状）

図 7　1 階ベランダ（現状）

図 12　西棟 2 階和室（現状）

図 11　西棟 1 階応接室（現状）

図 8　西棟 階段室（現状）

しい。

平面（図13）は、東棟は一、二階とも当初は和室のみで、外回りの建具もすべて引違いのガラス戸を用いる。これに対し西棟は、二階のみ和室で、平屋部分も含めて一階はすべて洋室だが、一階南面に設けた広い屋内ベランダ（図7）や二階のサンルームは大型の引違戸を立て、連子風の欄間を用いていて、洋館ながら日本化が顕著である。

この東棟と西棟は、一見すると違和感なく連続しているが、平面や立面を比べると、異なる点が多いことに気づく。東棟は、階高や屋根の棟・軒の高さが西棟より低く、大壁の外壁を除けば、平面や外廻りの建具は和風そのものである（図10）。内部の和室は、いずれも長押がない簡素な造りで、柱や天井廻縁などの材が木太い。

実は、清水組に残る設計図面をみると、この東棟は「旧館」と記されていて、既存の建物を用いたことが窺える。その前身の建物は、設計図に含まれる一枚の配置図から知ることができる。この図は、名称等の記載はないが、北側が道に面し、南側に河岸を持つ短冊型の敷地形状などから、三重県松阪市射和町にある國分家の本宅のものと判明し、敷地内の複数の建物のうち一棟が鵠沼別荘の東棟と一致する。東棟は、射和町の本宅から鵠沼へ移築されたのである。

なぜ射和町からわざわざ移築したのだろう。この鵠沼別荘は、土地台帳によると一〇代勘兵衛ではなく、その妻で先代の長女・ちかの名義で購入された。特に東棟は、一階に化粧室があることからみて女性、おそらくちかの居住空間だったとみられ、理由は不明だが、ちかに所縁のある建物を本宅から移築した可能性が高い。

射和町の本宅に現存する建物は、『三重県の近代和風建築総合調査報告』［注3］によると明治初年〜大正期の建築とされ、入母屋造・瓦葺で、壁を下見板張りとする純粋な和風の建築である。鵠沼に移された東棟もまた、初期の立面図では入母屋造に下見板張りで描かれており（図9）、この立面図をみれば、既存の和館に接続して洋館を新築した和洋併置型といえる。しかし竣工写真では、屋根は現状の切妻造で、新築部分と同じスレート葺となり、壁も大壁に改められた（図2、10）。移築した旧館をそのまま使うのではなく、新館と違和感がないように合わせたとみられ、柔軟な設計といえる。

旧別荘を組織で守る

この國分別荘の設計を担当したのは、清水組住宅部の大友弘である。大友は、根津嘉一郎別邸（熱海、五二頁）や新津恒吉の本邸（新潟）および別邸（伊豆の国、一一〇頁）などを手掛けた住宅部のエースと呼ぶべき存在で、その設計力の高さは國分別荘の内部にも確認できる。

例えば一階の談話室は、根太天井で木部になぐりを入れたチューダー風の内装である。横溝のスクラッチタイルと色タ

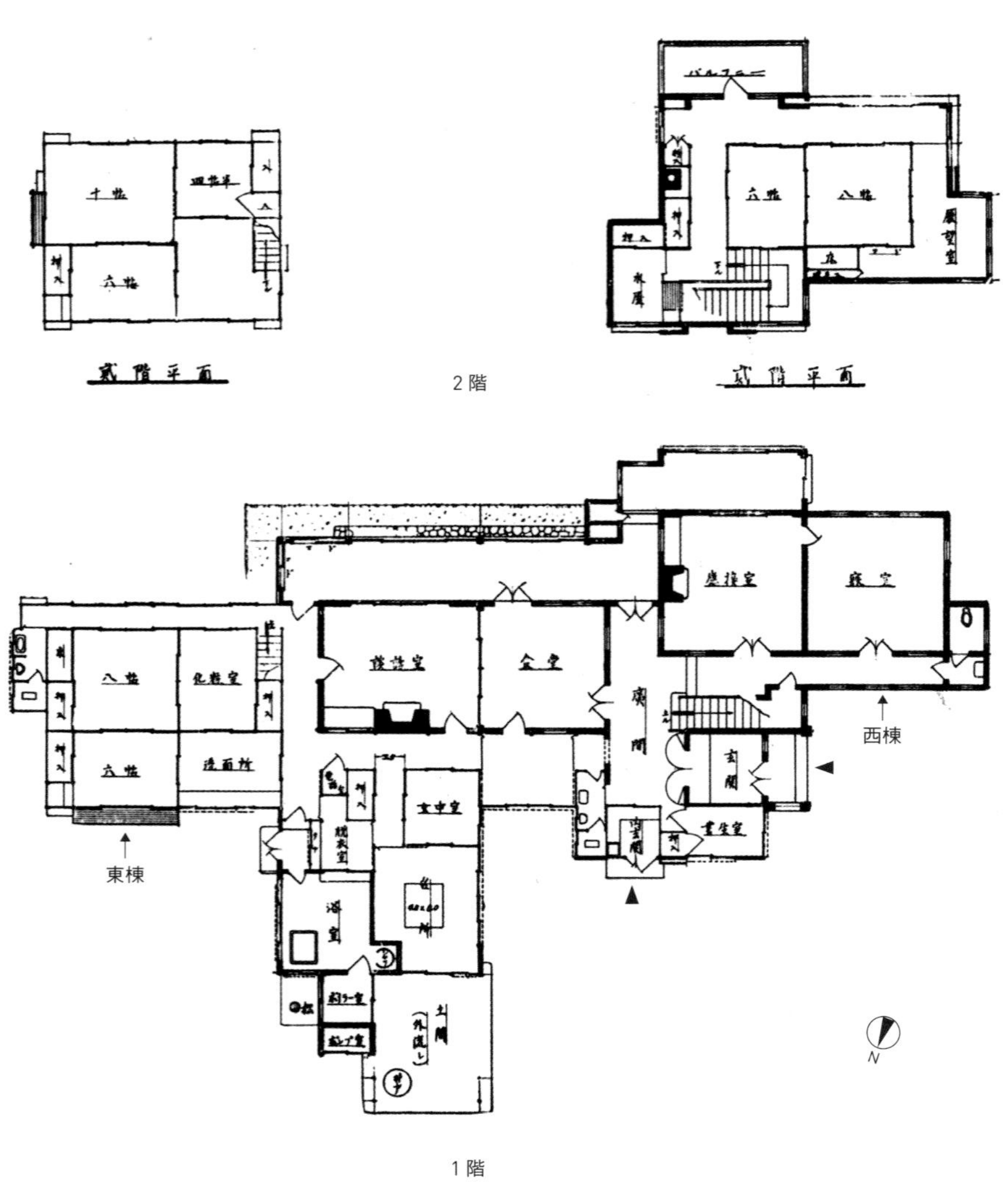

図 13　当初平面図

イルによる暖炉廻りの意匠、暖炉脇の造付けの棚、アールデコ風のステンドグラスのデザインが秀逸で（図3、4）、隣接する食堂との境は引違戸四枚を開けば連続して使用でき、日本的である。また応接室は、中心飾を持つ漆喰天井や違棚を意識した飾り棚、幾何学的なステンドグラスの円窓が瀟洒である（図11）。この応接室と談話室は、設計図が複数案存在し、昭和六（一九三一）年三月頃に大きく変更されていて、大友が最も力を入れて設計したことが窺える。

一方階段廻りは、市松模様の手摺など二階の和室に合わせた和風の意匠がみられ（図8）、西側の展望室も板敷で椅子座ながら網代天井である。二階の和室は、面皮柱に細身の長押や朱塗りの床框など品の良い意匠で（図12）、外廻りの手摺はガラス戸と幅を合わせてすっきり見せている。

こうした竣工当時のインテリアが継承されている点も、國分別荘の価値である。社員寮として用いるにあたり、平成二（一九九〇）年に食堂・厨房を拡張、居室の一部を大浴場に改造したほか、平成五年に雨漏りのため屋根を瓦葺に変更、外廻り建具をサッシに改修したが、主要部分はほぼ当初のまま残る。社員寮として現役だからこそ、メンテナンスも定期的に行なわれており、庭も建物も手入れが行き届いている。平成二三年の東日本大震災で応接室等の天井の一部が破損した際も、旧状を尊重して修復された。

國分別荘は、社主のかつての住まいを「企業」という組織で継承し、活用している例である。「人」に関わる無形の価値を有する点は安田善次郎別荘（一四八頁）と共通する。現在は社員・家族の親睦にも使われており、海水浴場や江の島に近い立地から、夏期は特に利用率が高いという。用途を変えながら使い続けられる好例といえる。

[注1] 牧田知子「藤沢鵠沼・片瀬/鎌倉——江ノ島対岸別荘地から通勤郊外へ」『近代日本の郊外住宅地』鹿島出版会、二〇〇〇年。
[注2] 水沼淑子・加藤仁美・鈴木伸治「湘南地域における住宅地形成と景観構造の変容に関する研究——初期別荘地と計画的郊外住宅地の立地特性及び更新の分析から」住宅総合研究財団研究論文集No.33、二〇〇六年版。
[注3] 三重県教育委員会編『三重県の近代和風建築総合調査報告』三重県教育委員会、二〇〇八年。

図版出典
図1、3、5〜8、10〜12 委員会撮影（二〇一七年一二月撮影）
図2、4、13『住宅建築図集』第一輯
図9 清水建設株式会社所蔵

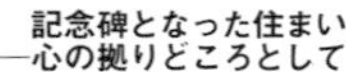

4-7

安田善次郎別荘

創業者の悲運の別荘を記念館として保存

小沢 朝江

図1　茶室 東側外観（現状）

図2　茶室 東側外観
（図集掲載竣工写真）

図3　茶室 内部（現状）

図4　茶室 内部（図集掲載竣工写真）

所在地	神奈川県中郡大磯町 ㉛
竣　工	茶　室:昭和3（1928）年10月 持仏堂:昭和5年6月上棟 経　蔵:昭和6年3月
設計者	茶　室:清水組（現場） 持仏堂・経蔵・平唐門は安田靫彦考案
構　造	茶　室:木造、平屋 持仏堂:木造、平屋 経　蔵:木造、平屋 平唐門:木造、棟門
主要用途	別荘→企業厚生施設
敷地面積	約2000坪
延床面積	茶　室:12坪（40㎡） 持仏堂:9.51坪（31㎡） 経　蔵:6.99坪（23㎡）
公開有無	非公開（期間限定公開）

図5　別荘内にある初代安田善次郎の墓碑

初代安田善次郎の悲運の別荘

大磯は、明治一八（一八八五）年の松本順による海水浴場開設に始まる湘南屈指の海浜別荘地である。伊藤博文・西園寺公望・大隈重信・陸奥宗光など歴代の元勲も別荘を構え、大正末期には別荘数が二〇〇軒を越えたという【注1】。近年、平成二一（二〇〇九）年に焼失した吉田茂邸の再建（平成二九年）や、明治一五〇年を記念した近代別荘群の保存整備事業「明治記念大磯邸園構想」（平成三〇年～）などで注目されている。

これらの別荘が海岸沿いに位置するためその印象が強いが、実際には旧東海道北側の丘陵部にも多くの政治家・実業家らが別荘を構えた。その代表的な現存例が安田善次郎別荘である。安田善次郎（一八三八～一九二一）は、富山藩の下級武士の長男に生まれ、江戸の鰹節商兼両替商での奉公を経て、元治元（一八六四）年に両替商・安田屋を創業、維新後の変革期に頭角を現し、安田銀行を中心とする金融財閥を形成した【注2・3】。

安田家の大磯の別荘は、浅野総一郎の旧邸を大正六（一九一七）年に購入したことに始まる（登記上は四男善雄）。浅野は、安田善次郎と同じ富山出身で、善次郎が京浜工業地帯の埋立て等の事業の支援していた旧知の仲である。大磯の王城山麓に別荘を構えていたが、火災に遭って東寄りの高麗山周辺に移転、その旧地を安田善次郎に譲ったのである。安田善次郎は、大正七年に主屋を建設して「寿楽庵」と命名し、ここを生活の本拠とした【注4】。

しかし三年後の大正一〇年九月二八日、初代善次郎はこの別荘の応接間で暴漢に襲われ、悲運の最期を遂げた。善次郎の墓所は、遺志により背後の王城山の中腹に建てられた。この事件によって大磯別荘は、単なる「住まい」ではなく、初代善次郎を追悼する特別な性格を帯びることになったのである（図5）。

善次郎の没後、大磯別荘には房子夫人が暮らしたが、昭和五（一九三〇）年に亡くなり、跡を継いだ二代善次郎は初代夫妻の追善のため、この別荘の整備を計画した。現在残る建築は、別荘としての居住部分と、持仏堂など追悼のための施設群から成り、安田家が創始した企業の寮として大切に維持され、年一～二回程度の庭園公開や茶会が実施されている。

初代安田善次郎ゆかりの茶室建築

まずは住宅部分からみてみよう。

初代善次郎が大正七（一九一八）年に建てた主屋は、善次郎の没後、大正一二年の関東大震災で被災した。すでに記念館の構想を持っていた二代善次郎は、主屋の再建にあたり、旧位置を避けて東寄りに敷地を変更、藤村銀次郎の施工で大正一五年に竣工した【注5】。

その後、昭和三（一九二八）年に清水組の設計・施工で茶

図7　大磯別荘全景（竣工写真）

図6　大磯別荘全景（現状）現在は厚生施設として使用

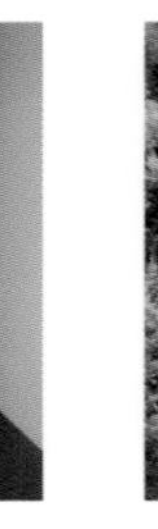

図9
茶室内部
（貴人口側）
（現状）

図8
茶室外観
（現状）

室を増築している（図1～4、8、9）。担当は奥平隆一、大工は関本文治で、『住宅建築図集』に掲載されたのはこの茶室のみである。安田家と清水組の繋がりは、東京大学安田記念講堂（大正一二年着工・一四年竣工、内田祥三・岸田日出刀設計）が早く、安田銀行の各支店や護国寺の安田家墓所（昭和三年、大江新太郎設計）を担当している。後述のように、記念館としての建築群（図6、7）はすべて清水組が設計・施工を担当しており、茶室がその契機になったとみてよいだろう。

ただし茶室は、「工事竣工報告書」によれば昭和三年三月一五日起工、同年一〇月三〇日竣工だが、同年の「店員配置表」に「安田邸御別邸（お茶席移築工事）」とあって、新築ではなく他所からの移築とされる。

初代安田善次郎は、明治一〇年代に茶道を始めた近代数寄者の第一世代で、「松翁」の号を持つ。明治一二（一八七九）年に控邸として購入した本所横網町の旧田安邸に、裏千家の「又隠（ゆういん）」写しの四畳半茶室があったことが茶道を始めた契機といい、明治二四年に本邸とした旧岡山藩池田邸と合わせ、計五棟の茶室の存在が『松翁茶会記』から知られる［注2、3］。大磯の茶室も、左右を反転しているものの、又隠を意識した平面である。大正一〇年の初代善次郎没後、本邸は大正一一年に二代善次郎が東京市に寄付（旧安田庭園）、控邸は大正一二年の関東大震災で大破した後、東京保善商業学校等に転用されていて［注3］、大磯別荘の茶室はこのいずれかから移築された可能性が高い。初代善次郎ゆかりの茶室を、大磯に保存する意図があったといえるだろう。

ただ、実際の茶室をみると、真々六尺で設計されている点が異例で、旧大名邸の茶室とは考えにくい。また部材がかなり新しく、痕跡がほとんどないことから、新築に近い工事が行なわれたと考えられる。

建物は、四畳半の茶室と五畳の水屋・広縁から成り、勾配の緩い入母屋造の二方に、奥行半間の軒の深い土庇を廻らす。元は柿葺（現在は桟瓦葺・銅板葺）の屋根は、屋根厚が薄くシャープである（図1、2、8）。茶室は、四畳半・下座床で、躙口と貴人口を設け、茶道口と給仕口を鍵形に置く。変木を多用する関東の近代茶室に比べ、床柱や壁止を除けば癖のない材が多く、竿縁天井も杉板ですっきりしている。貴人口上部に欄間を設けるなど開口部が多い点は、居室として用いることも意識したとみられる（図3、4、9）。

日本画家・安田靫彦が考案した追悼の建築

一方、二代善次郎が建設した初代夫妻の追悼のための建築は、持仏堂（図10、11）・経蔵（図12）・平唐門（図13）の三棟であり、日本画家・安田靫彦の設計（考案）による。安田靫彦は、安田家の別荘に近い大磯町小磯に居を構え、二代善次郎と親交が深く、依頼を受けて敷地をみたときに源氏物語を連想して「藤原期の建築の復元」を構想したという［注4］。

大磯町郷土資料館に所蔵された図面には、いずれも清水組

図10　持仏堂正面（現状）

図11　持仏堂内部（現状）

図12　経蔵（現状）

図13　平唐門（現状）

の技師・小関徳太郎の押印があり、実際の設計は安田靫彦の創案を小関が図面化する形で行なわれたことがわかる。図面や持仏堂・経蔵の棟札等によると、大工は茶室と同じ関本文治で、持仏堂は昭和五（一九三〇）年六月に上棟、経蔵は昭和六年三月に竣工し、平唐門も同時期とされる。これらの建物については、「中村式鉄筋コンクリート」で知られる建築家の中村鎮が昭和七年に訪問記を記している**［注6］**。

持仏堂**（図10、11）**は、初代善次郎が遭難した旧応接間の位置に建てられた。正面三間・側面四間、入母屋造で、北東隅に切妻造の供進所を突き出す。緩い反りを持つ桧皮屋根（現在は銅板葺）や舟肘木、正面の蔀戸が寝殿造を想起させ、供進所も中門廊風である。特に妻入で妻を豕叉首（いのこさす）とする点は法隆寺聖霊院と酷似する。内部も、天井は小組格天井、柱は大面取の角柱と古風で、須弥壇や厨子・仏具も安田靫彦の設計とされ、華鬘は中尊寺金色堂、照明は京都御所清涼殿の釣灯籠を模したと推測される。

経蔵**（図12）**は、間口一八尺・奥行一四尺、屋根は寄棟造・本瓦葺で、高床の下部を吹放ちとした校倉造である。中村鎮は「東大寺三月堂の前にある天平式の経庫に其範を取った」とするが、規模や高さ寸法、隅棟の意匠からみて唐招提寺経蔵を模した可能性が高い。

平唐門**（図13）**は、前庭と記念館を区画する中門に当たる。唐破風の曲線は、法隆寺聖霊院厨子から取ったと伝えられ、実際によく一致する。勾配が緩やかで、緩い蟇股（かえるまた）と肘木で棟木を支える姿も中世絵巻に描かれた門を想起させる。

このように三棟は、いずれも奈良・平安・鎌倉期の古建築の意匠に拠っており、歴史画を得意とした安田靫彦が古建築をモデルに想起した形態を、清水組が具現化した協同設計といえる。軒反りや細部意匠の美しさ、納まりの精緻さに、幅広い作品に裏打ちされた清水組の和風設計の力量が窺える。初代善次郎の追悼という目的が、その穏やかな形に表現されたといえるだろう。

［注1］『大磯のすまい宿・町屋・別荘建築編』大磯町教育委員会、一九九二年。
［注2］矢野文雄『安田善次郎伝』安田保善社、一九二五年。
［注3］由井常彦『安田善次郎――果報は練って待て』ミネルヴァ書房、二〇一〇年。
［注4］重田哲三「王城山裏表」『阿波多羅2』一九八一年。
［注5］水沼淑子「大磯町家屋関連行政文書による別荘建築の履歴」日本建築学会関東支部研究報告集、二〇一一年。
［注6］中村鎮「安田家の持仏堂」『アトリエ』一九三二年七月号（中村音羽編『中村鎮遺稿』中村鎮遺稿刊行会、一九三六年、所収）。

図版出典
図1、3、5、6、8〜13　委員会撮影（二〇一八年一〇月）
図2、4　『住宅建築図集』第一輯
図7　清水建設株式会社所蔵

第5章

設計力・施工力・材料力に支えられた住まい

5-1

渋沢栄一・篤二・敬三邸

日本の近代化を牽引した実業家が愛した住まい
三回の移築を経て蘇る一四〇年の物語

畑田 尚子

図1 青森県六戸町（星野リゾート青森屋内）の旧渋沢邸全景 （平成3年移築）

▲

図2 三田綱町時代の洋館建設時（昭和5年）

図3 三田綱町の渋沢篤二邸（明治41年）
中央：清水喜助作の和館「表座敷」
右側：仁礼景範子爵の邸宅の一部（推定）「お離れ」（御母堂居間）

▲

図4 深川福住町の渋沢栄一邸と離れ
左側：二代目清水喜助の設計施工による「表座敷」
明治11年竣工 木造2階建て
右側：岡本鍫太郎の設計で増築された離れ。明治24~33年の間に竣工

継承の経緯

時期	所有者・経緯	所在地
竣工時 明治9（1876）	渋沢栄一 深川福住町の商家を購入	深川福住町
明治11（1878）	和館「表座敷」を建設 （『住宅建築図集』第一輯 p.1）	深川福住町
明治24（1891） ～33（1900）	渋沢篤二 離れ 増築	深川福住町
明治41（1908）	三田綱町へ移築 和館 増築	三田綱町
昭和5（1930）	渋沢敬三 洋館を新築 （『住宅建築図集』第一輯 p.100） 物納	三田綱町
昭和21（1946）	国（大蔵省） 大蔵省三田共用会議所として使用 払下げ	三田綱町
平成2（1990）	十和田開発（株）	三田綱町
平成3（1991）	青森県六戸町へ移築保存 購入	青森六戸町
平成末	清水建設	青森六戸町
令和4（2022） （予定）	江東区潮見に移築保存（予定）	江東区

所在地	東京都江東区（予定）⑭
竣工	明治11（1878）年など
設計者	清水喜助／岡本鍫太郎／西村好時
構造	木造、平家および2階
延床面積	（深川）830㎡ → （昭和5年 三田 増築）1102㎡＊
主要用途	住宅 → 公開施設
文化財指定	江東区指定有形文化財（部材） ※令和2年1月現在
公開有無	復元後公開（予定）

＊参考文献(1)より

大実業家渋沢栄一の住まい

日本の近代化を牽引した実業家渋沢栄一（一八四〇～一九三一／以下、栄一）は、生涯に六ヶ所の住まいを構えたとされる。現在、その遺構を見ることができるのはわずかに一棟、深川福住町に屋敷を構えた栄一が清水屋（現清水建設）二代目清水喜助（以下、喜助）に造らせた木造二階建ての和館「（表座敷）」（図4）がそれである。その後、この邸宅は二度の移築と数度の増改築がなされたが、和館（表座敷）は常に屋敷の中心に置かれ、竣工当時の姿を変えず継承されてきた。

現在、旧渋沢邸と称すこの邸宅は、栄一と長男・篤二、そして日本銀行総裁、大蔵大臣などを務め、日本の民俗学研究者としても功績を遺した孫・敬三の三世代が暮らし、まさに日本の近代史に偉大な足跡を残した渋沢家の暮らしが刻まれた貴重な遺構である。

平成末に、旧渋沢邸は清水建設の所有となり、令和四（二〇二二）年には東京都江東区へ移築復元され、一般公開の予定である。

一四〇年の歴史をつないだ旧渋沢邸

明治一一（一八七八）年、旧渋沢邸の骨格となる喜助作の和館「表座敷」が完成した。

明治二四年から同三三年の間に、篤二により「表座敷」の東側に木造二階建ての離れ（図4）が、岡本銺太郎（清水店設計技師）の設計で増築された。小規模な建物ではあるが、一、二階の南・西面に縁側を廻らし、二階には欄干が設けられた楼閣風の軽快で解放的なデザインで、表座敷の重厚な趣とは対照的な造りである。岡本は明治二三年に帝国大学工科大学造家学科（現東京大学工学部建築学科）を卒業後清水店に入店し、若くして欧米に渡り先進技術や意匠を学び、同三四年には四代技師長に就任、技術および設計部門のトップに立ちその後の発展を牽引した。和風建築・西洋建築の双方を得意とし、住宅のほか銀行や工場、事務所など多岐にわたる作品を手掛けた。

さらに、篤二は屋敷を深川から三田綱町に移して増改築を行ない、明治四一年に完成した（図3）。表座敷は深川福住町時代と同じ配置に据えられ、岡本作の離れを西端に移し、この離れと「表座敷」の間を繋ぐ木造平屋建ての和館が新築された。この和館も岡本銺太郎の設計であろう。また、「表座敷」の東端に建つ上家は、もともとこの土地の所有者であった仁礼景範子爵の屋敷の一部とされるが確証はない［注1］。この和館には敬三の母敦子が暮らしたことから、図面（図5）に御母堂居間と記されているが、渋沢家では「お離れ」と呼んでいたという（図6）。

昭和五（一九三〇）年、敬三により大改築された（図2）。西端の離れを解体しここに洋館を新築、また、洋館と「表座

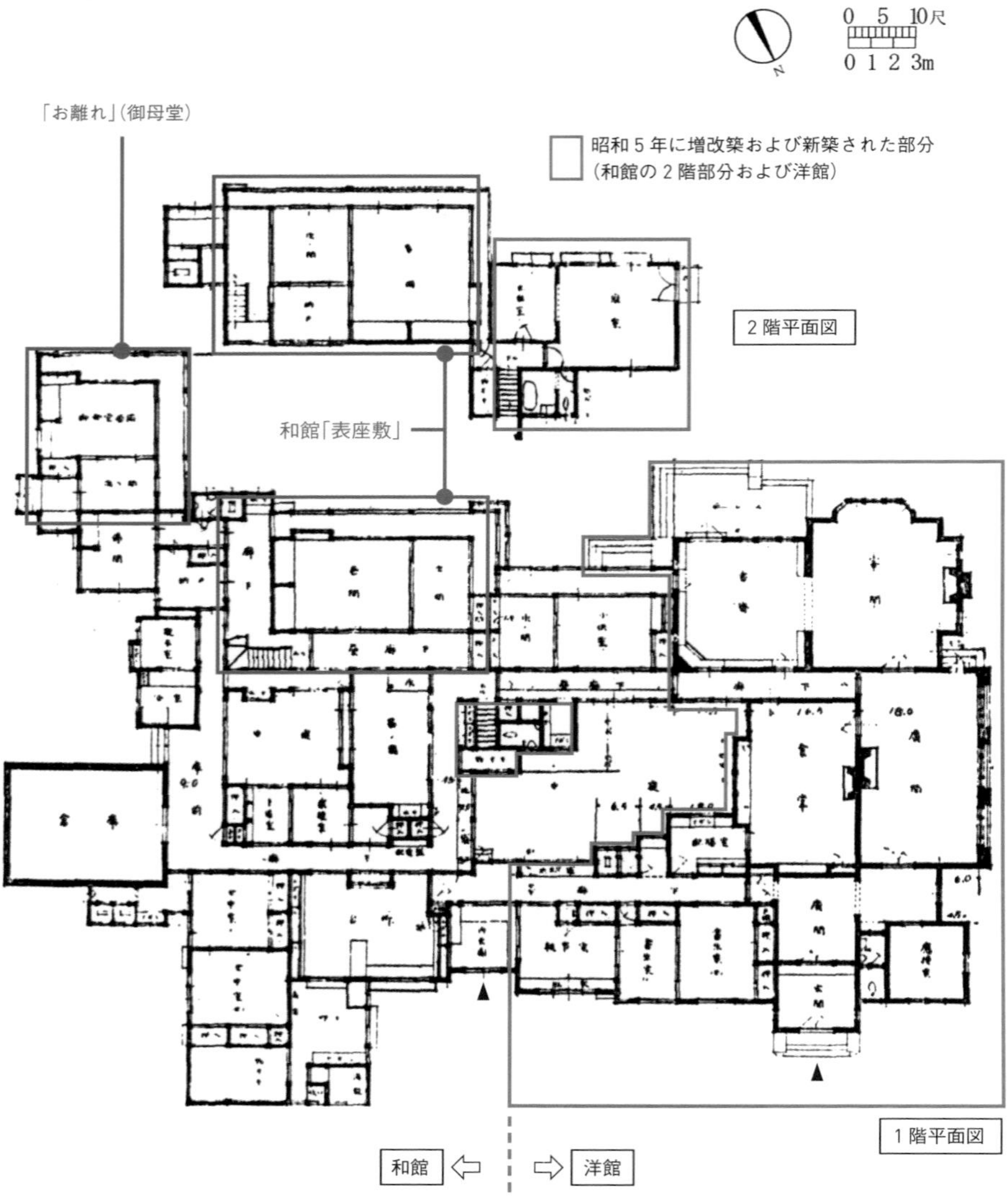

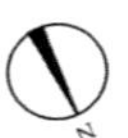

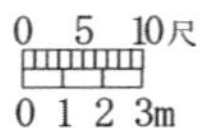

0 5 10尺
0 1 2 3m
N
「お離れ」(御母堂)
昭和５年に増改築および新築された部分
(和館の２階部分および洋館)
２階平面図
和館「表座敷」
１階平面図
和館
洋館

図５　三田綱町　渋沢敬三邸 洋館増築時の平面図（昭和５年）

図 6 「お離れ」（御母堂居間）（六戸町時代）

図 7 青森県六戸町移築後の旧渋沢邸「表座敷」
左側：和館（1 階は明治 41 年竣工 /2 階は昭和 5 年竣工）
右側：「表座敷」

図 8 青森県六戸町移築後の旧渋沢邸
昭和 5 年 増築された和館（図 7 の左側）

敷」の間にある平屋建ての和館には二階部分が増築された**(図7、8)**。洋館は、敬三一家の暮らしの中心となった。

戦後間もない昭和二一（一九四六）年、大蔵大臣の職にあった敬三は、自身の創設した財産税として、三田綱町の土地と屋敷を国に物納した。渋沢家の手から離れた旧渋沢邸はその後、半世紀弱にわたり大蔵省の三田共用会議所として使用されたが、建物の老朽化に伴い解体の危機にあった。それを救ったのは、渋沢家の執事を長く務めた杉本行雄（旧十和田開発株式会社社長）である。渋沢家の暮らしを刻んだ貴重な邸宅を遺したいという一心で、杉本は大蔵省に働きかけ、平成二（一九九〇）年に大蔵省から払い下げが叶った。翌三年に渋沢家とゆかりのある青森県六戸町に移築保存**(図1)**され、平成三〇年まで一般公開されてきた。

現在、旧渋沢邸を譲り受けた清水建設は三度目の移築保存を計画している。再び東京の地で新たな歴史を踏み出す。

信頼関係で結ばれた渋沢家と清水組

深川福住町から三田綱町、さらに青森県六戸町から江東区へ、旧渋沢邸の建築には常に清水建設**[注2]**が携わってきた。その淵源は、栄一と喜助の関係に遡る。喜助は進取の精神に富み、幕末から果敢に洋風建築を学び、築地ホテル館（慶応四（一八六八）年）や第一国立銀行（明治五（一八七二）年）など、擬洋風建築といわれる新しい建築形式を造り出し、日

図 14　「表座敷」黒柿の階段親柱（六戸町時代）

図 12　「表座敷」2 階の客間 南天の床柱（六戸町時代）

図 9　「表座敷」 1 階居間（六戸町時代）

図 10　「表座敷」1 階居間（六戸町時代）

図 15　「表座敷」黒柿の階段 手摺子（六戸町時代）

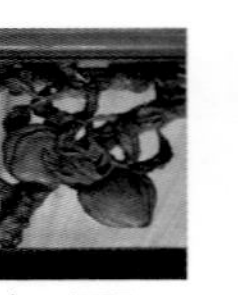

図 13　「表座敷」客間を飾る「桃」の欄間（六戸町時代）

図 11　「表座敷」2 階の客間（六戸町時代）

本近代建築の黎明期を飾る大工棟梁であった。第一国立銀行は日本に初めて設立された銀行で、総監役を務めた栄一は喜助との信頼関係を深めた。喜助亡き後も栄一と清水組の絆は継承され、栄一は明治二〇年から大正五（一九一六）年まで約三〇年間清水組の相談役として経営の指導支援にあたった。栄一は、自身が範とした「論語と算盤」の精神を伝え遺しているが、この教えは清水建設の社是となっている。

清水組は、渋沢家の深川福住町邸のほか三ヶ所の邸宅や、北区王子の飛鳥山公園内に建つ栄一ゆかりの建物「晩香廬」（大正六年、重要文化財）、「青淵文庫」（大正一四年、重要文化財）なども手掛けている。「晩香廬」は、栄一の喜寿を祝し、清水組が贈呈した建物で、多くの賓客が招かれた。栄一は、ことのほかこの小亭を好み、亡くなるまで親しんだといわれる。

伝統建築と洋館が織りなす珠玉の作品

喜助が手がけた和館「表座敷」は、この邸宅の中で最も広く、二階は接客機能を重視し、随所に見る銘木と繊細な細工が施された意匠は見事である（図9～11）。二階客間の床柱には化粧彫りした南天を据え（図12）、天井は神代杉孔雀杢一枚板、割り付けを畳割に合わせた斬新な意匠を見せる。一、二階の和室には、名工堀田瑞松作の桃と葡萄が透かし彫りされた欄間（図13）［注3］が据えられ、座敷を美しく飾る。

また、喜助ならではの特徴を見せる場所の一つが階段廻りである。階段の親柱や手摺子には黒柿、手摺には紅紫檀、波形紋様の板をかぶせたササラ桁と段板には欅の銘木を用いている（図14、15）。銘木は、栄一夫人の千代が自ら木場に足を運び選定したといわれる。この階段は、和と洋を見事に調和させた意匠で、華美なしつらえを好まず、確かな質を好んだ栄一と千代夫人の意向を充分に汲みながら、喜助ならではの巧みな技と工夫の跡を印している。

一方、西村好時設計の洋館は英国王朝風の外観で、表座敷同様に良質な材が用いられている。洋館は玄関、客間（図16）、応接室（図17）、書斎（図18）、食堂（図19）など大小七室を備える。表玄関および応接室にはチーク材、食堂にはオーク材を用い、落ちついた佇まいである。西村のモダンで繊細なデザインは、天井の仕上げや蛇腹の植物文様、英国から輸入された窓の金具や照明器具など、いたるところに取り入れられ、部屋の雰囲気を優しく飾る。洋館の新築時に増築された「表座敷」と洋館を繋ぐ、平屋建ての和館に増築された二階部分（図7、8）も西村の設計と推測されるが、屋根は入母屋造桟瓦葺き、外壁は堅羽目の板張り仕上とし、洋風の窓が設えられ、和洋折衷の意匠を見せる。洋館の建設にあたり、西村は渋沢邸の中心部となる表座敷を丁寧に遺しながら、趣の異なる洋館と、この二棟を繋ぐ和洋折衷で造られた和館（一階は明治四一年、

図16　洋館1階の客間（六戸町時代）

図17　洋館1階の応接室（六戸町時代）

図18　洋館1階の書斎（六戸町時代）

図19　洋館1階の食堂（六戸町時代）

二階は昭和五年）との一連のラインをいかに美しく調和させるかに心血を注いだのであろう。また、洋館には、厨房や暖房などに、当時の最新設備が備えられ、時代の変化とともに近代化される暮らしと住まいのありようを如実に映し出す、昭和初期の近代住宅として貴重な遺構である。

西村好時は、明治四五（一九一二）年に東京帝国大学建築学科を卒業、大正三（一九一四）年から同九年まで清水組設計部に在籍した後、第一銀行の建築課長を経て昭和六（一九三一）年に西村建築事務所を開設、銀行建築をはじめ多岐にわたる作品を手掛けた。

一四〇年の歴史を経て、再び蘇る文化的遺産

栄一が愛し、三代にわたり渋沢家の暮らしを育んだ邸宅は、約一四〇年の歴史を刻む。この間、移築や増改築のみならず震災や戦災など、幾多の試練に見舞われながらも、大切に守られ、維持されてきた。遺るべくして遺されてきた背景には、いくつもの重要な要素が挙げられる。それは、喜助が手がけた和館「表座敷」にみる見事な伝統技術や、洋館にみる西村の優れた意匠を当時の姿のまま伝え遺していること、また、昭和初期の和洋館並列型の住宅のありようを伝える点でも貴重である。

さらに、質の良い材を用い、丁寧な造作、継手や仕口といったいわゆる日本の伝統的な工法が移築を可能にしてきたことも大きな要因であろう。なによりも施主をはじめ工事に関わってきた大工や職人、設計者や施工者、多くの関係者たちの〝守り遺す〟という強い意志と尽力を忘れてはならない。時に、旧渋沢邸は〝強運の家〟ともいわれるが、その陰に積み重ねてきた物語も含め、文化的遺産を遺すというその取り組みを示す好事例である。

［注1］村松貞次郎「三田共用会議所建築に関する所見」（旧三田綱町渋沢本邸）一九七五年五月一三日、清水建設保管。
［注2］［清水建設の呼称変遷］創業～明治一四年 清水屋　明治一四年～大正四年 清水店　大正四年～昭和二三年 清水組　昭和二三年～現在 清水建設
［注3］堀田瑞松（一八三七～一九一六）は紫檀彫刻に優れ、代表作に「楼閣山紫檀額」（東京国立博物館蔵）がある。

参考文献
(1) 清水建設『旧渋沢邸解体及び移築工事調査記録』一九九三年。
(2) 川上玄『古牧「旧渋沢邸」の建築について』一九九二年。
(3)『奇跡の住宅』ＮＡＲＵ建築写真事務所、二〇一六年。
(4)『青淵』渋沢史料館便り、No.75～76。

図版出典
図1、14、15　委員会撮影（二〇一七年一〇月）
図2、3　清水建設株式会社所蔵
図4　渋沢史料館所蔵
図5『住宅建築図集』第一輯
図6～13、16～19　清水建設所蔵（ＮＡＲＵ建築写真事務所 撮影）

Column

受け継がれてきた住宅建築が語るもの

本書では、清水組『住宅建築図集』に掲載されている住宅のうち、現存する建物を紹介しているが、図集に掲載されていない中にも、大切に使われ続けてきた建物がある。

その履歴を辿れば、何世代にもわたり親から子、孫へと受け継がれてきた住宅もあれば、個人の手を離れ美術館などの公的、文化的施設や企業の保養所、大使館公邸など用途を変更しながら継承されてきた建物、また、移築を経て守られてきた住宅など、その変遷は様々である。

大正、昭和、平成と約一世紀にわたる歳月には、震災や戦災などを乗り越え、社会や都市、街並みの変化、と同時に時代とともに暮らし様の変化や設備機能などの進化により、住宅の形そのものが大きく変容していく時代と重なるが、そうした中でも丁寧に維持され、使い続けてこられた住宅はまさに強靱な生命力を持った建物といえるだろう。

残したいと思っても残すことができなかった建物が圧倒的に多い中で、継承されてきたその背景には何があるのだろうか。今回の建物調査は、そこに住まわれてきた、あるいは建物を引き継いでこられた方々を通し、家族の歴史を刻んだ邸宅への愛着はもちろん、建物を造る側、つまり設計者や施工者、職人らへ寄せる強い信頼がそれを支えてきたことも大きな要因であることに、改めて深く思い知る貴重な機会でもあった。確かな技術と丁寧な造りようは、長い年月を経ても狂うことなく、竣工当時の姿や匠の技をしっかりと今に伝え、その存在感を放つ建物が多いことも、建築に携わる者として大きな喜びである。「住宅」は、その時代の日本人の暮らし様を最もよく示す文化のひとつであろう。大切に守られ、使われ続けてきた住宅建築は、確かな記憶と価値を今に伝える貴重な遺産である。

（畑田 尚子）

図版出典
図1、2　清水建設株式会社所蔵
図3　清水組『工事年鑑』昭和十四年版

図1　土井忠兵衛邸
昭和5（1930）年、三重県尾鷲市
現在も土井家の住宅として継承

図2　村井吉兵衛別邸
明治40（1907）年、京都市
現在、長楽館としてホテル・カフェを営業

図3　原邦造邸
昭和13（1938）年、東京都品川区
現在、原美術館として継承

守る知恵のヒント 3

移築・曳家という保存の手法

建物の保存を行なう場合、当然ながらその場所は、建物が最初に造られた場所そのもので行なわれるべきである。なぜならば、建物の成立において、その土地の地形・地勢はもとより、その周辺環境や周辺の風景、さらには気候・風土などと深く関わって誕生しているからである。

しかしながら、例えばその建物の建てられていた土地の地価が極めて高価で、その土地に見合うだけの有効利用が求められる場合は、土地の持つ特性や周辺風景などと一緒に保存することが困難となり、建物だけでも保存しようと、その密接な関係性のある土地から切り離し、建物を移動させなければならなくなる。こうした傾向は、特に都心部の土地に建つ建築を保存する場合に頻繁に生じてくる。

近代建築の野外博物館として知られる博物館明治村、江戸期の民家を中心とした野外博物館である川崎市立日本民家園など、建物を展示物とした野外博物館は、まさにその創建当時の土地に保存できない建物を集めて保存している施設でもある。日本では、戦後の高度成長期に土地の有効活用を理由に歴史的建造物の建て替えが頻繁に行なわれる中で、こうした博物館が誕生した。

さて、建物を移動させる方法に注目すれば、A：解体移築という方法、B：曳家という方法に大別できる。Aは、建物を解体して部材化し、再び別の場所で組み立てることを意味する。この解体とは、建物を造る行為の逆のことを行なうことで、建築をバラバラに分解し、建築を構成する様々な部材に戻すことである。こうした部材化されたものから解体前の建物に再現するためには、各部材がどこに用いられたものかを正確に記録することが求められる。そのため、解体された各部材にはその使われていた場所や部材番号などを記した「番付」と呼ばれる札を付けるなど、手間暇の掛かる工事を行ない、その後、部材を移動し、その際傷んだ部材を修理し、再建工事を行なって移築前の姿に建物を再現することになる。

一方、Bの曳家は、建物の解体は行なわずに、そのままの姿で建物を移動させる行為を指す（**図1**）。解体の場合は土壁のようなものは壊したり、また、解体の際に部材を傷付けたり、破壊したりすることも生じる危険性がある。これに対し、曳家は、建物そのものを移動させるため、建物はそのままの質を保ちながら移動できることになる。ただ、曳家の際には、建物をジャッキアップして地上に持ち上げ、今日では建物の下に車輪を設け、移動先の土地までレールを敷いて、建物を曳いて移動させるという方法を取るため、移動できる範囲が限られるなどの限界もある。それでも、最近、東京で行なわれた旧李王家住宅の保存では、土地の有効利用から敷地内で建物を曳家して移動させるなど、鉄筋コンクリート構造の巨大建築などでも採用されている。

いずれにせよ、解体移築や曳家による建物保存は、今後も増えるものと思われる。解体移築は、本書収録の渋沢栄一・篤二・敬三邸でも採用されている。ちなみに、渋沢邸の一部の二代目清水喜助の手掛けた表座敷部分は、東京深川福住町から三田綱町へ、その後、青森県六戸町、そして再び江東区へと計三回の解体移築がされることになる（**図2、3**）。

こうした解体移築、あるいは曳家は、日本の木造建築の発展の中で培われた建物や建築部材の有効利用の古くから続く方法といえ、こうした方法が現在でも生きていることは注目される。

（内田 青蔵）

図版出典
図1、2、3　清水建設株式会社提供

図1　JR二条駅　更家工事の様子（平成2～3年）
（現在は京都鉄道博物館の一部として利用されている）

図2　渋沢栄一・篤二・敬三邸の解体写真

図3　部材は、痕跡調査を行ない、番付けを打ち、養生して再建まで大切に保管する

5-2 馬越幸次郎別邸

和洋が共に生きる設計力

波多野純

図1　アプローチから見た主屋と車寄（現状）　竣工時とほとんど変わらない

図2　アプローチから見た主屋と車寄（図集掲載竣工写真）

図3　南側外観（現状）1階サンポーチ部分が増築されている。右端が和室部分

図4　南側外観（竣工写真）

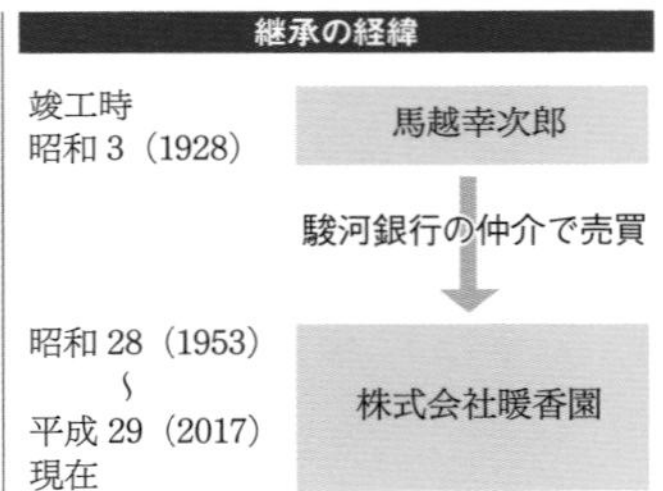

所在地	静岡県伊東市 ㊸
竣工	昭和3（1928）年7月
設計者	清水組 *「工事竣工報告書」ではビール会社建築係鈴木捨喜
構造	木造、2階
延床面積	160坪（528㎡）
主要用途	別邸→住宅、一部暖香園宴会場
公開有無	**非公開**（訪問・見学不可）

図5　和室部分外観　廻縁(えん)を束立てとする軽快な意匠

実業家にとっての別邸

戦前の実業家にとって住まいは、「家族の容れもの」以上の大きな役割を担っていた。本邸ばかりでなく別邸も同様で、賓客を手厚くもてなすことが社会的信用に繋がった。

この別邸を建てた馬越幸次郎（一八七三～一九三五）は、日本のビール王と呼ばれた馬越恭平（一八四四～一九三三）、大日本麦酒社長、衆議院議員、貴族院議員）の次男で、馬越同族会社代表取締役をはじめ、大日本麦酒、朝鮮麦酒、電気化学工業の取締役を務めた実業家である。栄養酵母開発に携わった薬学博士でもあった。

東京に近い伊東温泉

別邸が建つ伊東温泉は、国内有数の豊富な湯量で知られ、東京から近い地の利を生かし、大正から昭和初期には、療養・別荘地として発展した。昭和八（一九三三）年に伊東線が開通し、観光地としても多くの客を集めるようになり、同二五年には国際観光文化都市に指定されている。

伊東温泉のシンボルとして知られる東海館（伊東市指定文化財）も、別邸と同じ昭和三年に温泉旅館として開業し、同八年に大規模な増築を行なっている。印象的な望楼の建設は、昭和二四年である。平成九（一九九七）年に廃業したが、同一三年に市の文化施設として再生した。

離れを用意した特別な接客

別邸は、伊東港に注ぐ伊東大川の河畔に位置する。石柱の門を入ると、車寄を備えた主屋が見える**（図1、2）**。さらにその奥の芝生の庭の向こうには、四棟の和風の離れがそれぞれ独立して建っている（当時の離れは一棟のみで、残りは建て替えられた）。客は主屋で接待を受けながら、離れでくつろいで過ごせるよう、格別な配慮がなされている。

ハーフティンバーの洋館と軽快な和室外観の融合

主屋は、木造二階建て。L字型の平面に合わせた寄棟造の屋根は緑色の釉薬桟瓦で葺かれている**（図3、4）**。外壁は、木造の柱型を現したハーフティンバーであるが、南東の和室部分は、外観も含め、和風の軽快な意匠である。和室部分も当初は瓦葺であったが、アスファルトシングルのような薄い素材に葺き替え、さらに下屋部分は軽快な銅板葺である。足元も、ボーダーにスクラッチタイルを貼る洋風部分に対して、和室では母屋通りに土台を廻し、入側縁は東立てとすることで軽快に見せている**（図5）**。食堂前、南に突き出す「サンポーチ」部分は、当初は寄棟の瓦葺であったが、増築の際に銅板葺の片流れ屋根に変更された。

車寄は、三本一組の柱の足下をスクラッチタイルで礎石状に持ち上げている。周囲をタイルで飾った玄関扉には網代模様が施され、その意匠は床のタイルと呼応している**（図6）**。

格調ある座敷と質の高い食堂

接客用の和室は、一〇畳の座敷を主室とし、幅一間の畳廊下を挟んで押入付き六畳の次の間の三室からなり、L形に畳の入側縁が廻る。一〇畳の座敷には、畳床、付書院、床脇の違棚を備える。付書院の障子組子の構成は秀逸である（図7）。

食堂は、意匠的にもっとも質の高い部屋である。床は精緻な模様の寄木張。壁の内法下部分は格子状に枠を組み面取りの鏡板を入れている。タイル張の暖炉を設け、壁には菱模様のステンドグラス窓、食器棚を壁と一体でデザインしている（図8、9、10）。これらの内装には、台湾産のチーク材が用いられた。ドアノブなどの金物も質が高い。隣の配膳室では食堂の食器棚が背面から使えるようになっている。

最も大きく改造されたのが「サンポーチ」部分である。当初は下屋状のサンルームで、床仕上げがタイル張であること

図6　車寄（現状）軒先の納まり、スクラッチタイルの適切な配置など丁寧なディテール

図7　座敷（現状）格調ある意匠である

図8　食堂（現状）暖炉などインテリアデザインはきちんと残っている

▲

図9　食堂（竣工写真）

図10　食堂（現状）壁面全体をデザインし食器棚を組み込む

から、半外部の扱いであり、「テレス」部分には葭簀棚が設けられていた。現在は、奥行を広げ、床をカーペット敷、ソファーを置いたリビングルームとして使われている（図11）。

思い出の浴室

昭和二八（一九五三）年、隣接地でホテルを経営する暖香園社長北岡丈人氏（現社長貴人氏の父）に、駿河銀行から話があり、土地・建物を購入した。当時、馬越氏の別邸であった由緒を伝えて欲しいと言われ、しばらくは「馬越荘」と呼んでいた。

当時の浴室は雰囲気があってよかったが、昭和三三年の狩野川台風の際、川の水が浴槽へ逆流し、魚も入ってきたため、浴槽をかさ上げし、その後建て替えた。竣工写真および図面によると、ドライエリアを持つ半地下で、周囲を色ガラス窓とし、天井も光天井のようである（図12）。

図11　旧サンポーチ（現状）

図12　浴室（竣工写真）現存しないが、色ガラス窓、光天井が温泉浴室を演出している

質の高い設計・施工が愛着を生む

馬越幸次郎別邸は、ハーフティンバーの洋風建物に和風座敷を組み込みながら、外観意匠を含め破綻なく納める独特なデザインが魅力である。洋館と和館を併設する場合、それぞれ別棟にする、あるいは洋風の外観意匠に和室を閉じ込めるなどの手法が考えられるが、当別邸は、軽快な和室の外観をそのまま組み込んでおり、設計力の高さが窺える。

当別邸は、賓客の接待を主目的としたと考えられる。格調のある正統的な座敷の意匠がそのことをよく示している。また、車寄から玄関、応接室、食堂の、細部にわたる質の高い意匠は、同時代の住宅の中でも高水準である。

九〇年の時を経ても老朽化が全く感じられないのは、良質な木材をはじめとする素材、優れた設計と施工、さらに現当主の行き届いたメンテナンスによるものである。愛着を持って住み継がれてきた建物には、心地よい空気が流れている。

図版出典
図1、3、5〜8、10、11　委員会撮影（二〇一七年一二月）
図2、9　『住宅建築図集』第一輯
図4、12　清水建設株式会社所蔵

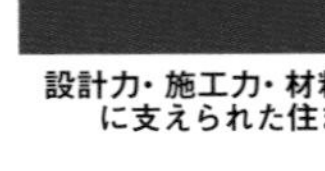

5-3

内藤多仲邸

日本初の耐震・耐火建築と近代生活の融合化をめざした住宅

内田 青蔵

図1 南側外観（現状）

▲

図2 外観（図集掲載竣工写真）

図3 居間（現状）

▲

図4 居間（図集掲載竣工写真）

継承の経緯

時期	所有者
竣工時 大正15（1926）	内藤多仲
	↓ 内藤多四郎氏が関与
昭和45（1970） 〜 平成29（2017） 現在	早稲田大学

所在地	東京都新宿区 ⑩
竣工	大正15（1926）年12月
設計者	内藤多仲、木子七郎、 協力：今井兼次
構造	壁式鉄筋コンクリート造、2階
敷地面積	190坪
延床面積	105坪（347㎡）
主要用途	住宅 → 記念館
公開有無	**非公開**（訪問・見学不可）

図5 南側外観（現状）

耐震・耐火という命題

近年、〝木〟が注目され、新国立競技場に代表されるように現代建築にも〝木〟を用いるものが出現している。こうした現象は、わが国でも近代以降の建築の発展が欧米の建築動向をモデルに展開されてきたことへの反省でもあるといえるだろう。すなわち、欧米では、建築の主要材料であった石や煉瓦、さらには木材に代わる新材料として鉄とガラスとセメントという工業生産化される材料を主役とする建築に移行してきたからだ。当然ながら、近代以降の建築に求められた建築テーマや規模も前近代とは異なり、新建築を実現するためにふさわしい建築材料として普及してきた側面もある。

一方、わが国の建築の特徴は木造であることだ。近代以降、わが国では木造を捨てて欧米建築に追随し、新材料による建築を追い求めてきた側面が強い。近年はそんなことへの反省が、感じられるのである。ただ、新材料の選択は、欧米追随からだけではない。木造には大きな越えるべき欠点があったこともまた事実である。その欠点とは、地震に弱く、火にも弱いという耐震性・耐火性に対する大きな問題を抱えていたことであり、その欠点をいかに越えるかという問題は、ある種、わが国建築界の永遠のテーマともいえるものでもあった。

こうした欠点を克服するという古くて新しい問題に果敢に挑み、その答えを提示したのが建築構造家の内藤多仲であり、その答えを具現化した建築こそ内藤多仲邸なのである。

構造設計は内藤自身が行ない、デザイン面などの意匠設計は東京帝国大学在籍当時に仲の良かった一年遅れて卒業した木子七郎に依頼し、さらに家具などの設計は今井兼次の協力を得たといわれている。施工は清水組が担当した。

構造は極めて独創的で、壁式の鉄筋コンクリート造を採用し、大正一五（一九二六）年に竣工している。この竣工時期からも想像されるように、関東大震災直後にわが国の建築構造が耐震性・耐火性をテーマに、それまでの木造・煉瓦造・石造から脱却し、鉄筋コンクリート造へと移行する中で実施された、最初期の壁式構造を採用した記念碑的建物である。

構造学者内藤多仲

内藤は、旧制甲府中学から第一高等学校を経て、東京帝国大学工科大学建築学科に進んでいる。一高在籍中には『坊っちゃん』を執筆中だった夏目漱石の英語の授業を受けたという。進学した建築学科では、建築分野でいち早く耐震学を研究していた佐野利器のもとで「耐火建築」をテーマに卒論を完成させ、明治四三（一九一〇）年に卒業している。そのまま大学に残って大学院に進んだ内藤は、鉄骨構造について研究する傍ら、同年九月に開校したばかりの早稲田大学理工科建築学科の講師を兼ね、大学院修了後の大正二（一九一三）年には教授として迎えられている。

研究を続けていた内藤は念願かなって大正六年から一年

間、ニューヨークやシカゴなど鉄骨構造による高層建築の出現著しいアメリカに留学する機会を得た。当時、アメリカは鉄骨構造分野でも最先端を走っていたのである。

トランクが教えてくれた新理論

サンフランシスコに上陸し、カリフォルニア大学の見学後にワシントンに移動した際、列車に積んだ内藤のトランクはボロボロに壊れてしまったという。この些細な経験が、実は、その後の新しい耐震構造理論を生み出すヒントになったという。

アメリカの留学を終えた帰国後、新理論を考えていた時、内藤に二つのヒラメキが起こった。ひとつは、荷物をたくさん詰め込むために、内部の間仕切りを取り去ったことで壊れたトランクのこと。もうひとつは、渡米の際に乗った水平デッキと垂直の隔壁で仕切られた頑丈な船体構造のことである。この二つのヒラメキに共通するのは、共に大きな躯体の中に間仕切りを入れることで強度が高められ、全体の変形を防ぐという原理が存在するということであった。この間仕切りの存在に着目した内藤は、その原理を建築に応用して〝耐震壁〟を取り入れた新しい耐震構造理論へと発展させたのである。

内藤は、大正一〇（一九二一）年に構造設計の依頼を受けた日本興業銀行と歌舞伎座の二つの建物に自らの新理論を実践する機会を得たのである。しかも、偶然起きた竣工直後の関東大震災で、二つの建物はほとんど被害を受けることがなかった。関東大震災によって内藤の新理論の有効性が証明されたのである。こうした耐震壁の有効性を確認した後に、この自邸は設計された。

内藤邸の概要

改めて、内藤邸を見てみよう。この住宅はわが国の鉄筋コンクリート造による住宅としても最も早い事例のひとつとなる。加えて、構造的には壁式構造という新方式のもので、住宅という小規模建築にふさわしい構法として採用されたものと推測できる。

外観は、装飾的要素がほとんどないキュービックな形態の総二階建ての建物である。簡素といえば簡素だが、フラットルーフで、当時としては先駆的なモダンなデザインといえる**（図1、2）**。それでも、一階居間の庭側縁側部の開口部はアーチ形、また、開口部のプロポーションは縦長で、明治以降の洋館の開口部と同様のものが採用されており、まだモダニズム建築の特徴である水平連続窓は採用されてはいない**（図3～5）**。その意味では、古風さを残す洋館からモダン建築への過渡的な住宅といえるであろう。

間取りも基本的には中央に動線処理のための廊下を配した中廊下型で、中廊下で分離された北側の諸室は女中室や台所という当時の考え方を踏襲したものであるが、一階西端の北側に食堂、南側に子供室を配置しているのは、子供を重視した新しい考え方の表れとして興味深い（図6）。

また、食堂は板張りのイス座の部屋で、子供室とは四枚の引違いのガラス戸で仕切られている。このガラス戸は壁の内側に収納できる仕組みとなっており、開け放して一つの部屋として使うことも考えているようである（図7、8）。また、注目したいのは、子供室の床が一尺ほど高く、かつ、畳敷きであることだ。このイス座とユカ床を一体化させるつくりは、藤井厚二や保岡勝也などの作品とほぼ同時期で極めて新しく、構造形式とともに生活スタイルも新しさを求めた住宅であったことがわかる（図7）。

また、二階は、研究者らしくアルコーブに小さな寝室部を備えた大きな書斎と寝室が二部屋、奥には続き間の日本座敷がある。書斎には大きな机や本棚があり、飾り金物などはアール・ヌーボー調の金物や装飾が施され、建物の建築年代やデザインとは少しズレが感じられる（図9）。この新しい住宅以前の生活で使われていた家具なのかもしれない。なお、家具以外のインテリアとしては、ドアや照明器具に、当時の雰囲気がよく残されている。なお、照明器具やドアの緩やかな曲線に縁取られた開口部のデザインは、表現派風の動きのあるデザインのようにも感じられる（図10）。

意匠設計を担当した木子七郎は、スパニッシュ様式やアール・デコ風のデザインを得意とした建築家として知られる。しかし、西宮の新田邸などのインテリアに見られるアール・

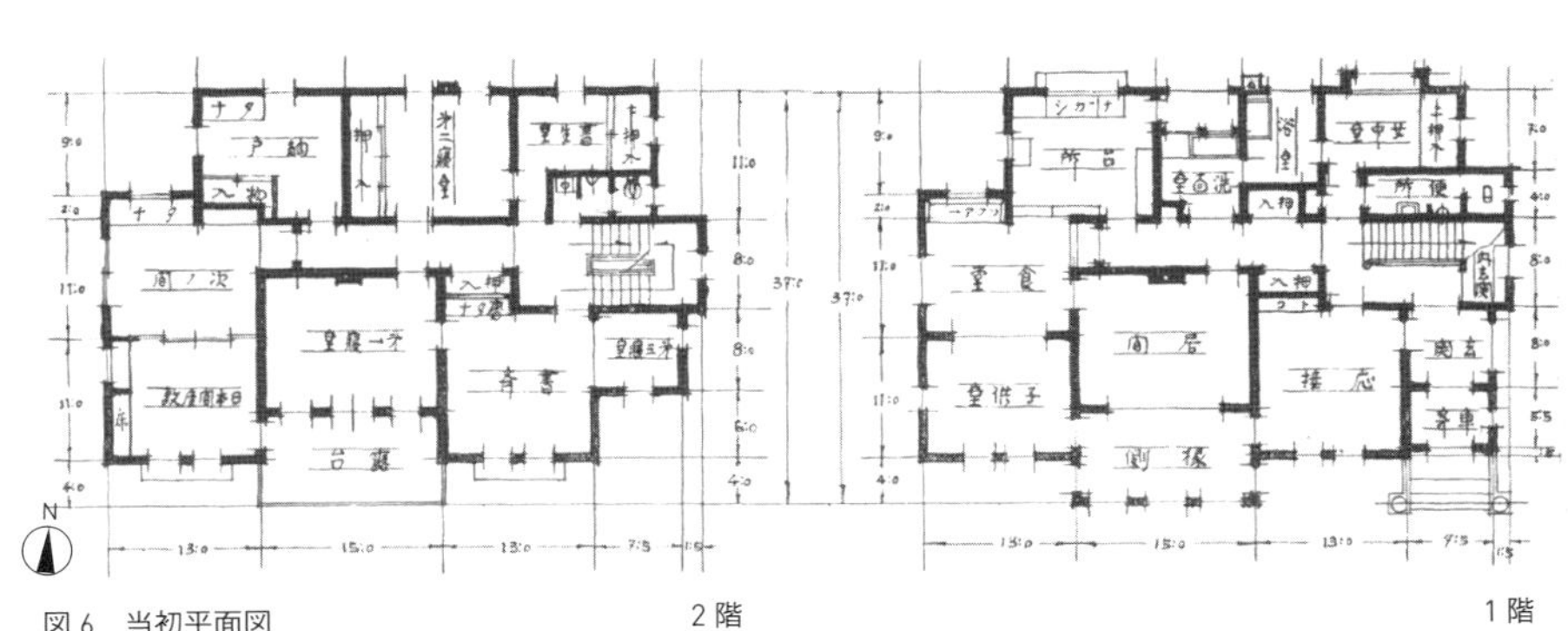

図6　当初平面図　　2階　　1階

図8　食堂（現状）

図7　食堂（手前）と子供室

図9　書斎 家具（現状）

図10　照明器具（現状）

図11　日本間座敷（竣工写真）

デコのデザインと比べると、明るさや軽さがあまり感じられない。表現派風からアール・デコへの過渡期的な古風さが残る意匠といえるかもしれない。

なお、二階奥の「日本間座敷・次ノ間」は続き間形式の二間であり、欄間付きの襖で仕切られた伝統的な和室といえる。内部の壁も真壁風で柱も見られる。ただ、床の間と棚は座敷の正面ではなく、座敷の西側に設けられており、座敷飾りの配置は伝統的な続き間形式のものとは異なる（図11）。また、座敷の南側の開口部は内部では障子を建て込んでいるものの、外観上は上げ下げ窓で、和室の存在は外観からはほとんど認識できない。洋館としての外観を重視した姿勢がここから窺える。また、平面図を見ると基本的には柱心で寸法が記されている。こうした鉄筋コンクリート造の壁の内部に和室を取り込んだ形式の場合、和室の寸法はどのように考えて設計されていたのかが気になる。この点は今後の課題としたい。

耐震・耐火建築と近代生活の融合化

この住宅について、内藤多仲の息子・多四郎氏は『父は生前から、「この住宅は早稲田大学の関係者にいろいろと協力してもらってできたものだから、いずれは大学に寄贈したい」という想いを抱いて』いたと述べている［注1］。

早稲田大学では、寄贈を受けた後、内藤多仲博士記念館として利用するために、一階の洗面台・浴室部分を展示空間用に改修し、また、二階の日本間座敷と次ノ間部分に書架を置いて倉庫として使用している。多少の改修が見られるものの、建物の重要性もあって和室では床の板敷化という最小限な改修に留めるなど、建物への配慮が行き届いている。

そのような心ある再利用ゆえ、建物としては創建時の様子をよく残している。直接的に構造の新規性を確認することはできないが、それでもラーメン構造ではないため、太い柱と出会うことはない。構造形式としては当時普及していたラーメン構造に対し、規模が小さく、また、耐震性を考慮した場合の〝壁〟の役割に注目して壁式構造を採用したことは、耐震性という観点からわが国の鉄筋コンクリート造の発展に大きな役割を果たした考えであり、その考えに基づいた最初期の実験住宅としての役割も担っており極めて貴重な事例といえる。また、建築のデザインに加え生活スタイルも当時のわが国建築界の時代性をよく示しており、構造から、デザイン、生活スタイルといった多面的な価値を見ることができる重要な住宅である。

［注1］『新建築 住宅特集』二〇一四年六月号。

図版出典
図1、3、5、7〜10　委員会撮影（二〇一七年八月撮影）
図2、4、6　『住宅建築図集』第一輯
図11　清水建設株式会社所蔵
図12　早稲田大学内藤多仲博士記念館所蔵

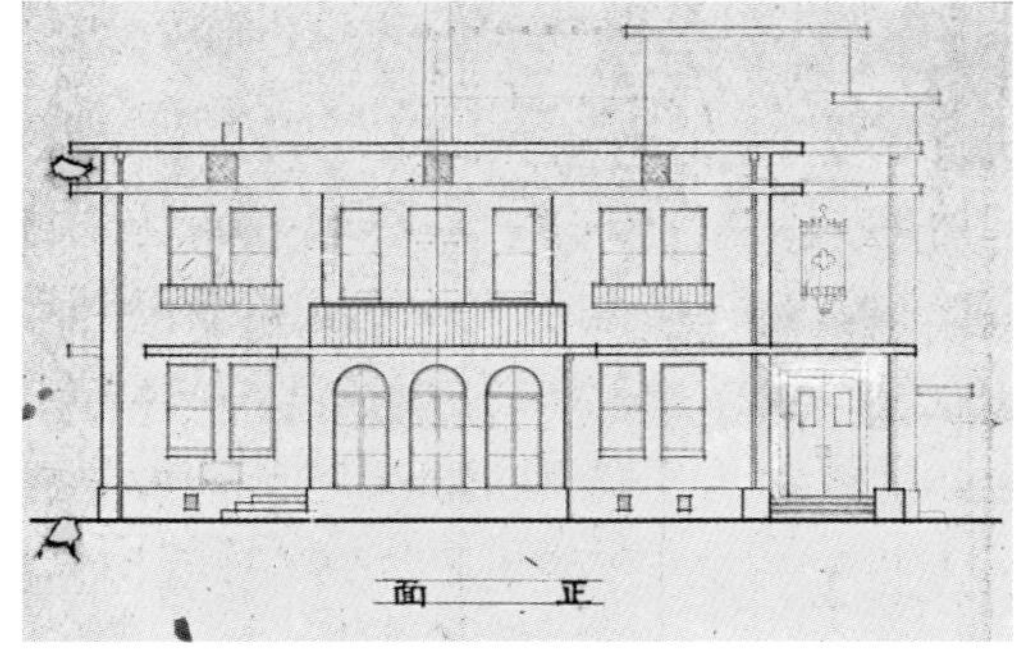

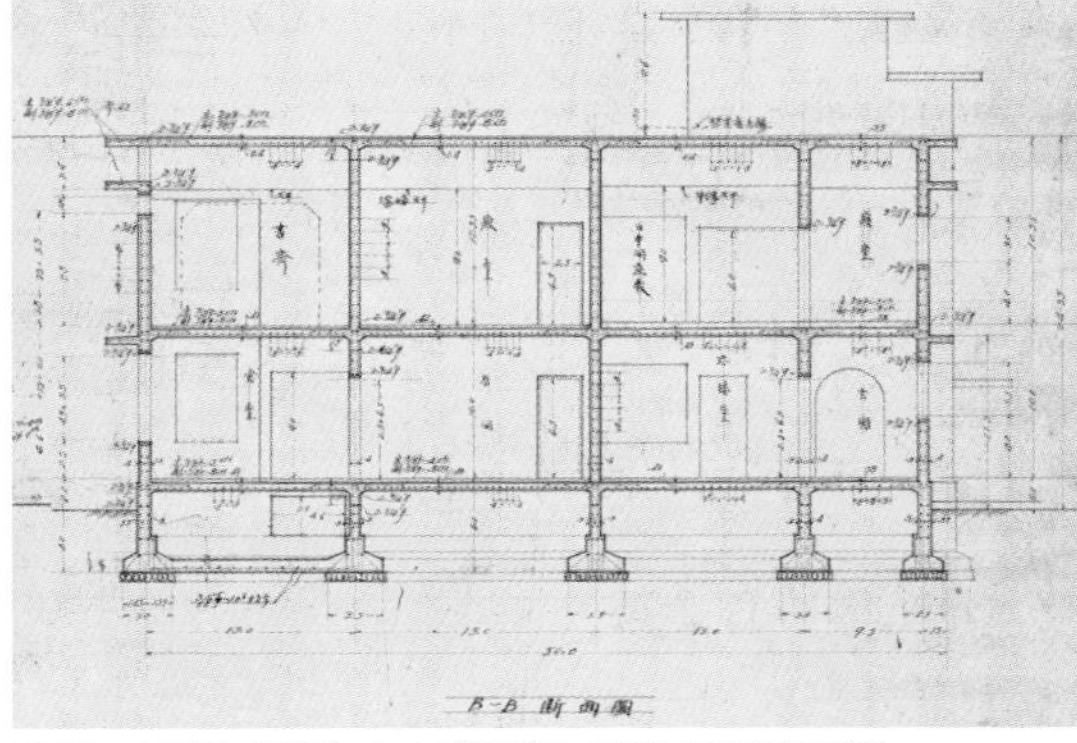

図12　立面図（正面）および断面図（青焼き図面を反転）

Column

戦前期の鉄筋コンクリート（RC）造住宅
―『図集』に見るRC造住宅の壁構造からラーメン構造への変遷

今日、RC造の建築には柱・梁で構成する「ラーメン構造」と、柱や梁を使わないで壁で躯体にかかる力を支える「壁構造」がある。前者は間仕切の自由度や空間を広く使える利点があるが、室内に柱型・梁が出っ張り室内に凹凸ができてしまう。一方、壁構造は部屋への出っ張りがなく部屋をまっすぐ使えるが、間取り変更の自由度が低く、窓やドアなどの開口部の大きさも制限される。

清水組は防火を必要とする「渋沢倉庫（明治四二（一九〇九）年）」を手始めに、「三井物産（株）横浜支店事務所（同四四年）」、「加島銀行岡山支店（大正四（一九一五）年）」などのRC造建築を手掛け新しい技術を習熟していった。RC造「住宅」では「成瀬正行邸」（同七年・コンドル設計）が最初である。その成瀬邸は当時の煉瓦造の洋館をRC造に置き換えたような住宅で、車廻し、暖炉廻りの柱型を除き全体は壁構造で建てられている。

RC造の建物が本格的に普及するのは、大正一二年の関東大震災でRC造の耐震性が証明された以降であるが、清水組は、震災以前にすでにRC造建築六一件（工事履歴書）を手掛けている。

『住宅建築図集』掲載の内、RC造の事例は五七件確認できるが、一部分RC造および構造不明の一三件を除くと、壁構造は六件、ラーメン構造は三八件ある。壁構造住宅は、震災後の大正一三年から昭和元年竣工までの五件および昭和三年一件といずれもRC造住宅の最初期に建てられ、しかも設計者は清水組設計一件を除き武田五一、藤井厚二、内藤多仲、レーモンド建築設計事務所（二件）ら外部建築家によるもので、内藤多仲以外の構造設計者は不明である。

他方、「片倉直人邸（大正一五年・東京）」などラーメン構造の大半（二九件）は清水組の設計・施工によるものである。建築家によるものも九件あるが、その内二件は清水組の設計者が構造設計を担当している。

清水組がRC造住宅でラーメン構造を多く採用している理由は、倉庫・事務所・銀行等でそれまで多くのラーメン構造を手掛け手慣れた工法であったこと、平面計画の自由度と南面に続き部屋の和室および縁側を設ける事例が多く、横長の開口部を必要としたことなどが考えられる。

ラーメン構造の中には、壁構造の凹凸のない空間を設ける利点と空間設計の自由度および横長の開口部を設けるための工夫として、「下村正太朗邸（京都・昭和六年）」や「大島小太郎邸（唐津・同一二年）」に見られる扁平な壁柱に梁を設ける「壁柱ラーメン構造」に進化している。また、壁柱ラーメン構造住宅は朝鮮・満州の住宅においては、躯体に煉瓦積みの帳壁を設ける「煉瓦・鉄筋混凝土混構造」の事例が多く採用されている。

（小黒利昭）

壁構造住宅

濱部源次郎邸（大正 14 年・京都）：藤井厚二

内藤多仲邸（大正 15 年・東京）意匠：木子七郎／構造：内藤多仲（p.168）

ライシャワー邸（大正 15 年・東京）：レーモンド建築設計事務所（p.138）

ステープルトン邸（昭和 2 年・横浜）：レーモンド建築設計事務所

ラーメン構造住宅

片倉直人邸（大正 15 年・東京）：清水組主任：千草謙／構造：吉田栄次郎

阿部正直邸（昭和 2 年・東京）：清水組主任：草間市太郎／構造：吉田栄次郎

壁柱ラーメン構造住宅

大島小太郎邸（昭和 12 年・唐津）：大阪支店主任：岡本松太郎／構造：仁藤信次

壁柱ラーメン・帳壁煉瓦造住宅

長尾吉五郎邸（昭和 10 年・満州国新京）：満洲支店設計係

設計力・施工力・材料力に支えられた住まい

5-4

石坂泰三邸（現 駐日ブルガリア共和国大使公邸）

二つの建物を使い分けながらその魅力を継承した住まい

内田 青蔵

図1 「玄関部外観」西側外観（現状） 左：昭和9年竣工の主屋 右：昭和12年の増築部

図2 「玄関部外観」西側外観（図集掲載竣工写真）

図3 主屋1階「広間」（現状）

図4 主屋1階「広間」（図集掲載竣工写真）

継承の経緯

年	経緯
竣工時 昭和9（1934）	石坂泰三
昭和12（1934）	増築建物 竣工
	譲渡
昭和33（1958）	共同建物株式会社
	譲渡
昭和46（1971）〜平成30（2018）現在	ブルガリア共和国

所在地	東京都渋谷区 ⑲
竣工	主屋：昭和9（1934）年 増築：昭和12（1937）年12月
設計者	主屋：清水組（海野浩太郎） 増築：渡辺仁
構造	住宅 → 外国大使公邸
敷地面積	980坪
延床面積	主屋：132.5坪（437㎡） 増築：89坪（294㎡）
公開有無	**非公開**（訪問・見学不可）

個人住宅から大使公邸へ

大使公邸などの大使館関係の建物として、日本人の個人住宅として建てられた洋館建築を転用している事例がある。フィリピン大使公邸は旧安田邸、タイ王国大使公邸は旧濵口邸を使用しているし、また、かつてはスリランカ大使公邸として旧渡辺甚吉邸が利用されていたことはよく知られている。こうした住宅に共通するのは、建築が〝洋館〟と称されるように外観はもちろんのこと、間取りも一階には階段ホールを中心に諸室を配置し、二階には独立した多数の個室、そして、内部は家具を含めインテリアも質が高く、さらには水廻りも水洗トイレや洋式バスタブ、暖房設備も全館暖房と、大使や大使家族が本国と遜色ない生活が可能な高度な諸設備を配した住宅であるということだ。

ブルガリア共和国大使の公邸も個人住宅として建てられた住宅建築を使用している。

その建物は鉄筋コンクリート構造で陸屋根の直方体状の主屋と増築部の二つの建物を雁行状に連結したものである **(図1、2、14)**。創建時の施主石坂泰三は、明治四四（一九一一）年に東京帝国大学法科大学独法科を卒業後、そのまま大学院で財政学を専攻し、早稲田大学講師、逓信省為替貯金局を経て大正四（一九一五）年から第一生命保険会社に勤め、専務取締役の後昭和一三（一九三八）年からは社長を務めた人物である **[注1]**。清水組との関わりは、勤めていた第一生命相互館（大正一〇年竣工）の建設から始まったものと思われる。石坂邸の主屋の竣工年の昭和九年は、専務取締役時代に係わった本社ビルの工事の時期（昭和一〇年着工、同一三年竣工、渡辺仁設計）と重なり、おそらく自らの自邸建設を通して清水組の実力を確認したものと推察される。石坂は、当時の日本の財界を代表する一人であり、清水組が質の高い住宅を社運をかけて提供したものであろう。

さて、主屋は昭和九年に竣工し、その後の昭和一二年一二月に増築を終え、現状の姿となっている。主屋の設計は、清水組の海野浩太郎が担当した。海野は、大正六年東京帝国大学工科大学建築学科を卒業後、清水組に入社し、昭和二年に設計部長、同八年には技師長、同一四年からは常務取締役を歴任した **[注2]**。いわば、清水組の設計部のトップを務めていた建築家の作品となる。まさに、清水組の意気込みが感じられる設計者の人選であった。

一方、増築部の設計は、戦前期を代表する建築家の渡辺仁が担当した。多彩な技量で知られる渡辺仁は、増築部の設計という自らの役割を明確に自覚していたようで、外観の構成、特に開口部のディテールは既存建物と共通したものを取り入れるなど、主屋と一体のものとしようとする強い設計意図が窺える。ただ、外壁は同じタイル張り仕上げながらも、当時の流行のモザイクタイルとするなど、時代性も採り入れた表現としている点は渡辺仁らしい **(図1、2)**。

現在の所有者であるブルガリア共和国大使館は、大使公邸という用途に対応するための修理・改修を行なっているが、そこには旧邸の価値を十分理解し、旧邸の持つ固有の魅力を維持していこうという強い姿勢が感じられる。こうした建物の魅力を理解し、その価値を維持していこうとする所有者は貴重な存在である。苦労をいとわず建築の魅力を維持していこうとする方々を顕彰し、また、そうした活動をバックアップしていく社会的な体制の確立も早急に必要であるように思われる。

住宅の特徴――洋館と和館

主屋と増築部を改めて見てみると、主屋は二階に一二畳半の「休養室・遊戯室」と八畳の二間続きの和室があるものの、寝室は洋間であり、建物全体は洋室を基本としたイス座生活による住まいであることがわかる。一方、増築部は一・二階ともに和室を基本とするもので、一階には内玄関とともに台所及び、ベランダを配した一〇畳の「御夫人室」、八畳の女中室、二階は畳敷きの入側縁を配した一二畳半の「御居間」と、八畳の次の間、浴室などが設けられている。明治以降の上流層の住宅形式の延長としてみると、主屋は洋館、増築部は和館にそれぞれ相当する建物とも解釈できる。

図5　庭側（南側）外観（現状）左：昭和12年増築　右：昭和9年新築（主屋）

図6　庭側（南側）外観（竣工写真）

図7　ライト色の色濃いアール・デコ調のデザイン（現状）

主屋と増築部は、ともに鉄筋コンクリート構造である。主屋の外観は陸屋根で、外壁も二丁掛タイル張りの装飾を抑えたモダニズムの傾向が読み取れる。ただ、玄関側（西側）の開口部は、上げ下げ窓など縦長のプロポーションで、やや古風な印象を受ける（図1、2）。一方、庭側（南側）は、一階にはテラス、二階にはバルコニーがあり、外壁は大部分がガラスの開口部となっており開放感が漂う（図5、6）。

その開口部には玄関の欄間部分をはじめ、部分的にステンドグラスが見られる。そのデザインは、幾何学性を表現したアール・デコ風といえるが、主屋一階の応接室・書斎あるいは客室・食堂といった主要室の細部は、帝国ホテルの仕事で来日していたフランク・ロイド・ライトの影響で流行していたライト風との強い類似性が見て取れ、かつ、そのデザインの質は極めて高い。このライト風は、アール・デコに内包されるものという解釈［注3］もあり、石坂邸は、広義にはライト色の強いアール・デコ調のインテリアを特徴とするといえる（図7）。なお、客室は正面に暖炉を据えた左右対称の構成で、庭側の開口部に対面した壁面側には壁幅いっぱいの大きな床の間風の棚が設けられるなど、日本的なデザインも採用されており、秀逸なデザインが見て取れる（図8、9）。

増築部は、玄関側の外観は主屋に揃え、モザイクタイル張り仕上げ、開口部も縦長のプロポーションによるもので、主屋と同様に共通した古風さが感じられる。一方、庭側は一・二階とも和室中心のため、入側縁の外側にガラス戸を配した大きな開口

図8　主屋「客室」（現状）

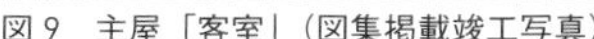

図9　主屋「客室」（図集掲載竣工写真）

図10　増築部 庭側外観（現状）

図11　増築部1階（現状）
和室10畳をフローリング敷の洋室に改修

部がそのまま外観に表現されており日本化された外観といえる（図10）。庭側は、主屋・増築部ともに開放性の感じられるつくりではあるが、主屋は洋風のデザイン、増築部は伝統的な和風のデザインとなっている。

増築部の改修で主屋を維持・保存

主屋は、階段や食堂の一部が改修されているものの、創建時の姿をよく残している。

階段の手摺および手摺子は、創建時のものはホワイトブロンズ仕上げの装飾豊かなものであったが、現状ではその姿が異なっている。その理由は不明だが、おそらく戦時中の鉄材の供出などで改変を余儀なくされたものではないかと想像される。食堂は、隣接する当初の配膳室が狭く、配膳の機能性を高めるために食堂側の面積を配膳室に取り込むように改変している。この食堂の特徴は床の寄木張りと天井装飾であるが、それらも一見すると改変がわからないように丁寧な処理が行なわれている（図12、13）。このように、主屋は部分的な改変は見られるが、当初の建物の構成を変えることのない最小限の改変といえるであろう。

図12　主屋「食堂」（現状）

図13　主屋「食堂」（図集掲載竣工写真）

一方、増築部は、一・二階ともに和室の畳をフローリングに変えただけではなく、部屋の構成そのものも大きく変更されるなど、主屋とは異なった大幅な改変が見られる（図11）。言い換えれば、主屋はほぼ創建時の姿を遺し、公館の場としての改修は主に増築部で補う貴重な改修事例といえる。こうした二つの建物で、改変の方法が異なるのは当初の二つの建物の性格が異なることに起因していると思われる。すなわち、主屋は洋館、増築部は和館的な特徴を有していた建物であり、生活スタイルのまったく異なる増築部を大きく改変することにより、主屋が原形を損なわずに維持されてきたといえる。

価値あるモダニズム初期のデザイン

玄関側の外部の構成は、現在でも十分に魅力的で、また、その古風さが時代性を表わすなど、モダン・クラシックの事例として極めて貴重である。この外観は、補修工事などを丁重に行なうことで、まだ十分に維持することができ、今後もその姿を継承してもらいたい価値ある建物といえる。

主屋のインテリアも、部分的に改修されてはいるものの、創建時の雰囲気をよく残し、時期的には少し遅れるが、大正末期から昭和初期にわが国の建築界で流行したライト色の色濃いアール・デコ調のデザインといえ、その質も極めて高く、戦前期のわが国の邸宅建築の質の高さを示す事例といえる。また、竣工時期をみると、モダニズムの導入期であり、新しい建築傾向を採り入れつつ、伝統的な要素もうまく取り入れられたデザインといえ、現在でも十分魅力的で、時代性もよく反映している貴重な昭和初期の住宅遺構である。

[注1] 人事興信所『人事興信録 上』一九四一年。
[注2] 清水組『社報』昭和一二年一〇月号。
[注3] 吉田鋼市『日本のアール・デコ建築入門』王国社、二〇一四年。

図版出典
図1、3、5、7、8、10~12 委員会撮影(二〇一八年一二月撮影)
図2、4、9、13『住宅建築図集』第二輯
図6 清水組『工事年鑑』昭和十四年版
図14 委員会作成

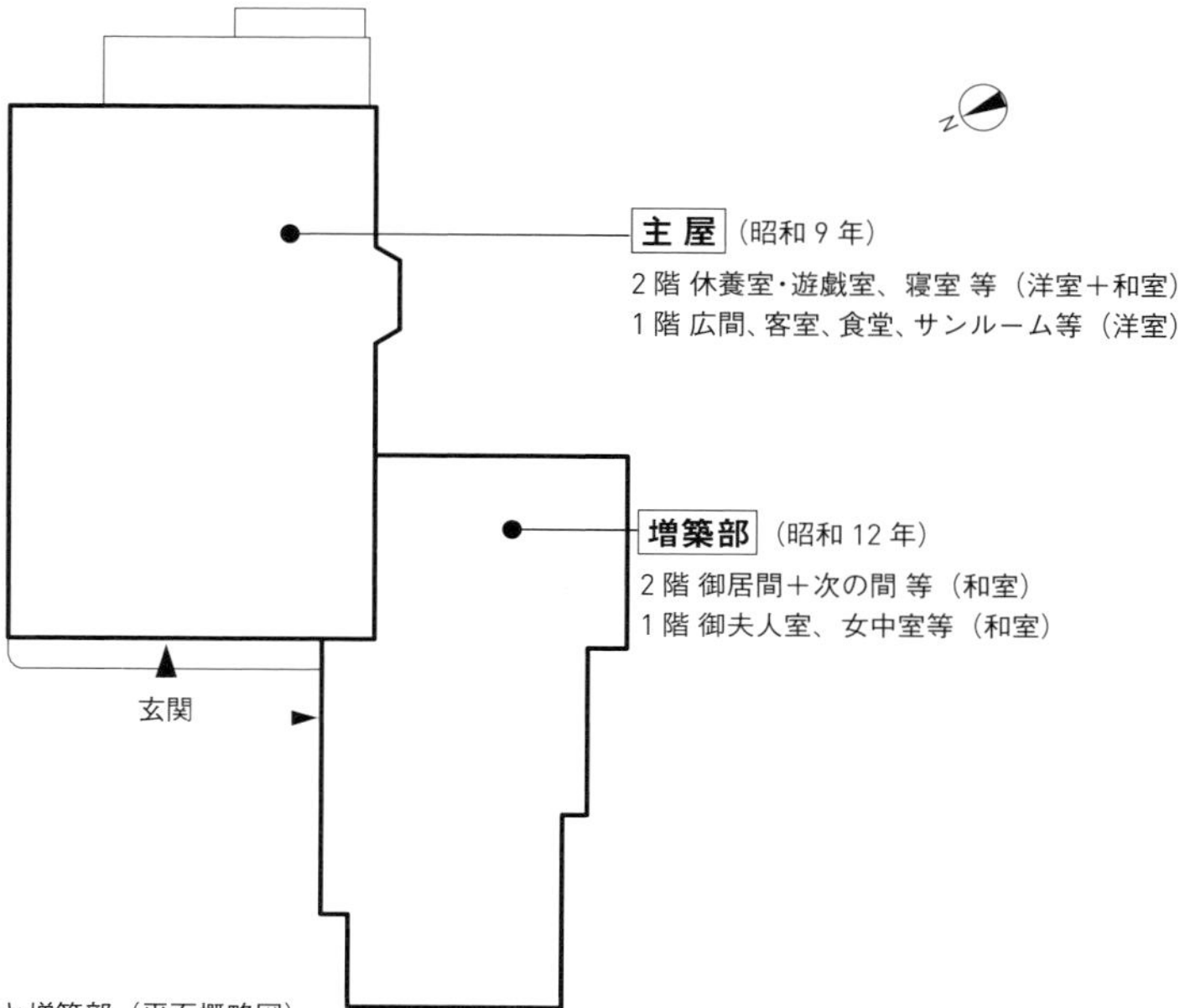

図14 主屋と増築部(平面概略図)

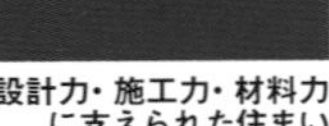

設計力・施工力・材料力
に支えられた住まい

5-5

山口玄洞邸（現 聖トマス学院）

武田五一による住宅を修道院として継承

矢ヶ崎 善太郎

図1　玄関ポーチ（現状）

図2　玄関ポーチ（図集掲載竣工写真）

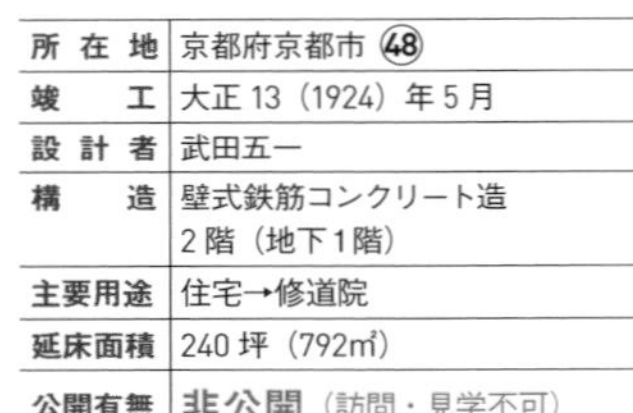

所在地	京都府京都市 ㊽
竣　工	大正13（1924）年5月
設計者	武田五一
構　造	壁式鉄筋コンクリート造 2階（地下1階）
主要用途	住宅→修道院
延床面積	240坪（792㎡）
公開有無	非公開（訪問・見学不可）

図3　東側外観（現状）

図4　東側外観（図集掲載竣工写真）

図5　玄関 ステンドグラス（現状）

住宅を修道院として継承

関西を代表する綿花商として知られ、寺社境内の整備などの慈善事業で多大な功績を残した山口玄洞（一八六三～一九三七）が自邸として建てた住宅である。明治三八（一九〇五）年から土地を購入しはじめ、順次拡張してきた玄洞は、大正六（一九一七）年に事業から引退したのを機に住宅の建設を始め、大正一三年五月に竣工した。設計は武田五一。

戦後、玄洞邸は、進駐軍の手に渡ったが、ドミニコ会カナダ人宣教師らが受け継ぎ、カトリックのドミニコ会男子修道院として今日に至る。活動として、ヴェリタス書院を創設したり、学生紛争頃まで中世哲学研究所として京大の山田晶を中心に、アウグスティヌスやトマス・アクィナスの翻訳などが行なわれた。現在はドミニコ会修道院として、一階は共同の場、二階は各修道者の部屋になっている。庭には茶室もあったが、残念ながら台風で崩壊し、その名残として石燈籠や手水鉢など日本庭園の一部が残っている。

武田五一のデザイン

鉄筋コンクリート造二階建て、地下一階の洋風建築で、玄関ポーチに用いられた大きなロマネスク・アーチが特に印象的である（図1、2）。主屋部分は縦長の窓にベランダを多用した洋風意匠で統一されている（図3、4）。室内では、アール・ヌーヴォー、アール・デコといった世紀末から二〇世紀初めの趣味が展開しているのも、いかにも武田らしい。武田のデザインとされる家具（椅子）が現存しているのも貴重である。玄関や窓に施されたステンドグラス（図5）、床や暖炉廻りに用いられた装飾タイルも見事である（図6、7）。

また、山口邸では、鉄筋コンクリート造を採用しているが、これは、住宅においては比較的早いものである。設計者である武田五一にとっても、鉄筋コンクリート造住宅の習作的意味をもっていると理解することができよう。

京都の手技が生かされた改修

『住宅建築図集』所収の平面図と現状を比較すると、一階北寄りの女中室と主人居間との境の仕切りが取り払われ、さらに前面の廊下も取り込んで広い一室に改修されている。暖炉のあるこの部分は、長く聖堂として使われた。改修に際し、床の寄木や天井なども、もとの形をできるだけ残しながら工事が行なわれた。また四〇年ほど前に地下一階地上二階の建物が玄関脇の応接室と南側廊下に接して増築された。ここは現在書庫になっている。かつて食堂であった東寄りの部屋が聖堂（礼拝室）として使用されるにあたって、東向きの三連の窓の中央のひとつにステンドグラスが建て込まれた。これはベルギー生まれのドミニコ会司祭で、昭和二五（一九五〇）年に日本画勉強のために来日し、日本画ほか版画やステンド

図7
居間 暖炉 細部（現状）

図6　居間 暖炉（現状）

図8　旧食堂・現聖堂（礼拝堂）（現状）

グラスなどに多くの作品を残しているカルペンティール神父（一九一八〜）の作である。平成六（一九九四）年頃、この聖堂は火災に遭ったがその後、火災前の状態に復元された。

以上のほか、防犯のために地下室の三八の小窓を改修したり、部分的な改変をくりかえしながら現在に至っている。軽微な維持修理を気楽に依頼できる出入りの大工職人が京都市内にお住いなので心強い、とのことであった。

建築の普遍的価値が継承される

住宅から修道院に機能が変わり、二階の居室では修道者に合わせた改修がその都度なされてきた。しかし一階の主要部には創建当初の意匠が見事に継承されており、改変された集会室や聖堂（礼拝室）も既存部分と違和感なく納まっている。改修工事の好事例といえよう。外観も武田五一の設計になる京都の近代洋風住宅としての性格は変わりなく継承されており、その存在価値はきわめて大きい。

古都京都にあって、稀有な存在価値を有していた住宅建築がカトリック神父の修道院という特殊な役割に変更され、祈りと勉学の神聖な場所として継承されている。そこに平人には近寄りがたいほどの凛とした気品がただよっているのは、ここが単に宗教施設であるからというだけでなく、武田五一設計になる当初の建築がもっていた普遍的価値が損なわれていないことの証であり、的確な維持管理を怠らずにここを継承してきた方々の努力のたまものであろう。

今後も、紆余曲折はあろうが、ドミニコ会男子修道院として、また聖書学や中世哲学の研究の場として、武田五一によるこの建物の価値は、語り継がれていくであろう。

参考文献

(1) 京都市文化市民局文化財保護課『京都市の近代化遺産 京都市近代化遺産〈建造物等〉調査報告書〈近代建築編〉』二〇〇六年

図版出典

図1、3、5〜9　委員会撮影（二〇一八年四月撮影）

図2、4、11『住宅建築図集』第一輯

図10　清水建設株式会社所蔵

図10　北側廊下（竣工写真）

図9
北側廊下。奥が集会室（現状）

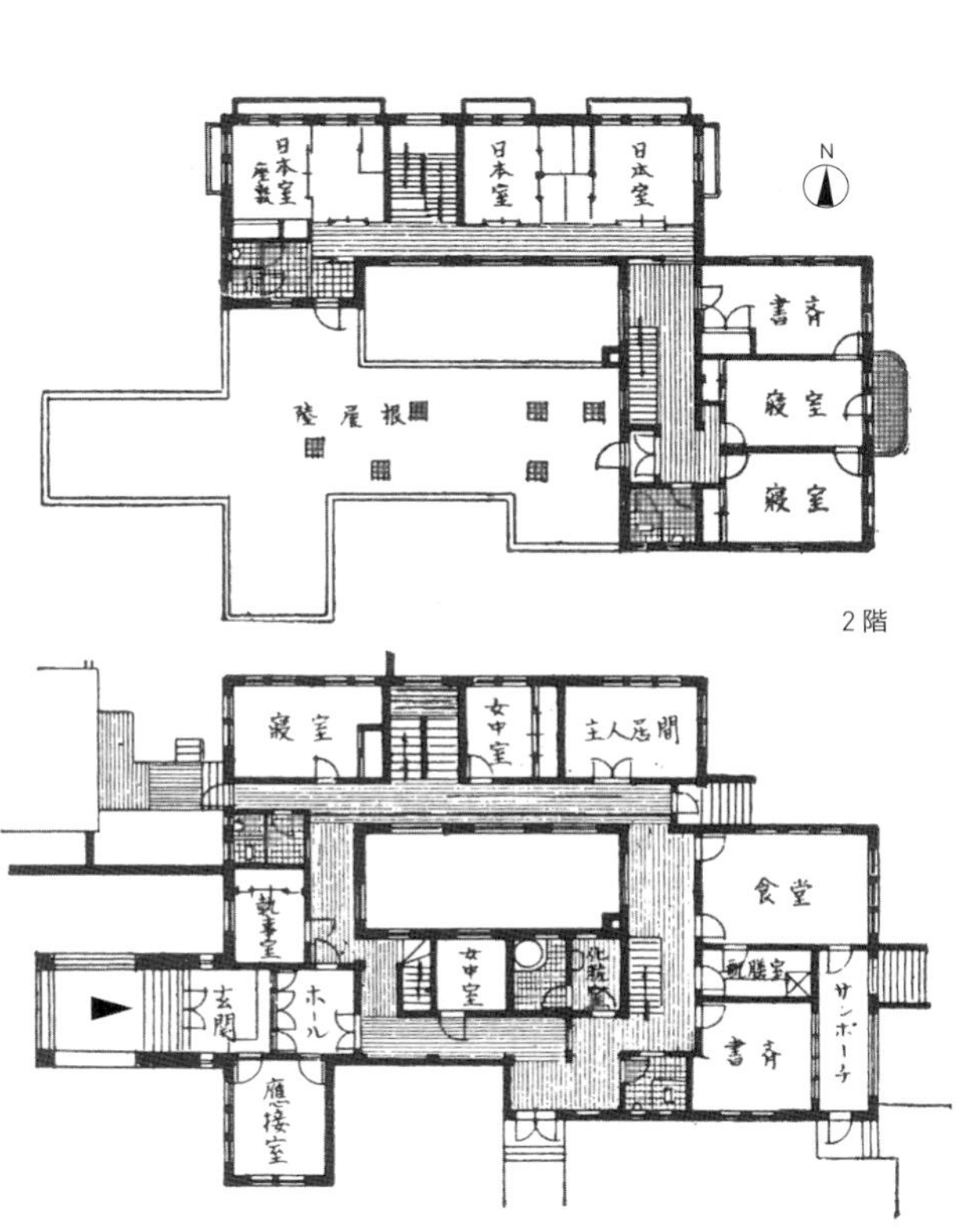

図11　当初平面図

5-6

田中博別邸（現 瑠璃光院）

用途を変えながら受け継がれた京都八瀬の近代和風住宅

中山 利恵

図1 「上之段（現主屋）」北側外観（現状）

図2 同上（図集掲載竣工写真）

図3 北西外観（竣工写真）右側が「下之段」

図4 喜鶴亭 扁額（現状）

継承の経緯

時期	所有者
竣工時 昭和11（1936）	田中 博
昭和33（1958）	京福電気鉄道株式会社
平成3（1991）	比叡産業株式会社
平成17（2005） ～ 平成29（2017） 現在	無量寿山 光明寺

所在地	京都府京都市 ㊾
竣工	昭和11（1936）年9月
設計者	清水組
構造	木造、2階
主要用途	住宅 → 保養施設 → 料理旅館 → 寺院の保有施設
敷地面積	1220坪
延床面積	217坪（716㎡）
公開有無	期間限定公開

図5 西側 当初立面図

右側の2階建ての建物が「上之段（現主屋）」
左側の平屋建ての建物が「下之段（現下屋敷）」
傾斜地に建つ懸造りの渡り廊下で2棟を繋ぐ

八瀬の別邸から保養施設、料理旅館へ

田中博別邸は、比叡山西麓の京都市左京区にある八瀬地区南端に位置する近代和風住宅である（図1、2）。田中博（一八六六～一九五七）は、明治四二（一九〇九）年から京都電燈支配人として嵐山本線、叡山ケーブル、京福電鉄の創立、合併等に尽力した人物で、京都電燈社長を経て都ホテル社長を務めた。建設のきっかけは昭和一〇（一九三五）年六月に関西を襲った風水害であり、これにより高瀬川河岸にあった旧宅は流失し、隣接する南側の高台敷地を買い増し、新たに別邸を設計した。これが功を奏し、田中博別邸は山裾の傾斜と眺望を活かした優れた建築配置を実現している（図3）。

田中は当時、京都電燈社長退職後の隠居生活をこの八瀬別邸でと算段をしていたが、戦況の悪化とインフレの影響から、都ホテル社長の任務に追われる日々を送った。

本建物に現在も伝わる三条実美筆の「喜鶴亭」の扁額（図4）から名を取り、田中の妻が運営する旅館とする構想もあったようだが、詳細は不明である。昭和三二年に田中が没すると、別邸は京福電気鉄道株式会社に所有移転され、同社の観光業の一環である「八瀬かまぶろ温泉 喜鶴亭」として運営されることとなった。平成三（一九九一）年には比叡産業株式会社に譲渡されながらも、「喜鶴亭」の名で料理旅館として、旧態をほとんど損なわずに維持されてきた。平成一七年、喜鶴亭は閉館したが、翌一八年には仏教寺院である無量

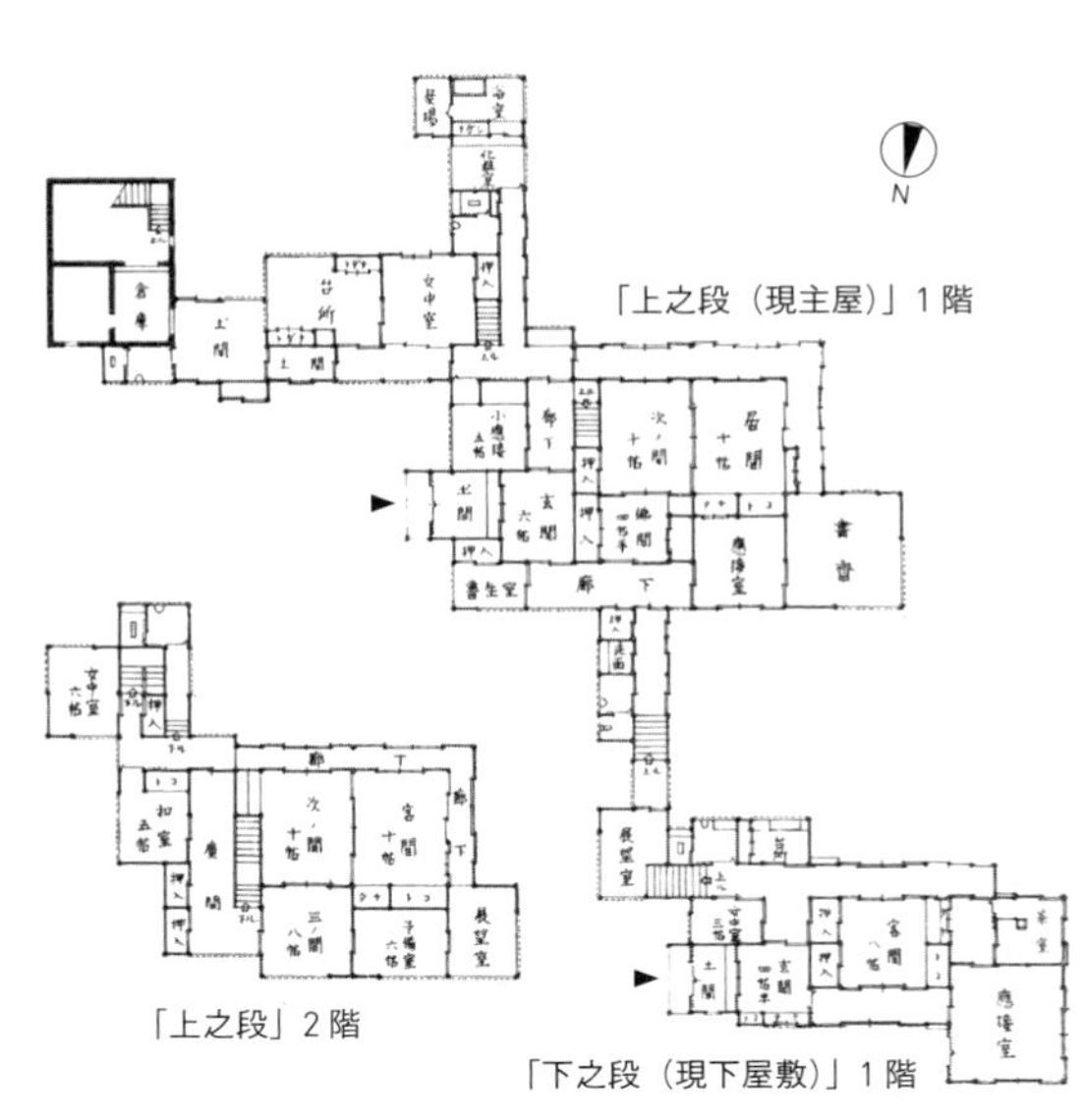

図6　当初平面図

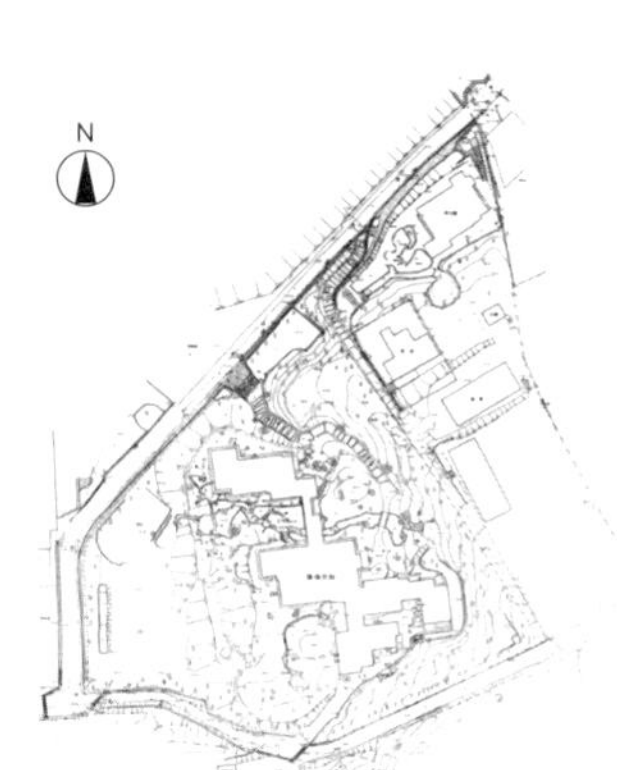

図7　瑠璃光院　配置図（現状）

寿山光明寺瑠璃光院として新たな一歩が踏み出された。

比叡山山麓の傾斜と眺望を活かした住まい

敷地には、北側を流れる高野川沿いの道路に平門を配し、北側の低地に木造平屋建ての「下之段（現下屋敷）」、南側の高地に木造二階建ての「上之段（現主屋）」を雁行型に配置し、展望台付きの渡り廊下で繋いでいる（図5～7）。上之段は白木の角柱に長押を廻した栂普請を主体とし、一階南西角には一部畳敷きの半入側縁を配した一〇畳二間続きの居間があり、一枚板のガラス戸を介して山林を背景とした流れのある苔庭に開放されている。この部分は総二階建てとなっており、同方向に縁側を廻した一〇畳二間の二階客間（図8、9）からは紅葉の見事な枝振りが眺められる。また一階北西には大きなガラス窓を設けた洋室の書斎と応接があり、現在は寺院の仏間となっている。

一方、下之段は面皮柱の杉普請で長押を廻さず、床の間と卓板を渡した付書院風の構えのある八畳客間が、南北の縁側を介して庭に面している（図10、11）。特に南側には敷地斜面に沿って作られた滝の注ぎ込む池が広がり（図11～13）、客間西側に並ぶ四畳半の茶室の路地に繋がっている。また茶室北側にはヘリンボーンの床板にタイル貼りのマントルピースを配した洋風の応接室があり（図14）、北西角に解放された腰つき窓からは八瀬の山並みと高野川を見渡せる。

図8　「上之段」2階の客間十畳（現状）

図9　「上之段」2階の客間十畳（図集掲載竣工写真）

このように田中博別邸は、南西に山林を景とした庭に開放された和室、北西に高野川を見下ろす眺望を有した洋室という構成を基本とし、高地と低地に配された質の異なる意匠の二棟を、渡り廊下を介して繋ぐことで、変化に富んだ庭園と建築構成が展開された優れた数寄屋建築であるといえる。

中村外二と普請を共にした設計者船越四郎

田中博別邸は、当時清水組の数寄屋建築の第一人者であったとされる船越四郎の設計で、京都移住後に仕事が本格化し始めた中村外二が、清水組の下で施工を手掛けたことでも知られる。中村は清水組の下請けとして昭和六（一九三一）年以降、清水組の設計部門にいた大友弘と、船越四郎設計の建築を多く手掛けている。船越は早稲田工手学校を卒業後、大正五（一九一六）年に清水組に入社し、昭和一一年に田中博別邸で初めて中村外二と仕事を共にした。中村外二の普請歴には、船越四郎設計の物件が住宅や旅館・料亭を中心に一二件記載されている。

現在清水建設に残された「田中博邸（八瀬別邸）」の標題のある設計図面には、九割を超える記名欄に「船越」の押印が見られ、実質的な設計責任者であったことがわかる。また確実に船越自身が描いたと考えられる「船越」の押印のみがある図面に着目すると、特に構造上重要な柱間寸法図や矩計詳細図の他、意匠上重要な玄関・主屋客間の現寸図作成を手掛けていることがわかる。また夏の外観に関わる簾の割付や簾掛け金物の現寸図も描くなど、細やかな配慮が各所に見られた。船越四郎が数寄屋建築に精通した設計者であったことが、これらの設計図面からも読み取ることができる。

受け継がれる力

以上のように田中博別邸は、住宅から温泉保養施設、料理旅館、寺院の保有施設へと用途を変えながらも、建設当時の姿をほとんど変えずに現代に引き継がれている。これには、質の異なる二棟が各々和洋並置の間取りを有することによる汎用性の高さや、受け継いできた所有者の力量も大きく寄与したことだろう。しかしそれ以上に、比叡山山麓の敷地を活かした優れた構成、庭と眺望を巧みに取り込んだ建築意匠、良材と高い技術で実現された質の高い施工、それを支えた船越四郎と中村外二といった人物の尽力が、今なお人々を惹きつけて止まない魅力となって、建築が守られていく原動力になっているのだと思う。

参考文献
(1) 田中博『京都財界半世紀：田中博翁夜話』田中翁夜話刊行会、一九五二年。
(2) 京福電気鉄道社史編さん事務局 編『京福電気鉄道50年の歩み』京福電気鉄道、一九九三年。
(3) 中村外二他『匠技：大工・中村外二の仕事』青幻舎、一九九六年。

図版出典
図1、4、8、10〜12 委員会撮影　図2、6、9、13、14『住宅建築図集』第二輯
図3、5 清水建設株式会社所蔵　図7 瑠璃光院 所蔵

図10 「下之段」八畳の客間（現状）

図11 同上 南側の縁側（現状）

図12 南の庭より「下之段」北側をみる（現状）

▲

図13 同上（図集掲載竣工写真）

図14 「下之段」応接室（図集掲載竣工写真）

守る知恵のヒント
4

京町家の継承に向けての京都市の取り組み

多様な保全・継承の制度

京都市は歴史的建造物の継承について、全国でも先進的かつ独自の取り組みを行なっている都市である。それは文化財行政の枠にとどまらず、景観政策や都市計画、建築行政など市のさまざまな施策において展開され、包括的かつ相互補完的に歴史的建造物の継承を後押ししている。とりわけ京町家については、毎年八〇〇軒が滅失する危機的状況にあって、継承のための条例や制度が数多く創設され、現在もなお拡充されている。

市の施策において、京町家を含む個別の歴史的建造物あるいは、それらが集積する地区を指定などし、規制とともに補助金等の支援を行なうものとして、文化財指定・登録を除いて以下があげられる。

■個別建物を対象　（　）は根拠となる法律・条例・制度

・個別指定京町家（京都市京町家の保全及び継承に関する条例）
・景観重要建造物（景観法）
・歴史的意匠建造物（京都市市街地景観整備条例）
・界わい景観建造物〈界わい景観整備地区内〉（京都市市街地景観整備条例）
・歴史的風致形成建造物（地域における歴史的風致の維持及び向上に関する法律）
・伝統的建造物〈伝統的建造物群保存地区内〉（文化財保護法）
・京都を彩る建物や庭園　選定・認定　（〝京都を彩る建物や庭園〟制度）

■地区を対象

・京町家保全継承地区（京都市京町家の保全及び継承に関する条例）
・歴史的景観保全修景地区（京都市市街地景観整備条例）
・界わい景観整備地区（京都市市街地景観整備条例）
・伝統的建造物群保存地区（文化財保護法）

これらは、「京都市京町家の保全及び継承に関する条例（以下、京町家条例）」を根拠とするもの以外は、歴史的建造物全般を対象とするが、現時点では指定されている建物の多くが京町家である。どの指定を受けるかによって、規制の内容、維持・修理・修景にかかる助成金の対象と上限は異なるが、複数の指定を重ねることも可能で、建物の状況や所有者の意向によって多くの選択肢が用意されている。

文化財指定がこれまで社寺を中心に進められてきたのに対し、ここ一五年ほどの間に整備された文化財以外の指定はむしろ、京町家を大きなターゲットとしてきたといってよい。京都の生活文化そのものであり、京都らしい景観をかたちづくる京町家の保全と継承は、市にとって喫緊かつ重要な課題として捉えられている。

「京町家条例」の制定

平成二九年に制定された京町家条例は、こうした市の姿勢を強く打ち出したものである。近年、観光客数の激増により、京町家を取り壊して宿泊施設の建設が進むなど、京町家を取り巻く状況は予断を許さない。京町家条例が制定された背景には、滅失する京町家の数を一軒でも少なくしたいという切実な思いがある。条例は、維持・修理などの助成の充実、保全・継承にかかわる情報の提供、活用方法の提案や活用希望者とのマッチング、相談体制の強化、京町家を核としたまちづくりの支援、指定制度、解体前の届出制度などを柱とする。

京町家条例を根拠とする個別指定京町家と京町家保全継承地区は、所有者の同意を得ることなく指定することができる点が画期的である。所有者に、自身の建物が京町家であることを認識してもらうとともに、その価値と継承の意義を理解してもらうことが、その狙いである。指定されると支援や助成が拡充される一方、解体の計画がある場合、着手の一年前に届出の義務が発生するなどの制約がかかる。市としては、京町家の動向を早期に把握し、継承にむけての相談と支援を十分に行なうことで、滅失を避けようとするものである。令和二年三月時点で、個別指定京町家六三三軒、京町家保全継承地区一〇地区が指定されている。京町家の滅失は時間との闘いであり、今後の早い時期に、可能な限り多くの京町家を指定することが目指される。

京都市景観・まちづくりセンターの役割

京町家を対象とした事業の多くは、市の外郭団体である公益財団法人京都市景観・まちづくりセンター（以下、「まちセン」）によって実施されている。

「まちセン」の京町家に関する事業として、「京町家なんでも相談」、建物調査報告書の作成、京町家データベースの管理、京町家まちづくりファンドおよび京町家まちづくりクラウドファンディングによる改修助成、「京町家カルテ」「京町家プロフィール」の作成などがあげられる。また、「まちセン」が事務局となって運営する「京町家等継承ネット」は、不動産業や建設業、金融機関、法律家、行政など京町家の継承にかかわる多くの団体で構成され、それぞれの専門性を活かした各種相談会の実施や、マッチング事業「ＭＡＴＣＨ ＹＡ（マッチヤ）」を立ち上げるなど、継承の幅広い支援を行なっている。
行政と公益財団法人、それぞれの組織が担うべき役割を切り分けるとともに連携することで、京町家の保全と継承が目指される。

「京町家カルテ」と京町家対応ローン

「まちセン」では、希望する京町家の所有者に対し、建物の来歴、特徴、状態、平面図などをまとめた「京町家プロフィール」の作成を行なっている。所有者にとっては、自身の建物の客観的評価資料になるとともに、「まちセン」側では京町家の現状を把握することができるなど、双方にメリットがある。

また、京都の三つの銀行では、一定の要件を満たせば建築基準法に適合していない既存不適格建物についても融資を行なう「京町家対応ローン」を設定しているが、審査の際に「京町家カルテ」の提出が求められる仕組みとなっている。「京町家カルテ」を融資の要件とすることで、建物の状態を担保するものであり、既存不適格建物であることが通常である京町家の継承をサポートする京都ならではの融資制度といえる。

建築基準法適用除外における包括同意基準の設定

市は歴史的な価値を有する建物について、建築基準法の適用除外を可能とする、「京都市伝統的な木造建築物の保

図1、2　膏薬辻子（こうやくのずし）（京都市下京区新釜座町）

図3
祇園祭山鉾巡行時の京町家（京都市中京区六角町）

存及び活用に関する条例」を平成二四年四月に施行、平成二五年一一月には対象を木造以外の建築物にも拡大した「京都市歴史的建築物の保存及び活用に関する条例」を施行した。標準的な京町家については当初から、建築審査会の審議を経ることなく同意を得て処分が可能となる包括同意基準が設けられるなど、手続きの簡素化が図られ、京町家の継承を後押しする制度運用が行なわれている。

京町家の保全と継承への動きは、三〇年ほど前に民間の活動として始まった。それはやがて市の施策の柱となり、上述のような展開をみせている。京町家をめぐる課題はなお尽きないが、京町家を通して京都の生活文化を未来へと伝えることは、これからも京都が向き合い続けるテーマである。

（中嶋 節子）

図版出典
図1、2、4　中嶋節子撮影
図3　京極寛撮影

図4　京都市中京区骨屋町のまち並み

設計力・施工力・材料力に支えられた住まい

5-7

金澤末吉邸

家族のつながりを伝える住まい

内田 青蔵

図1 北側外観（現状）

図2 北側外観（図集掲載竣工写真）

図3 2階客間（現状）

図4 2階客間（図集掲載竣工写真）

継承の経緯

竣工時 昭和5（1930）	金澤末吉
	↓ 相続
	金澤庸治
	↓ 相続
	金澤文子
	↓ 相続
令和元（2019）現在	金澤正剛

所在地	東京都文京区 ⑬
竣工	昭和5（1930）年
設計者	金澤庸治
構造	木造、2階
延床面積	100坪（330㎡）
主要用途	住宅 → 個人住宅
文化財指定	国登録有形文化財
公開有無	**非公開**（訪問・見学不可）

図5 1階アトリエ（現状）

住宅建設の始まり

東京・文京区の西片町といえば、「学者町」と称されていた明治以降に生まれた近代の街として知られる。かつては旧備中福山藩主阿部家の中屋敷があったが、明治以降は阿部家の本邸が設けられた。そして、各分科大学が現在の本郷のキャンパスに統合された明治二〇（一八八七）年頃から周辺は教職員や学生が増え始めたことから、阿部家は屋敷地の一部に借家・借地を設け、住宅地経営を開始した。「学者町」の誕生である。

金澤家がこの西片町に住まいを構えたのは、明治一五年頃といわれる。おそらく、阿部家が、屋敷地を整備していた頃、いち早く土地を借り、住まいを構えた最も古い住民のひとりだろう。

屋敷を構えた金澤末吉は、『人事興信録』（昭和一六（一九四一）年版）**[注1]**によれば、岐阜県の金澤林平の四男として生まれた後、金澤廉吉の養子となり、明治一六年に家督を相続している。また、明治一一年に丸善株式会社に入り、横浜や大阪支店に勤務し、明治四〇年には取締役となり、副社長を経て、昭和一二年から社長を務めていた。

このことから、金澤家が屋敷を構えたといわれる明治一五年当時は、末吉は慶応元（一八六五）年生まれであることから数えの一七歳前後と極めて若く、また、丸善株式会社の社員として働き始め、仕事にもようやく慣れた頃といえるだろう。

ところで、義父の金澤廉吉は、金澤林平の長男として弘化四（一八四七）年に生まれた。末吉は長男の養子になった形となる。この金澤廉吉は丸善株式会社草創期に活躍した人物で、病気で明治一五年に死亡するが、弟の井吉が入社し、また、養子となった末吉も同じく入社し丸善で活躍した**[注2]**。

このように、金澤家は現在の丸善株式会社と縁の深い一族であった。丸善は、欧米の様々な文化の導入に大きな影響を与えた会社であり、働く人々もそうした新しい時代の文化に興味を持つ人々であったことは想像に難くない。おそらく、西片町に住まいを構えたのも、養父の金澤廉吉が帝国大学という新時代の知を生み出す中心地に接しているということを求めたことによるものと想像される。

家族部を南面化させた住まい

現在の住宅は、昭和五（一九三〇）年に竣工した簓子（ささらこ）下見板張の木造二階建ての建物である。門構えなどは極めて伝統的な和風建築を彷彿とさせるが、道路脇に姿を見せるアトリエは、大きな開口部はもちろんのこと、屋根は切妻の急勾配で、妻面には持ち送りの装飾が付き、屋根材は当初は緑色のフランス瓦葺というように、今以上にモダンな住宅のイメージを与えていたように思う**（図1、2）**。

設計は、末吉の次男の金澤庸治（つねじ）である。庸治は、先の『人事興信録』によれば、「明三三、三生、従七位、陸軍中尉、東京美術学校助教授、同建築科出身」とある。東京美術学校建築科を卒業したのは大正一三（一九二四）年である。東京美術学校の建築科は、前年の大正一二年五月に図案科第二部を建築科と改称したもので、庸治は建築科の初めての卒業生の一人であった。卒業後は東京美術学校に勤め、大正一五年から昭和一九（一九四四）年まで建築製図・図案分野の助教授として在籍している。在籍中、昭和六年には岡倉天心像を安置する純和風の六角堂を手掛け、同一〇年には代表作品である鉄筋コンクリート造に伝統的な城郭風のデザインを取り入れた正木記念館を設計している。

さて、改めて住宅を見てみよう。敷地は、南北に長い変形地で、北の道路に門を構え、建物は北側道路に寄せて配され、また、敷地東側にも寄せて離れ風の部分も用意されている。そして、建物を敷地の北側と東側にできるだけ寄せて、南側に庭を広く確保しようとする意図が強く窺える配置計画といえる。居住者は、末吉夫妻とともに設計者の庸治夫妻で、当初から同居を前提とした二世代住宅として計画された。主屋東側の離れの二間の和室が庸治夫妻用の部分で、アトリエも設計者の庸治が自ら利用するための場として設けた（図5）。設計者の庸治からみれば、〝我が家〟を設計していることになり、その意味でもいろいろな思いが込められた住まいといえるだろう。

家屋全体の計画を見ると、一階玄関脇の応接室を除き、他の部屋は家族の生活部である。それに対し、二階は座敷・次の間による接客用の部屋（図3、4）と洋室二間からなる。これから一階は生活用、二階は接客用と明快なゾーニングが確認できる。また、主屋の一階の生活部並びに二階座敷には南側に縁が設けられ、縁先の南側には庭が設けられている。また、離れは庭に迫り出たようなつくりで二面に縁が廻るなど、配置計画に見られる庭重視の考え方が、建物にも読み取れる。

庭との関係性を重視した計画は特徴のひとつといえるが、もうひとつ指摘しておきたい特徴がある。それは、間取り。主屋部分の配置の仕方が極めて特異で、興味深い間取りとなっている。すなわち、内土間のある玄関ホールに続いて、二階に向かう階段を設け、北側の前面道路沿いに応接室、その奥にアトリエを設けている。玄関ホールからは動線を確保するために中央部に廊下を設けた中廊下形と称されるものといえる。ここまでは、当時流行していた住宅と変わりはない。ただ、ここからが面白い。玄関部や応接室・アトリエは、ごく普通に北側前面道路に沿って平行に配されているのに対し、その背後の生活の中心となる一階の居間部分および二階の客間・次の間部分が中廊下とともにほぼ南面するように斜めに振られて計画されているのだ。その理由は、聞き取りによれば家相に基づいたものという。その真偽は定かではないが、斜めに振ると細部の収まりが煩雑となるなど空間処理は

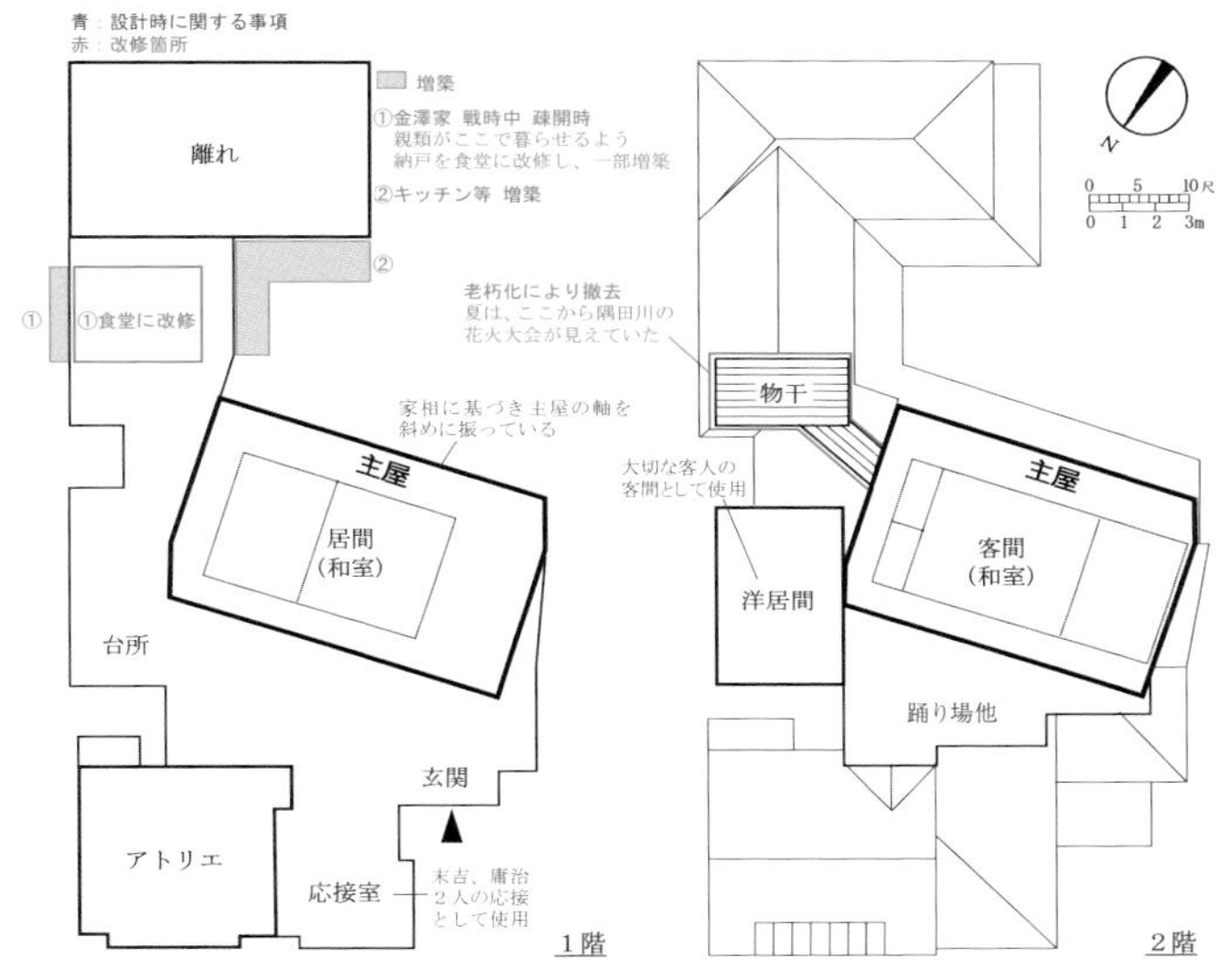

図６　平面図（概略化）

もちろんのこと、設計や施工でも、様々な問題を生じることになる。そんな面倒な問題を抱えつつも、一部を斜めに振るという間取りを採ったことは、まさしく南面化による家族生活の居住環境の重視を第一に考えていたことを示しているのであり、まさに近代という時代に追求された〝家族のための住まい〟といえるのだ（図６）。

芸術家たちの作品の集合化された和室

意匠面から注目されるのは、設計者が母校である東京美術学校で知り合った芸術家たちの作品が二階客間・次の間に散見されることである。すなわち、鳥をモチーフとした欄間（図７、８）と襖絵は不明ながら著名な作家の作品であるという。また、襖の引手（図９）は人間国宝香取正彦の作品と思われる。

図７　２階客間 書院欄間（現状）

図８　２階客間 板欄間（現状）

図9-1　2階客間 引手（現状）

図9-2　2階客間 引手（現状）

ちなみに、香取は大正一四（一九二五）年に東京美術学校を卒業しており、設計者である庸治と卒業年次が一年違いであることから、交流があった可能性が高い金工家である。詳細は今後改めて確認したいが、東京美術学校時代の友人たちの作品に満ちた座敷といえ、こうした芸術家たちの作品からなる空間の存在は、大正末期から流行する工芸運動などの動きの影響を受けた総合芸術化の行為であったかもしれない。

いずれにせよ、この住宅は、生活の中で軽微な増改築が行なわれたものの、創建時の基本的な姿をよく残しており、貴重な歴史的建造物といえる。設計者の建築家金澤庸治は、主屋の家族生活部だけを南面するように斜めに振って配置するなど、極めて特徴的な間取りを提示している。こうした家族生活の場を重視した間取りは、大正期の生活改善運動や大正末頃からの科学性を重視した建築計画理論を背景とする近代特有のデザインの反映といえ、興味深い作品である。

［注1］『人事興信録』によれば、「丸善株式会社社長」で、「岐阜県士族金澤林平の四男にして慶応元年正月出生し後金澤廉吉の養子となり明治十六年家督を相続す同十一年丸善株式会社に入り横浜大阪各支店に勤務同四十年取締役に選ばれ副社長を経て昭和十二年社長に挙げらる」とある。なお、一九三九（昭和一四）年の『大衆人事録』によれば、「丸善株式会社取締」で、「岐阜県士族林平四男慶応元年一月十一日生まれ金澤廉吉の養子となる明治十四年現社に入り大阪横浜各支店長を経て同四十年現職に就く」とある。

［注2］『丸善百年史』丸善出版、一九八〇年。

図版出典
図1、3、5、7~9　委員会撮影（二〇一七年五月、二〇一九年五月撮影）
図2、4　『住宅建築図集』第一輯
図6　委員会作成

第6章

文化財制度等について

6–1 各種文化財制度の比較

税制の優遇 固定資産税・ 相続税	修理に対する助成 （代表的なもののみ）	規制・罰則等		
		現状変更	公開	罰則
・固定資産税：非課税（家屋･土地） ・相続税：評価額を 70/100 減額	保存のために必要な修理費用の 1/2 を国が補助 [観光拠点整備事業] ・美観向上整備事業：外観及び公開範囲の仕上げに関わる部位の修理費用の 1/2 を国が補助 ・活用環境強化事業：公開活用のための保存活用計画策定・建築や設備工事等の費用の 1/2 を国が補助	文化庁長官の許可を得なければならない	文化庁長官による公開に対する勧告	刑事罰 行政罰
・固定資産税：地方自治体別に独自に措置	地方自治体別に独自に措置	教育長の許可を得なければならない（地方自治体別に独自に措置）	地方自治体別に独自に措置	行政罰 （地方自治体別に独自に措置）
・固定資産税：家屋 1/2 ・相続税：評価額を 30/100 減額	保存・活用のために必要な修理の設計監理費の 1/2 を国が補助 [観光拠点整備事業] ・美観向上整備事業：外観及び公開範囲の仕上げに関わる部位の修理費用の 1/2 を国が補助 ・活用環境強化事業：公開活用のための保存活用計画策定・建築や設備工事等の費用の 1/2 を国が補助	文化庁長官に届け出なければならない	所有者、管理団体が行う公開に対する文化庁長官の指導・助言	行政罰
・固定資産税：家屋＝非課税、土地 =1/2 以内の減額を自治体が措置 ・相続税：評価額を 30/100 減額	保存のための修理・修景等のために必要な費用を市区町村が独自に補助、市区町村が要した経費の 1/2 を国が補助	教育長の許可を得なければならない	規定なし	行政罰
・相続税：評価額を 30/100 減額	地方自治体別に独自に措置	景観行政団体の長の許可を受けなければならない（通常の管理行為、軽易な行為その他の行為で政令で定めるもの及び非常災害のため必要な応急措置として行う行為については、この限りでない）	規定なし	行政罰

監修：後藤 治

	制定年	根拠法令	認可主体	指定・登録の種別	件数
国宝（建造物）	1897年 古社寺保存法	文化財保護法第二七条 第2項 「重要文化財」のうち「世界文化の見地から価値の高いもので、たぐいない国民の宝たるもの」	国	指定	227件 （290棟） （2019年12月）
重要文化財（建造物）	1929年 国宝保存法 1950年 文化財保護法	文化財保護法第二七条 第1項 「文部科学大臣は、有形文化財のうち重要なものを重要文化財に指定することができる」 同二条第1項「有形の文化財所産で我が国にとって歴史上又は芸術上価値の高いもの」	国	指定	2503件 （5083棟） 国宝を含む （2019年12月）
指定有形文化財（建造物）	1975年	文化財保護法第一八二条第2項 重要文化財、（中略）以外の文化財で当該地方公共団体の区域内に存するもののうち重要なものを指定	都道府県 市区町村	指定	12169件 （2019年5月）
登録有形文化財（建造物）	1996年	文化財保護法第五七条 重要文化財以外の有形文化財（百八十二条第二項に規定する指定を地方公共団体が行つているものを除く。）のうち、その文化財としての価値にかんがみ保存及び活用のための措置が特に必要とされるものを文化財登録原簿に登録することができる。	国	登録	12443件 （2020年1月）
重要伝統的建造物群保存地区の伝統的建造物	1975年	文化財保護法第一四四条　市町村の申出に基づき、伝統的建造物群保存地区の区域の全部又は一部で我が国にとつてその価値が特に高いものを、重要伝統的建造物群保存地区として選定することができる。	市区町村	指定 （国選定）	120地区 （2019年12月）
景観重要建造物	2004年	景観法第一九条 第1項 景観行政団体の長は、景観計画に定められた景観重要建造物の指定の方針（次条第三項において「指定方針」という。）に即し、景観計画区域内の良好な景観の形成に重要な建造物（これと一体となって良好な景観を形成している土地その他の物件を含む。以下この節において同じ。）で国土交通省令で定める基準に該当するものを、景観重要建造物として指定することができる。 第3項 国宝、重要文化財、特別史跡名勝天然記念物又は史跡名勝天然記念物として指定され、又は仮指定された建造物については、適用しない。	景観行政団体 （都道府県・市区町村）	指定	615件 （2019年3月）

6–2 住まいを受け継ぐ制度
登録文化財制度と自治体の動向

小沢 朝江

歴史的建造物を受け継ぐために

歴史的建造物をどのように残していくのか。これは、調査に関わる建築史研究者にとって、常に向き合わなければならない課題である。長い年月を経た建物だからこそ、家業や家族の変化による住み手の不在、建物の老朽化、維持管理にかかる費用、相続や所有移転など直面する問題は多い。

これらをまとめて解決できる妙案はないが、歴史的建造物の存在やその価値・魅力を周囲に「知らせる」こと、建物を「使い続ける」ことの二点が基本となる。近年、国および自治体が支援のために多彩な施策を打ち出しており、その現状を概観しておきたい。

登録文化財の制度と現状

歴史的建造物の価値を「知らせる」ための代表的な制度が、国の登録文化財制度である。

国の指定文化財（国宝・重要文化財）が、価値が高く優れた建物を選別し、それを手厚く保護して現状のまま後世に受け継ぐことを目的とするのに対し、登録文化財は保護対象をより広く把握することを目的として一九九六年に制定された。「登録」とは、文化庁の登録原簿に登録することを意味し、それを公開することで保護対象の周知を図るものである。建築後五〇年以上の経過を基本条件に、幅広い建築年代や多様な建築種別が対象とされ、従来の指定制度より緩やかな規制と支援を特徴とする。

例えば指定文化財の場合、現状保存のため改築等が制限される一方、土地・建物の地価税・譲渡所得税・固定資産税が非課税となり、相続税を七割減免する税制優遇がある。また、修理の際は、修理費の五～八割程度を国および所在する県・市町村が負担するなど、手厚い支援が行なわれる。これに対し登録文化財は、改築等について文化庁の許可を必要とせず、届出のみで済むなど規制が緩やかで、「使い続ける」ことを推奨する。その代わり、税制優遇は建物の固定資産税の五割減免のみで、最も負担が大きい土地に対する課税の支援はなく、修理にかかる工事費の補助もない。

ただし、創設当初はなかった登録文化財への相続税の優遇措置が二〇〇四年に追加され、土地を含めた財産評価額の三割減免が認められたことは大きく、個人住宅の保存で最も大きな画期となる相続時の負担を軽減する役割を担っている。

登録有形文化財は順調に増えており、二〇二〇年一月現在で一万二四〇〇件を越えている。年平均五五〇件のハイペースである。登録文化財は、所有者自身が登録を希望でき、県や市町村が推薦する点も特徴で、国や県が優品を「選定」する従来の文化財指定と異なる。その意味で、登録文化財の件数の増加は、制度の浸透と所有者の意識の高さを示すといえるだろう。県別では、登録文化財の件数が指定文化財より圧倒的に多い大阪・長野・新潟・愛知・香川などでその傾向が特に強く、また登録文化財の所有者が情報交換や相互協力を行なう「登録有形文化財所有者の会」も東京・大阪・愛知・長崎等で結成されている。

その一方、登録文化財の弱点として、取壊しに対する拘束力の弱さが挙げられる。改変が届出のみで可能という緩やかな規定は撤去でも同様のため、災害以外の理由で滅失した例は二〇二〇年一月現在で二〇二件存在する。このうち約三分の一が個人住宅であり、保存の難しさを示している。

神奈川県内における保存活用の支援策

登録制度の実態と、それを補完する自治体の制度を、神奈川県を例にみてみよう。

神奈川県内の登録文化財は、二〇二〇年一月時点で計二六二件である。座間市・大和市など県内の三分の一に当たる一二市町で未だ登録がないが、最多の箱根町は四二件、横浜市・鎌倉市・藤沢市・小田原市も二〇件を超えている。

これらの自治体に共通するのは、歴史的景観に対する施策を積極的に展開していることである。横浜市は認定歴史的建造物（一九八八年〜）、鎌倉市は景観重要建築物等（一九九〇年〜）という独自の歴史的建造物保全制度を、景観行政の一環として、国の登録文化財制度や景観法施行以前から早期に導入してきた。横浜市の制度については別項（四九頁）に詳しいが、認定を受けた建造物には外観保全や耐震改修に対して木造では最高一〇〇〇万円、非木造では最高六〇〇〇万円の修理費補助など手厚い支援がある。

また、小田原市は二〇一一年、鎌倉市は二〇一六年に歴史まちづくり法に基づく「歴史的風致維持向上計画」の認定を受けている。歴史まちづくり法（正式名称：地域における歴史的風致の維持及び向上に関する法律）は、二〇〇八年にスタートした市町村の歴史まちづくりを国が支援する制度で、国指定の重要文化財や史跡、重要伝統的建造物群保存地区を有することが条件である。小田原市の場合、小田原城跡を中心に、近代別荘建築の公有化や、職人育成団体と連携した伝統工法技術を持つ職人養成にも取り組んでいる。

一方、藤沢市では二〇一四年四月に「藤沢街なみ百年条例」を施行、歴史的蓄積がある地域を「街なみ継承地区」に指定して長期的な景観の保全・修景と観光地としての魅力開拓を促進する施策を開始した。その第一号が旧東海道沿いの藤沢宿地区（二〇一五年一月指定）で、街道沿いに町家や蔵が点在する地域である。制度全体は市の都市計画部局の管轄だが、文化財部局が協働して、地区内の町家等の所有者に登録文化財の申請を勧める。地区内の歴史的建造物には、最低一〇年間の維持を条件に、外観保全や耐震改修の修理費の補助制度が設けられていて、登録文化財の経済的支援の弱点を補完する。さらに経済部局では、地区内の歴史的な風情を生かした飲食店等の出店に対し、店舗の改装費や賃料の二年間の補助を行なう制度を設けており、異なる部局が横断的に協力することで、保全と活用の両面から支援する仕組みとなっている。藤沢市は、登録文化財のうち六割以上が個人住宅や商店で、商店ではすでに廃業している例も少なくないが、この制度を利用して米穀商の穀物蔵（一八八六年建築、登録有形文化財）を転用したパン屋が開業するなど効果が現れている。

活用を推進する制度

住宅は、そのまま住み続けられることがもちろんベストだが、上記のように住み手のない住宅等を店舗・飲食店などに転用する場合、現代の法律に適合していないという問題が起きる。例えば、伝統的な和風建築で一般的な柱を見せる外壁の仕様や茅葺屋根は、防耐火基準を満たさない。また階段や廊下の幅も、現行の法規には適合しない例が多い。特に、大規模な改修や、店舗等に用いる床面積が二〇〇平方メートルを越える転用では、建築基準法に適用させる義務が生じる。

この建築基準法は、第三条第一項で適用除外に関する規定を設けており、国宝・重要文化財については自動的に除外される。ただし、各自治体の指定文化財や国の登録文化財、歴史まちづくり法に基づく歴史的風致形成建造物などについては、各自治体等が現状変更の規制や保存の措置を条例で定めておくこと、かつ建築審査会の同意を得ることではじめて可能になる。この適用除外に関する条例を「その他条例」と総称しており、歴史的建造物の本来の姿を残しながら活用するため、近年ニーズが高まっている。

「その他条例」の制定は、二〇一七年度時点では川越市・横浜市・鎌倉市・京都市など七自治体だったが、国土交通省が二〇一八年三月に「歴史的建築物の活用に向けた条例整備ガイドライン」を定めたことで制定の動きが加速している[注1]。先述の藤沢市は二〇一八年に公布、登録文化財についても適用除外が可能となった。他に富岡市・豊岡市等が加わり、小田原市・大磯町・射水市など歴史的な蓄積を有する自治体で検討されている。

また、住み手のいない住宅を転用するには、所有者と利用者を繋ぐ仕組みも必要である。神奈川県三浦市では定住促進も目的として、空き家情報の登録・公開を行なう「空き家バンク」やトライアルステイ制度を設置、奈良県では歴史的町並みを有する地区や市民団体が連携して、町家の空き家情報を一元的に管理・発信する「大和・町家バンクネットワーク」を組織するなど、空き家の活用・再生促進に対して自治体ごとに様々な取り組みが行なわれている。

歴史的建造物を「使い続ける」ためには、建物自体を守る制度と、活用に繋げるソフトの取り組みの両輪の充実が必要とされているのである。

[注1]『平成28年度「その他条例」を中心とした歴史的建造物の利活用に係る研究会記録集』同研究会事務局、二〇一八年三月。

6-3 「キープ・アンド・チェンジ」へ 「スクラップ・アンド・ビルド」に代わる新しいスローガン

内田 青蔵

「スクラップ・アンド・ビルド」

これまでのわが国の建築界の発展を象徴する言葉ともいえるのが、よく知られる「スクラップ・アンド・ビルド」だ。〝建築は建ててもすぐ時代遅れとなるため、すぐ取り壊して最新技術で新たに作り直す〟という考え方を示したものである。ここで意味する、建物を建てても古くさくなったらすぐ建て直すということは、一見すると、極めて合理的な考え方のように思える。ただ、少し冷静になって考えると、そこには建築をモノとしてしか見ておらず、そこで働く人たちや建てた人々の想い、あるいは、周辺環境に与える影響といった建築の持つ文化的側面に関しては何ら考えられてはいないことに気づく。理性と感情という二面性のバランスを取りながら人間は生きているが、バランスを欠いた人間によくみられるように、一方の価値感だけを重視して建築を捉えていることがわかる。この「スクラップ・アンド・ビルド」という考え方が、経済的効率を最優先するあまり、人間性を欠いたものであるといわれる所以である。

明治以降、わが国は東洋から脱出し、西洋の一国になるべく富国強兵・殖産興業というスローガンのもとに国づくりをめざした。そこには、欧米列国に追い付き、追い越すために、一途に欧米の技術力や知識を吸収する必要があった。そのためには、それまで積み上げてきた歴史と文化を過去の遺物として捨て去り、わき目も振らず一心に欧米から学ぶ必要があったのであろう。おそらく、そうした余裕のない時代の中で「スクラップ・アンド・ビルド」のような考え方こそ合理的と受け入れられ、また、日清・日露戦争の勝利といった結果がその考え方を一層広めるための後押しをしてきたように思う。そして、和魂洋才は、そうしたわが国の状況の批判をかわすために生まれたものだったようにも考えられるのである。

それでも、大正から昭和初期は、こうした考え方の中で独自の文化や歴史の見直しを開始した時期でもあった。しかしながら、独自の文化の見直しや再評価の途中で戦時下に突入し、やがて敗戦を迎え、戦後の復興、さらにその後の高度成長期に再び、この「スクラップ・アンド・ビルド」という考え方は経済発展という美名のもとで重要視されてしまった。そして、一心不乱に新しい建築を建て、古い建築を取り壊すことが続けられた【注1】。

明治村の開村と「スクラップ・アンド・ビルド」への懐疑

戦後の高度成長期は、人々の生活を豊かにし、新しさこそ価値あるものといった価値観が充満し始めた。大都市では開発を続け、明治以降に欧米から学び、導入してきた明治・大正・昭和初期に手掛けた近代建築までもが、過去の遺物として取り壊される状況が生じてきたのである。

こうした状況の中で、昭和四〇（一九六五）年、歴史的建造物の保存と野外展示を目的とする博物館明治村（愛知県犬山市）が出現した。野外博物館としては、昭和三一年、すでに日本で初めての民家を移築展示した日本民家集落博物館（大阪府豊中市）が存在していたが、その与えるインパクトは、博物館明治村の方がはるかに大きかった。設立の中心人物のひとりが、歴史的建築遺産の存続に危機感を抱いた建築家の谷口吉郎だった。谷口は、名古屋鉄道株式会社社会長の土川元夫の協力を得て、愛知県犬山に土地を入手し、一五棟の移築を終えた後に明治村を開村させたのである。

明治村開村二〇周年の際、当時の名古屋鉄道株式会社社会長であった竹田弘太郎は、当時を「高度成長期の時代で、開発至上主義の風潮が充満し、明治・大正の建築物は無用のものとばかりに無秩序に取り壊され、多くの人々にはこれを惜しむ心もな」【注2】かったと述べている。また、博物館明治村に移築されたF・L・ライトの帝国ホテルについて桐敷真次郎は以下のように回顧している。

> 昭和30年代の建築ブームには、ひとつの大きな問題点があった。それは、経済中心の功利主義が人々の心を侵食し始め、新しい建設のためには、古い価値あるものを破壊するのは当然だと考えるようになったことである。こうして、関東大震災と戦災という二つの災厄を幸運にも逃れて生き残った明治大正の建築遺産の多くが容赦なく破壊されていった。修理可能、維持可能な建物であっても、修理費がかさむ、不便で使いにくいという理由で簡単に取り壊された【注3】。

二人の回顧に共通するのは、経済原理の優先と人々の建築破壊への無関心さである。豊かさのためには、過去の歴史や文化は必要ないという考えが蔓延し、「スクラップ・アンド・ビルド」の考え方を受け入れていたのである。そうした時代の中で、明治村は自らの歴史と文化を守ること、受け継ぐことの必要性を主張したのである。その存在は、わが国の建築保存に極めて大きな影響を与えてきたといえる。そして、二年後の昭和四二年には、川崎市立日本民家園（神奈川県）が誕生し、建築保存の必要性を改めて世に問うたのである。

登録有形文化財制度と保存の動き

明治村、そして、川崎市立日本民家園が創設され、建築遺産の保護・保存の問題が社会問題化し始めると、昭和四三（一九六八）年には文化庁が発足し、文化庁主導で様々な文化行政が積極的に展開されることになる。昭和二五年に文化財保護法が制定され、国宝と重要文化財および史跡名勝天然記念物が定められていたが、昭和五〇年には伝統的建造物群保存地区の保護が追加され、さらに、平成八（一九九六）年に、登録有形文化財制度が追加された。

この登録有形文化財は、これまでの学術的価値の高いものだけを厳選して保存・指定するという考え方を改め、建設後五〇年をひとつの尺度として、それらの存在をきちんと国でリストアップし、その行く末を見守るという考え方によるものといえる。具体的な文化財としての保護の対象とはならないものの、人々の身の回りに存在しているものまでが貴重で価値あるものとして、大切に末永く使い続けることを促したのである。

この制度の出現もあって、近年は古くなったから壊すという考えは幾分収まってきたように思う。古いものには、長い年月を経たことで付加された様々な新たな価値がある。風雪に耐え、風食した柱の持つ魅力もそのひとつだ。そうした良いものを探そうという目で見て、これまで見逃していた魅力がいろいろ存在することに、気づかされつつあるようだ。

「キープ・アンド・チェンジ」へ

一時人気を博したＴＶ番組があった。その番組は、古い建物や現在の用途に合わない建物を、建築家や職人たちが知恵を出し合って、魅力的な建築に作り替えるというものだ。この番組から建築の面白さを知り、建築を学びたいという学生も増えた。その意味ではありがたい番組だ。ただ、古い建物をできるだけ使い続けるという観点では建築保存や保存再生という考え方と共通しているが、ひとつ異なることがある。それは、番組では、当初の建物がまったく異なる想像を超えた姿に生まれ変わることを求め、そこに価値を見ている。しかしながら、建築保存や保存再生をめざす側が評価するのは、古さがどのように生かされているのかであり、古さを消し去ることではない。その点が、大きく異なる点である。

さて、わが国の建築界も近年、ようやく、古い建築を壊して新たに建てるだけではなく、古い建物をどのように維持していくかという検討が行なわれるようになった。また、保存再生、利活用といった考え方も受け入れられてきたように思う。人口減少に伴い、高度成長をめざすのではなく、質を維持しながら安定社会への移行が求められているからである。空き家が全国に広がるものの、その再開発は望めない状況になりつつある中では、新築ではなく、その有効利用が求められる。ようやくわれわれは「スクラップ・アンド・ビルド」の呪縛から解き放たれようとしている。

そこで、新たな時代に即した思想を表わすスローガンとして「キープ・アンド・チェンジ」を提案したい。「キープ」とは建物をできるだけ維持すること、そのためには、丁寧な使い方やこまめな修理を行なうなどの手を掛けることが求められる。また、「チェンジ」とは、使い続ける中で、用途変更が必要ならば、新たな機能の場として使うことを考えながら改修していくこと、また、自分で維持できなければ、使いたい・住んでみたいといった新しい住人や所有者に渡して使い続けてもらうということを意味している。建物も人と同じで、それぞれの個性がある。その個性に気づけば、いろいろな魅力が発見できるのだ。改修も必要だし、文化財的な価値がある建物ならば、改修はその価値を維持するように気を付ける必要がある。一般的な建物であれば、積極的に手を入れることもできる。ただ、その時に注意すべきことは、建物の個性や魅力を消し去らないようにすることだ。不安なら、窓口となるヘリテージマネージャー（六七頁）や、こうした改修を専門とする建築家などに相談するとよい。いずれにせよ、時代は、モノとしての新しさよりも、使い方の新しさや新しい感性による改修を求めている**［注4］**。

図１　「上野桜木あたり」（台東区）：戦前期の和風木造住宅を、その伝統的な外観を残しつつ内部は和室部分をフローリングとするなどの最低限の改修によりカフェとベーカリーという店舗で再利用している

［注1］拙稿「補論　受け継がれるものとしての歴史的建造物――『スクラップ・アンド・ビルド』から『キープ・アンド・チェンジ』へ」『文京区文化財調査報告書 旧伊勢屋質店 調査報告書』文京区教育委員会、二〇一八年、四五～五六頁。

［注2］竹田弘太郎「明治村開村二十周年を迎えて」『明治村通信』No.１８３・１８４、博物館明治村、一九八五年、二頁。

［注3］桐敷真次郎「帝国ホテル回想」同前、二四～二五頁。

［注4］内田青蔵他編著『受け継がれる住まい』（住総研住まい読本）柏書房、二〇一六年。

図版出典
図１　内田青蔵撮影

中山 利恵（なかやま・りえ）

富山県生まれ。金沢美術工芸大学美術工芸学部卒業。東京芸術大学大学院修士課程修了。東京大学工学系研究科博士課程、有限会社 金沢設計（降幡建築設計事務所金沢分室）勤務を経て、2012年「日本の木造建築における『洗い』の歴史的研究」により博士（工学）学位取得。現在、京都工芸繊維大学デザイン建築学系助教。［主な著書］『建築と都市の保存再生デザイン』（共著、鹿島出版会、2019年）。

畑田 尚子（はただ・たかこ）

1955年東京都生まれ。1976年4月清水建設株式会社入社。人事部、人材開発部を経て2000年1月より同社200年史（2003年11月発行）の制作に従事。刊行後は貴重史料を体系的に整備し「シミズ　アーカイブズ」として再構築。現在、コーポレート・コミュニケーション部に所属し、アーカイブ資料の管理運営および講演や歴史的建造物の調査活動など担当。

水沼 淑子（みずぬま・よしこ）

1953年神奈川県生まれ。日本女子大学家政学部住居学科卒業。同大学大学院家政学研究科住居学専攻修士課程修了。工学博士。現在、関東学院大学名誉教授。［主な著書］『和洋の心を生かす住まい』（彰国社、1997年）、『建築史の回り舞台』（共著、彰国社、1999年）、『日本住居史』（共著、吉川弘文館、2006年）、『ジェイ・H・モーガン アメリカと日本を生きた建築家』（関東学院大学出版会、2009年）など。

矢ヶ崎 善太郎（やがさき・ぜんたろう）

1958年長野県生まれ。京都工芸繊維大学大学院工芸学研究科修士課程建築学専攻修了。博士（学術）。現在、大阪電気通信大学工学部建築学科教授。［主な著書］『図説建築の歴史 西洋・日本・近代』（共著、学芸出版社、2003年）、『庭と建築の煎茶文化――近代数寄空間をよみとく』（共編著、思文閣出版、2018年）など。

安野 彰（やすの・あきら）

1971年埼玉県生まれ。東京工業大学工学部建築学科卒業。同大学大学院総合理工学研究科人間環境システム専攻博士後期課程修了。博士（工学）。現在、日本工業大学建築学部建築学科教授。［主な著書］『世界一美しい団地図鑑』（共著、エクスナレッジ、2012年）。

波多野 純（はたの・じゅん）

1946年神奈川県生まれ。東京工業大学理工学部建築学科卒業。工学博士。現在、日本工業大学名誉教授、波多野純建築設計室代表。 1998年“江戸城II”で建築史学会賞、同年“ネパールにおける仏教僧院の保存修復をとおしての国際協力”で日本建築学会賞（業績・共同）受賞。［主な著書］『城郭・侍屋敷古図集成 江戸城II〈侍屋敷〉』（至文堂、1996年）、『復原・江戸の町』（筑摩書房、1998年）、『The Buddhist Monasteries of Nepal』（共著、中央公論美術出版、1998年）、『日本名城集成 四 江戸城』（共著、小学館、1986年）など。

内田 青藏（うちだ・せいぞう）

1953年秋田県生まれ。神奈川大学工学部建築学科卒業、1983年東京工業大学大学院理工学研究科建築学専攻博士課程満期退学。工学博士。現在、神奈川大学工学部建築学科教授。2004年日本生活学会今和次郎賞、2012年日本生活文化史学会賞、2017年日本建築学会賞（論文）受賞。［主な著書］『受け継がれる住まい』（共著、柏書房、2016年）、『日本の近代住宅』（SD選書266、鹿島出版会、2016年）、『新版図説・近代日本住宅史』（共著、鹿島出版会、2008年）『お屋敷拝見』（河出書房新社、2003年）など。

小沢 朝江（おざわ・あさえ）

1963年神奈川県生まれ。東京理科大学工学部建築学科卒業。神奈川大学大学院工学研究科建築学専攻修士課程修了。博士（工学）。現在、東海大学工学部建築学科教授。［主な著書］『名城シリーズ 二条城』（共著、学習研究社、1996年）、『日本住居史』（共著、吉川弘文館、2006年）、『明治の皇室建築 国家が求めた〈和風〉像』（吉川弘文館、2008年）、『明王太郎日記 上　堂宮大工が見た幕末維新』（共著、東海大学出版部、2017年）など。

小黒 利昭（こぐろ・としあき）

1944年東京都生まれ。早稲田大学理工学部建築学科卒業。1971年4月清水建設株式会社入社、設計本部。元（財）住宅総合研究財団研究部。［主な著書］『ウォーターフロントの計画ノート』（共著、共立出版、1994年）。

中嶋 節子（なかじま・せつこ）

1969年滋賀県生まれ。京都大学工学部建築学科卒業。同大学大学院工学研究科建築学専攻博士後期課程修了。博士（工学）。現在、京都大学大学院人間・環境学研究科教授。［主な著書］『近代日本の郊外住宅地』（共著、鹿島出版会、2000年）、『近代とは何か　都市・建築・歴史シリーズ7』（共著、東京大学出版会、2005年）、『東山／京都風景論』（共著、昭和堂、2006年）、『近代日本の歴史都市』（共著、思文閣出版、2013年）など。

【一般財団法人 住総研について】

故清水康雄（当時清水建設社長）の発起により、1948（昭和 23）年に東京都の認可を受け「財団法人新住宅普及会」として設立された。設立当時の、著しい住宅不足が重大な社会問題となっていたことを憂慮し、当時の寄附行為の目的には「住宅建設の総合的研究及びその成果の実践により窮迫せる現下の住宅問題の解決に資する」と定めていた。その後、住宅数が所帯数を上回りはじめた 1972（昭和 47）年に研究活動に軸足を置き、その活動が本格化した 1988（昭和 63）年に「財団法人住宅総合研究財団」に名称を変更、さらに 2011（平成 23）年 7 月 1 日には、公益法人改革のもとで、「一般財団法人 住総研」として新たに内閣府より移行が認可され、現在に至る。一貫して「住まいに関わる研究並びに実践を通して得た成果を広く社会に公開普及することで住生活の向上に資する」ことを目的に活動している。

住総研 清水組『住宅建築図集』現存住宅調査研究委員会

委員長　波多野 純（日本工業大学名誉教授）
委　員　内田 青蔵（神奈川大学教授）
小沢 朝江（東海大学教授）
中嶋 節子（京都大学大学院教授）
水沼 淑子（関東学院大学名誉教授）
矢ヶ崎 善太郎（大阪電気通信大学教授）
安野 彰（日本工業大学教授）
小黒 利昭（元 住総研）
畑田 尚子（清水建設株式会社）
事務局　一般財団法人 住総研
道江 紳一、馬場 弘一郎、岡崎 愛子、武知 亜耶

《住総研住まい読本》

住まいの生命力——清水組住宅の100年

2020年5月10日　第1刷発行

編著者　住総研 清水組『住宅建築図集』現存住宅調査研究委員会

発行者　富澤凡子

発行所　柏書房株式会社
東京都文京区本郷2-15-13（〒113-0033）
電話（03）3830-1891［営業］
（03）3830-1894［編集］

装　丁　清水良洋（Malpu Design）
組　版　有限会社クリエイト・ジェイ
印　刷　壮光舎印刷株式会社
製　本　株式会社ブックアート

ISBN978-4-7601-5218-6